달콤쌉싸름하면서 새콤짭짤한 커피인문학

파란만장한 커피사

박영순 지음 | 유사랑 그림

이글루

* 일러두기

1. 외래어 인명과 지명 등은 국립국어원 외래어표기법에 따라 표기했다.
2. 단행본·신문·잡지 등은 겹낫표(『 』), 신문 기사·보고서·단편소설·시·논문 등은 홑낫표(「 」),
   그림·노래·영화 등은 홑화살괄호(⟨ ⟩)로 표기했다.

"커피는 우리를
진지하고 엄숙하고 철학적으로 만든다."

조너선 스위프트 Jonathan Swift
(영국의 작가, 1667~1745)

책머리에

『커피인문학』이 출간된 지 7년이 지났다. 커피를 학문으로 대우하지 않던 분위기에서 인문학 타이틀을 붙이는 것이 눈치 보이기도 했다. 그렇지만 이 책을 출간할 수 있었던 것은 커피를 통해 인류의 역사뿐만 아니라 인간의 본성을 들여다볼 수 있다는 확신에서였다. 우리의 속성과 심성, 잠재된 가능성을 되돌아보게 만드는 커피야말로 인문학의 대상이다.

『커피인문학』이 출간된 후 강의와 강연이 이어져 전국을 다니며 많은 사람과 커피에 대한 이야기를 나누는 행복을 누렸다. 커피가 우리의 일상에 깊이 스며들고 있다. 별다른 의식 없이 숨쉬는 공기처럼 커피도 우리 삶의 디폴트값이 되었다. 훗날 인류의 특징 중 하나로 '항상 혈액에 카페인이 존재하는 포유동물'이 사전에 추가될 것이다.

커피에 대한 사랑이 깊어지면서, 감각적으로 매료될 뿐만 아니라 이성적으로도 커피를 탐구하려는 모습이 두드러지고 있다. 커피와 관련된 역사 서적과 사회학 서적이 잇따라 출간되고 있다. 커피가 학문으로 한 걸음 다가가는 모습이겠다. 커피인문학 강사를 양성하는 자격증 과정까지 나왔고, 커피인문학을 강의하는 분들이 부쩍 늘어났다. 커피인문학 장르를 연 당사자로서 반가운 일이다.

커피를 알고 마시면 당장 자신과 가족이 건강해지고, 커피를 재배하는 사람들의 삶이 개선되며, 커피를 즐기는 자리가 숱한 이야기로 더욱 행복해진다. 커피야말로 아는 만큼 보인다. 이번에 새로 쓴 『파란만장한 커피사』는 커피에 관한 많은 지식을 검증한 측면이 강하다. 더불어 7년 전에는 알지 못했던 새로운 이야기를 담아냈다. 커피는 '네버 엔딩 스토리'와 같다. 세계적으로 커피에 대한 뉴스와 논문, 각종 보고서들이 연일 쏟아지고 있다.

매일 일기예보를 보듯, 커피에 관한 정보를 들여다보아야 할 정도다. 어제의 정보가 오늘은 다를 수 있고, 당초 틀렸던 것일 수 있다. 커피를 마시는 것이 단지 낭만인 시대는 지났다. 커피 한 잔에서 심적 위로를 받고 물리적 에너지를 찾는 시대다. 커피에 대한 수요는 갈수록 늘어나는 반면 지구온난화 등의 이유로 생산은 되레 줄어들고 있다. 적어도 고급 품질인 아라비카 품종이 그렇다. 커피를 올바르게 알지 못하면 커피를 많이 마시는 것이 화를 부를 수 있다.

커피를 공부해야 할 때다. 미래는 역사를 반영한다. 커피가 걸어온 길에서 지혜를 구할 수 있다. 커피를 건강하고 행복하게 마시기 위해 '파란만장한 커피의 역사'를 마주해야 한다. 커피에 관한 수많은 우려와 기대가 이미 역사에 점철되어 있다. 이 책의 목적은 하나다. 커피를 더욱 행복하게 만나기 위해서다. 단지 커피를 마시는 자리에서 이야깃거리를 제공하려는 게 아니다. 커피를 다양한 측면에서 바라볼 때 실체를 알 수 있다. 코끼리의 몸 전체를 보아야 올바른 모양을 알 수 있는 것과 같은 이치다.

커피는 정서를 보듬어주는 향미뿐만 아니라 천일야화보다도 매혹적인 이야기로 우리를 설레게 한다. 아라비아의 고독한 사막에서 유럽의 화려한 궁전까지, 커피는 전 세계를 여행하며 문화와 역사를 뒤흔들었다. 그러나 이 놀라운 여정 속에 사실과 허구가 혼재되어왔다. 과장된 전설과 근거 없는 이야기들이 커피의 진정한 가치를 가려 버렸다.

이 책은 역사적·문화적 관점에서 본 커피에 대한 오랜 탐구를 바탕으로 했다. 학문적 수준의 정확성을 유지하며 진실을 추구하고자 애를 썼다. 과학적 근거와 신뢰할 수 있는 출처를 통해 커피의 기원부터 커피의 미래까지 그 여정을 조명했다. 동시에, 오랜 세월 사람들을 매혹시켜온 전설과 신화들도 객관적으로 분석하고 그 의미를 파헤쳤다.

제1장에서는 커피의 풍부한 향미와 감각, 커피의 미래까지 이어지는 다양한 가능성을 탐구했다. 커피가 우리에게 선사하는 감성적 경험과 심리적 영향, 다양한 문화적 의미를 깊이 있게 다루었다. 또한, 끊임없이 진화하는 커피 소비 트렌드와 혁신적인 제품들을 소개하며, 미래 커피 시장의 방향을 제시했다.

제2장에서는 커피와 밀접하게 얽혀 있는 역사적 사건과 사회적·문화적 배경을 살폈다. 전쟁, 정치, 경제, 노동 등 다양한 영역에서 커피가 어떤 역할을 했는지, 사람들에게 어떤 영향을 미쳤는

지 탐구했다. 커피를 둘러싼 다양한 문화적 관습과 전통을 소개하며, 커피가 단순한 음료를 넘어 하나의 문화적 상징으로 자리 잡은 이유를 분석했다.

제3장에서는 커피 생산 과정의 모든 단계를 심층적으로 다루었다. 커피 재배지의 특징과 다양한 종류의 커피콩, 로스팅과 추출 방법에 대한 전문적인 지식을 제공한다. 아울러 홈로스팅 방법과 다양한 커피 음료 레시피를 소개해 직접 맛있는 커피를 즐기는 데 도움이 될 것으로 기대한다.

제4장에서는 커피의 건강 효과와 다양한 활용법을 과학적 근거를 바탕으로 소개했다. 커피의 영양 성분과 건강에 미치는 영향에 대한 최신 연구 결과를 제시하고, 다이어트·탈모 예방·스트레스 해소 등 다양한 건강상의 이점을 풀이했다.

이 책이 커피 애호가에게 유익하고 흥미로운 정보를 제공할 뿐만 아니라, 커피 연구 분야에 관심 있는 학도들에게도 깊이 있는 통찰과 새로운 시각을 제시할 것이라고 믿는다. 커피에 대한 오랜 전설과 신화를 넘어 진정한 커피의 역사를 이해하고, 우리 삶에 미치는 영향력을 다시 한번 생각하는 계기가 되기를 바란다. 언제나 공부할 이유가 되어주고 있는 커피비평가협회 회원 여러분과 커피를 사랑하는 수많은 커피 애호가에게 이 책을 바친다.

2024년 9월
서울 가산동 커피비평가협회 연구실에서

커피는 어떻게 전파되었을까?

1650~1700년: 커피가 유럽과 북미를 강타하다.

1990년대 후반: 게이샤(게샤) 커피가 시장에 등장하다

하와이 코나

1791년: 아이티에서 커피 산업이 부흥하다.

1723년: 프랑스 장교인 가브리엘 드 클리외 Gabriel de Clieu가 커피 묘목을 마르티니크섬으로 가져가 심다. 현재 세계적으로 재배되는 커피나무들이 이 나무에서 퍼져 나간 것으로 추정된다.

1700년대: 라틴아메리카에서 커피 재배가 시작되다.

1727년: 프랑스령 기아나에서 브라질의 파라 지역으로 커피가 전해지다.

1829년: 중앙아메리카에서 하와이 코나로 커피나무가 전해지다.

1850~1900년: 중앙아메리카와 남아메리카에서 커피 문화가 형성되다.

* 약 2700만 년 전: 카메룬의 치자나무 계통에서 커피나무의 조상이 분기된 것으로 추정된다.
* 61~35만 년 전: 아프리카의 에티오피아 숲에서 로부스타종인 카네포라와 유게니오이데스가 자연 교배해 아라비카종이 탄생했다.

1825년: 브라질에서 하와이 코나로 커피나무가 전해지다.

아라비카 재배지
로부스타 재배지
두 종 모두 재배지
초기 커피 소비 확산 경로
버본종 전파 경로
티피카종 전파 경로
에티오피아(아라비카 원산지)와 티모르(티모르 하이브리드 원산지)

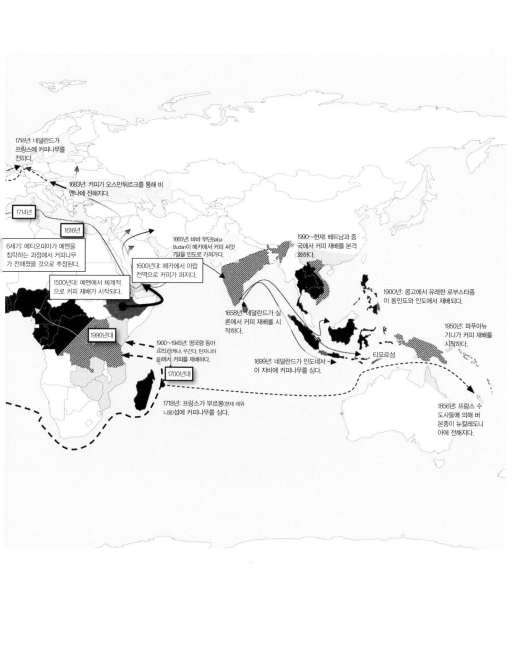

1714년: 네덜란드가 프랑스에 커피나무를 전하다.

1683년: 커피가 오스만튀르크를 통해 비엔나에 전해지다.

1714년

1616년

6세기: 에티오피아가 예멘을 침략하는 과정에서 커피나무가 전해졌을 것으로 추정된다.

1500년대: 예멘에서 체계적으로 커피 재배가 시작되다.

1600년대: 메카에서 아랍 전역으로 커피가 퍼지다.

1665년: 바바 부단(Baba Budan)이 메카에서 커피 씨앗 7알을 인도로 가져가다.

1990~현재: 베트남과 중국에서 커피 재배를 본격화하다.

1900년: 콩고에서 유래한 로부스타종이 동인도와 인도에서 재배되다.

1658년: 네덜란드가 실론에서 커피 재배를 시작하다.

1990년대

1900~1945년: 영국령 동아프리카(케냐, 우간다, 탄자니아 등)에서 커피를 재배하다.

1700년대

1318년: 프랑스가 부르봉(현재 레위니옹)섬에 커피나무를 심다.

1699년: 네덜란드가 인도네시아 자바에 커피나무를 심다.

티모르섬

1950년: 파푸아뉴기니가 커피 재배를 시작하다.

1856년: 프랑스 수도사들에 의해 버본종이 뉴칼레도니아에 전해지다.

차례

제2장 커피는 쓰다

제3장 커피는 시다

제4장 커피는 짜다

커피는 달다

가을에는 커피가 생각난다

가을에는 커피를 촉감으로 즐길 일이다. 맛과 향으로 커피를 감상한다지만, 혀에 감기는 질감을 코로 감각할 수는 없는 노릇이다. 인류의 관능은 여전히 베일에 가려져 있다. 인류가 커피 맛을 느끼는 데 미각과 후각뿐만 아니라 색과 소리, 질감도 영향을 주는 것으로 드러나고 있다. 여기에 '체성감각somesthesis'이라고 해서 온도 감각과 통증까지 가세한 소위 체감體感도 커피의 향미를 즐기는 데 관여한다.

체감은 단순한 촉감이 아니라 '필feel'로 풀이되는 속성으로, 감성에 영향을 끼친다. 과학적으로 메커니즘이 밝혀지지 않았지만, 우리의 몸은 커피가 목을 타고 들어와 감성을 만들어준다는 사실을 어렵지 않게 경험하고 있다. 사유하기 좋은 가을, 커피가 주는 의미를 깊이 새겨보는 것도 좋을 성싶다.

맛을 알아보고 표현하는 능력은 누구나 타고난다. 맛을 구별하지 못하는 인류는 진화의 과정에서 도태되었다. 자극적인 신맛을 가려내지 못하면 상한 음식을 구별하지 못해 목숨을 잃기 쉽다. 뱉어내라는 신호인 쓴맛에 둔감했던 종족은 독이 든 음식을 먹고 하나둘 사라졌다. 이런 관점에서, 맛을 구별하는 능력은 살아 있는 우리의 DNA에 깊이 새겨져 있는 것이다. 이렇게 생존을 위해 오랜 시간 연마된 감각과 지각은 자연에서 멀어져 과학으로 안전하게 걸러낸 환경 속에 머물게 되면서 무뎌질 수밖에 없었다.

하지만 커피를 통해 맛을 구별하는 본능을 깨어나게 할 수 있다. 그렇게 하기 위해서는 커피 한 잔을 대할 때마다 몸으로 들어와 어떤 반응을 일으키는지를 관찰해야 한다. 그것은 동작으로 나타나는 것이 아니라 추상하는 것이므로 모든 감각을 열고 묵상하고 명상해야 보이는 경지다.

가을의 커피는 더욱이 감각적이다. 앞에 덩그러니 놓인 커피가 왠지 쓸쓸해 보인다. 그으한 향과 따뜻한 온기는 여전하지만, 그 이상의 무엇을 찾아야 한다는 다급함도 생긴다. 프랑스의 시인 레미 드 구르몽Rémy de Gourmont이 되어 숲길을 걷는다면, '바스락바스락' 낙엽의 영혼이 되살아날 것 같은 기운도 느껴진다. 쌀쌀해진 바람이 날카롭게 파고든다. "가을은 가슴을 찢는다"는 독일의 철학자 프리드리히 니체Friedrich Nietzsche의 절규가 들리는 것 같다.

가을의 멜랑콜리를 커피로 극복할 수 있다. 어니스트 헤밍웨이 Ernest Hemingway, 토머스 엘리엇Thomas Eliot, 거트루드 스타인Gertrude Stein 등 수많은 문학가가 커피의 질감에서 위안을 받았다. 커피를 머금고 입안 구석구석 돌려보면 부드러움이 살아난다. 가을 커피의 매력은 보디body다. 보디는 와인의 향미를 표현하는 데 쓰는 용어인데, 커피 맛을 평가하는 데도 사용된다. 커피를 머금었을 때 그

어니스트 헤밍웨이, 토머스 엘리엇, 거트루드 스타인 등 문학가들은 커피의 질감에서 위안을 받았다. 케냐의 캠핑장에서 소설을 쓰고 있는 헤밍웨이.

무게감이 우유 쪽에 가까울수록 "보디가 무겁다heavy"고 표현한다.

"보디가 무겁다"는 것은 커피에 들어 있는 성분이 많고 복합미가 좋다는 지표이기도 하다. 보디가 좋으면 목을 타고 내려오며 피워내는 향과 삼킨 뒤 길게 이어지는 뒷맛이 인상적이게 마련이다. 보디가 무거워야 반드시 좋은 커피가 되는 것은 아니다. 보디로 품질을 가려내려면 산지, 품종, 가공법, 추출법이 모두 같아야 한다. 드립 추출을 하기 위해 진하게 볶지 않은 콜롬비아 킨디오_{Quindío} 커피들은 보디가 가볍다. 이때 보디는 혀를 짓누르지 않고 갇혀 있던 방에 시원한 바람이 들어오듯 입안을 경쾌하고 활달하게 만들어준다.

보디를 말할 때 질감과 촉각으로 나누어 묘사하면 더욱 구체적이다. 질감은 마우스필mouthfeel이라고도 한다. 질감을 표현하고 싶다면 입을 마르게 하거나 떫게 만드는지, 혀에 작용하는 두터움, 금속성, 기름기 등의 정도가 어떤지를 가늠해본다. 촉각은 주로 부정적인 요소가 드러날 때 언급된다. 거친 가루, 곡물 같은, 입자감, 알갱이, 거친 등의 단어를 연상하게 하는 맛이라면 가을이 주는 싸늘함이 되레 깊어질 뿐이다.

촉감이 좋은 커피가 우리의 관능을 위로하는 것은 단맛이 행복감을 주는 것과 같다. 부드러운 선율은 우리의 마음을 편하게 해준다. 잼처럼 끈적일 정도의 점도粘度를 연상하게 하는 커피는 다른 결점까지 지배하며 우리의 미각을 달래준다. 이쯤 되면 떠오르는 단어가 감미로움이다. 감미로움은 단맛 그 자체를 묘사하면서도 살결에 스치는 부드러움까지 표현해준다. 커피만으로 부족하다면 우유의 힘을 빌려도 좋다. 따뜻한 카페라테는 가을날 허전한 마음을 어루만져주는 묘약이 된다.

이처럼 커피를 즐기려면 좋은 커피와 나쁜 커피를 구별할 줄 아는 문턱을 넘어서야 한다. 커피 감별사와 입문자의 차이는 좀 과장하면 관심도일 뿐이다. 인류는 유익한 것을 먹을 때 좋은 기분이 들도록 진화했다. 꿀이 달게 느껴지는 것은 에너지원이 되는 요긴

좋은 커피는 목을 넘긴 뒤에 입안을 촉촉하게 만든다. 그
러면서 몸으로 들어오는 순간 나의 일부가 된다.

한 물질이기 때문이다. 쓴맛을 꾹꾹 참으며 먹는 동물은 인간뿐이
다. 쓴바귀를 즐길 수 있는 것은 입맛이 돌고 몸에 해롭지도 않다
는 것을 경험적으로 깨친 까닭이다.

"사람마다 선호하는 맛이 다르기 때문에 커피의 향미란 정답이
없다"는 말이 언뜻 맞는 것 같지만, 그렇지 않다. 나쁜 커피는 명확
하게 드러난다. 첫인상에서 향기가 좋고 단맛이 감도는 듯하다고
해서 섣부르게 "괜찮은데" 하고 단정해서는 안 된다. 좋다고 일단

받아들이면, 우리의 관능은 설령 불쾌함이 느껴지더라도 너그럽게 용서하고 받아들이는 쪽으로 작동한다.

나쁜 커피를 구별해야 하는 것은 무엇보다 건강에 해롭기 때문이다. 잘 익은 커피 열매만을 골라내지 않고 함부로 수확한 커피는 제맛을 내지 못한다. 덜 익은 열매의 씨앗에서 비롯되는 쓰고 떫은 맛이 잘 여문 씨앗의 멋진 향기, 과일 같은 유쾌한 신맛과 단맛을 덮어 버린다. 더욱이 벌레가 먹거나 가공과 보관 과정에서 곰팡이가 핀 생두가 섞여 있다면 끔찍하다. 곰팡이의 독소가 로스팅 과정에서 사라진다고 하지만 불쾌한 맛은 여지없이 남아 관능을 괴롭힌다.

좋은 사람인지는 헤어진 후에 드러나기 마련이다. 다시 보고 싶은 그리움을 남기는지, 찜찜함이 이내 가시지 않는지……. 좋은 커피도 이와 같다. 정성을 들여 키우고 솎아내 한 잔에 담아낸 커피는 목을 넘긴 뒤에 입안을 촉촉하게 만든다. 이런 방식으로 몸에 좋은 커피를 가려낸다. 커피의 향미를 아예 모른다고 손사래를 치는 사람이라도 커피를 마신 뒤에 몸이 어떻게 반응하는지 살펴보면 좋고 나쁨을 가려낼 수 있다. 좋은 커피는 몸으로 들어오는 순간 나의 일부가 된다. 나의 관능에 잊히지 않는 기쁨으로 새겨진다. 가을에는 이런 감각이 더 민감해진다.

비 오는 날에는 커피가 간절해진다

비가 오는 날이면 커피가 사무친다. 왜 그럴까? 그 이유는 몸 안 팎에 모두 있다. 내 의지와 상관없이 커피에 유혹당하기 쉬워지고, 내 안에서는 무엇인가 깊어지는 골을 메우기 위해 커피를 갈구하게 된다. 그러므로 비 오는 날이면 스스로 커피를 마주할 일이다. 비와 커피, 그리움……. 이들의 함수는 5가지 관점에서 풀린다.

커피를 좋아하는 사람들은 비 오는 날에 시인의 마음을 갖게 된다. 정서를 만드는 커피 향이 더욱 가깝게 다가오기 때문이다. 주변에 습기가 많아지는 것이 커피를 간절하게 만드는 첫 번째 이유다. 커피에서 발산되는 미세한 화학물질이 코 안의 점막 세포에 있는 수용체에 달라붙으면 전기신호가 발생한다. 향기 물질이 결합한 세포막은 양이온과 음이온을 지닌 각각의 미네랄이 새롭게 정렬하는 방식으로 다양한 신호를 뇌에 보내게 된다. 커피가 입안으로 들어가면 미각세포가 이와 똑같이 작동한다.

뇌는 후각세포와 미각세포에서 도착하는 전기신호를 종합해 살구, 아몬드, 초콜릿 등 구체적인 속성으로 커피가 지닌 향미를 지각한다. 이때 어릴 적 어머니가 손에 쥐여주시던 꿀맛 같은 살구가 떠오른다면, 지그시 눈을 감고 어머니를 한없이 그리워해도 반길 일이다. 좋은 커피의 향미는 이렇게 우리의 기억을 자극해 감상에 젖게 한다.

비가 내려 습기가 충분한 상태에서는 커피가 만들어내는 정서가 몸에 더 오래 머물게 된다. 점막 세포가 촉촉한 상태로 유지될수록 향기 물질이 수용체에 더 잘 달라붙어 같은 양의 커피라도 향이 더욱 진하게 느껴지기 때문이다. 또한 향기 분자가 습기를 머금어 무거워지는 덕분에 특정 공간에 향이 머물러 있는 시간이 길어지고, 이에 따라 커피가 이끌어주는 사유의 시간이 길어진다.

두 번째 이유는 비 오는 날에 저기압이 형성되면서 나타나는 소위 '기상병氣象病 증세'가 커피를 찾게 만든다. 장마나 태풍의 시기에 생활공간은 저기압 상태가 된다. 기압이 낮으면 같은 조건에서 공기 순환이 더뎌지고, 향은 일정 공간에 상대적으로 오래 머물게 된다. 따라서 비 오는 날에는 커피 향이 우리의 관능을 더 길게 어루만지게 된다.

비 오는 날의 묵직한 분위기는 대체로 환기율 저하에서 비롯된다. 비가 오면 문을 닫는 경우가 잦아 커피 향이 밖으로 쉽게 날아가지 않고 바닥에 깔려 서서히 퍼져 나가게 된다. 시간이 지날수록 산소 농도는 줄어들고 이산화탄소 농도가 증가해 집중력이 떨어지는 바람에 정신이 깨어나기 위해 커피가 간절해진다는 등식이 성립한다. "제비가 낮게 날면 비가 내린다"는 옛말도 저기압과 관련이 있다. 기압이 낮아지면 새들이 날기 좋아하는 고도도 낮아져 제

비 오는 날에 커피를 간절하게 찾는 것은 정서를 만드는 커피 향이 더욱 가깝게 다가오기 때문이다.

비의 비행고도가 낮게 형성된다.

날씨에 따른 현상은 몸에서도 나타난다. 저기압에서는 상대적으로 관절 내 압력이 높아져 통증을 일으키고 습도 역시 관절을 붓게 한다. "삭신이 쑤신다"는 말이 나오게 되는 이유다. 실제 상처의 통증도 커진다. 몸은 1기압에 맞춰져 있는데, 외부 기압이 내려가면 몸 안에서 밖으로 밀어내는 힘이 세지고, 연약한 상처 부위가 압력을 더 크게 받게 된다. 충치로 인한 통증 역시 같은 메커니즘으로 인해 비 오는 날에 더 커질 수밖에 없다. 오랜 경험 속에 DNA에 새겨진 '비 오는 날의 이상 증세'를 완화하기 위해 선제적으로 커피를 찾게 된다.

세 번째 이유는 청각이다. 커피 애호가들은 "빗소리가 커피를 부른다"고 말하기를 좋아한다. 모든 소리가 커피를 당기게 하는 것은 아니다. 소리가 소음이 될지, 음악이 될지는 사실 듣는 사람에게 달려 있다. 빗소리가 음악이 되기는 쉽지 않다. 따라서 소음으로 분류되는데 질이 다르다. 빗소리는 일단 '백색 소음'으로 분류된다. '화이트 노이즈white noise'라고도 불리는데, 음폭이 넓어서 자극적이지 않고 귀에 거슬리지 않는다. 파도, 귀뚜라미 울음, 계곡물 소리 등이 같은 부류다.

이들 소리는 다소 크더라도 일상생활에 방해가 되지 않고 자극적이지 않아서 반복 재생해놓고 공부하거나 일을 하기도 한다. 비가 처마에 계속 떨어지는 소리를 들으면 시원하기도 하고 집중이 잘 된다고 하는 사람도 적지 않다. 빗소리는 화이트 노이즈 중에서도, 특히 규칙적으로 반복되고 감정을 차분하게 만들어 졸음까지 오게 하는 '핑크 노이즈pink noise'에 해당한다. 정겨운 빗소리가 뇌의 활동을 느리게 만들어 수면을 유도하기 때문에 커피 향이 나른나른하게 다가와 더 매력적으로 느껴질 수 있다. 물론 졸음을 쫓기 위해 커피를 찾는 사람들도 있다.

네 번째 이유는 호르몬과 관련이 있다. "햇빛을 보지 못한 데 따른 나른함이 커피를 부른다"는 관점이다. 인간의 기분을 좌우하는 호르몬 중 세로토닌은 행복감을 높여주고, 멜라토닌은 잠들게 하는 신호를 준다. 해가 없는 저기압 상태나 비가 내릴 때는 대기 중에 음이온보다 양이온이 더 많아진다. 양이온이 많으면 세로토닌 분비량이 줄고 멜라토닌 분비량이 늘어나 낮에도 졸음이 심해지고 평소보다 우울한 감정이 강해질 수 있다. 일조량이 줄어들면 수면 장애가 발생할 수 있다. 스트레스 호르몬인 '코르티솔' 분비를 억제하는 비타민D 합성이 줄어 부족해지기 때문이다. 이로 인해 무기력, 피곤, 짜증을 내는 현상이 잦아진다. 세로토닌 분비 감소는 두통을 유발하기도 한다. 호르몬 분비 변화에 따른 나른함과 두통을 극복하기 위해 경험적으로 카페인이 들어 있는 커피를 그리워하게 된다.

비가 오는 날에 커피를 마주하게 되는 다섯 번째 이유에는 군인이 등장한다. 비는 오랜 세월 인류에게 노스탤지어를 만들어냈다. 노스탤지어는 '과거에 대한 그리움', 특히 비정상적인 상태에서 정상적인 상태로 돌아가기를 희망하는 심리를 반영한다. 수백만 년을 자연에서 살아온 인류는 비가 오면 동굴로 피해 하염없이 생각에 잠겼다.

맑은 날에 들판을 자유롭게 뛰놀며 사냥하고 열매를 따먹는 삶에 대한 그리움이 가득했다. 비가 그쳐 일상으로 돌아가고픈 애절함은 시대가 변해 집으로 돌아가기를 갈망하는 군인의 '향수병'을 비유하게 되었다. 노스탤지어nostalgia는 '집으로 돌아가다nóstos'에 '고통álgos'을 의미하는 어미가 붙은 그리스어에서 비롯되었다. 전쟁에 나간 군인들이 고향으로 돌아가 일상을 되찾고 싶어 하는 마음을 노스탤지어만큼 정확하게 담아낸 단어는 없다. 노스탤지어를

커피는 고향으로 돌아가고 싶다는 노스탤지어를 자극한다. 특히 '과거에 대한 그리움'은 비정상적인 상태에서 정상적인 상태로 돌아가기를 희망한다. 러시아의 화가 마리안 폰 베레프킨Marianne von Werefkin의 〈귀향Returning Home〉(1909년).

이겨내기 위해 군인은 서로에게 위안이 되어야 한다. 커피의 본질은 정서를 보듬어 삶의 결을 되살려주는 달램에 있다 '우두둑우두둑' 판초 우의에 부딪히는 빗소리마저 굉음처럼 들리는 적막한 들판에서 보초를 서는 군인들에게 커피 한 잔은 위안을 주는 전우가된다.

커피 심리학 시대

커피는 인간의 몸뿐만 아니라 심리에도 영향을 끼친다. 카페인이 중추신경에 작용하니 당연한 말이 아닌가 싶다. 하지만 커피의 성분이 구체적으로 신체의 특정 부위에 결합하지 않고도 정신 현상을 유발했다면 이것은 엄연히 다른 이야기다. 또 카페인을 별도의 정제 형태로 섭취하는 경우와 커피 한 잔으로 마시는 경우에 우리가 서로 다른 정서를 느낀다면, 커피가 심리에 영향을 끼친다는 점을 인정하지 않을 수 없다. 커피를 마신 뒤 쇼핑을 자제해야 하고, 상대의 마음을 열기 위해서는 따뜻한 커피를 대접해야 하는 등의 이유를 심리학적 측면에서 밝힌 연구 결과들이 이어지고 있다. 바야흐로 '커피 심리학Coffee Psychology의 시대'가 열리고 있는 것이다.

모닝커피가 잠에서 깨어나는 효과를 보이는 것은 단지 카페인의 약리 효과 때문만이 아니다. 우리가 커피 한 잔이라고 인식하고 마시는 '모닝커피 음용 행동' 자체가 뇌를 일깨워준다는 사실이 최근 포르투갈 미뉴대학의 연구로 확인되었다. 연구팀은 커피를 마시기 전후와 같은 양의 카페인을 넣은 뜨거운 물을 마시기 전후에 촬영한 뇌의 자기공명영상MRI을 비교했다. 두 경우 모두 카페인 흡수로 인해 뇌가 일할 준비를 시작한 것으로 나타났다. 하지만 실제 커피를 마신 뒤에는 작업 기억, 인지 제어 행동 등과 관련된 뇌의 네트워크 연결성이 증가했다. 카페인만 들어 있는 뜨거운 물을 마셨을 때 반응하지 않았던 부분이 더 활성화된 것이다.

이러한 결과는 커피 한 잔이 지닌 특정한 맛과 향, 그것을 경험하는 심리적 기대감이 카페인만 섭취할 때와는 다른 정신 작용을 유발한 것으로 풀이되었다. 커피가 없을 때, 커피를 준비하는 과정을 재연하면서 같은 색상의 음료 한 잔을 마시는 것만으로도 뇌에서 실제 커피를 마셨을 때와 같은 현상을 경험할 가능성을 보여준다.

커피를 한 방울도 마시지 않고 상상하는 것만으로도 각성 효과가 일어날 수 있다. 캐나다 토론토대학 연구팀이 서양과 동양 문화권 출신의 참가자들에게 커피와 차를 제공하지 않고 이들 음료를 머릿속에 떠오르게 하는 단서만을 제공한 뒤 뇌의 각성 여부를 조사했다. 그 결과, 커피를 마시지 않고 머릿속에 떠오르게 하는 신호에 노출되는 것만으로도 각성이 유발되어 더 구체적이고 정확하게 사고하는 경향을 보였다. 심리학적으로 각성은 뇌의 특정 부위가 활성화되어 정신이 또렷해지고 주의력이 강화되는 것을 의미한다.

따라서 커피를 마실 수 없는 상황이라도 커피를 상상함으로써 일하는 데 필요한 주의력을 높일 수 있다. 이런 잠재력은 평소 커피를 자주 즐기는 사람들에게서 더 크게 발휘된다. 커피에 대해서는 서양 문화권에서 자란 참가자들이, 차에 대해서는 동양 문화권 사람들이 더 민감하게 연상 반응을 보인 것으로 나타났다.

쇼핑할 때 충동구매를 피하려면 커피를 참는 게 좋다. 쇼핑 전에 커피를 마시면 돈을 더 쓰는 쪽으로 마음이 움직이기 때문이다. 미국 사우스플로리다대학 연구팀이 한 그룹에는 카페인 100밀리그램가량 들어간 커피를 제공하고 한 그룹에는

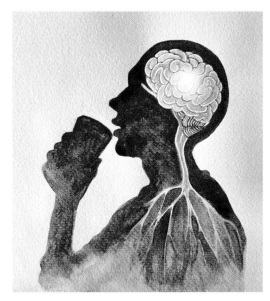

우리가 모닝커피를 마시면 뇌는 일할 준비를 마친다. 즉, 뇌의 특정 부위가 활성화되어 정신이 또렷해진다.

디카페인 커피 또는 물을 제공한 뒤 쇼핑을 하도록 했다. 두 그룹의 구매 영수증을 확인한 결과 커피를 섭취한 그룹이 더 많은 물건을 구입했고 더 많은 돈을 사용했다.

구입한 물품의 종류도 달랐다. 커피를 마신 그룹은 향초, 향수, 인테리어 소품, 마사지 기구 등 '쾌락을 주는' 아이템을 상대적으로 많이 구입했다. 연구팀은 커피를 마시면 구매 욕구가 강해지는 원인을 카페인 섭취로 인해 뇌에서 도파민이 분비되어 몸과 마음을 흥분 상태로 만들기 때문인 것으로 풀이했다.

도파민 생성을 자극하는 커피의 효능은 우울증을 예방하는 데도 유익하다. 이를 입증하는 연구는 여럿 있는데, 대표적인 것이 미국

하버드대학 연구팀의 연구다. 연구팀이 약 5만 명 이상의 참가자들을 10년간 추적 관찰한 결과 매일 커피를 마시는 사람은 그렇지 않은 사람보다 우울증 위험이 20퍼센트 낮은 것으로 나타났다. 아울러 하루에 2~3잔의 커피를 마시면 자살률이 절반 가깝게 감소했다. 연구팀은 커피에 함유된 카페인이 세로토닌, 도파민, 노르아드레날린 등의 뇌내 신경전달물질 생성을 촉진함으로써 일종의 항우울제 역할을 하기 때문인 것으로 풀이했다.

상대와 친구가 되고 싶다면 아이스커피보다는 따뜻한 커피를 권하는 게 좋다. 몸이 따뜻함을 느끼면 상대방에게 더 관대해지기 때문이다. 미국 예일대학 심리학과 연구팀이 대학생 41명에게 따뜻한 커피 또는 차가운 커피를 들게 한 뒤 가상의 인물 정보를 제공하고 그의 성격을 평가하게 했다. 그 결과, 따뜻한 커피를 들고 있던 그룹이 가상의 인물을 관대하고 배려심이 많을 것이라며 호의적으로 평가하는 경향이 뚜렷했다. 연구팀은 자기 몸이 따뜻하면 다른 사람 역시 마음이 따뜻한 사람으로 생각하는 경향이 있다고 설명했다. 이는 누군가가 자신을 따뜻하게 대하기를 원한다면, 그에게 아이스커피를 권하지 않는 것이 현명하다는 사실을 암시한다.

쓴 커피를 좋아하는 사람일수록 잔인한 성격일 확률이 높다는 2015년 오스트리아 인스브루크대학의 연구 결과는 아직 논쟁 중이다. 이 연구는 성인 1,000명을 대상으로 좋아하는 음식과 성격 사이의 연관성을 분석하는 방식으로 진행되었다. 그 결과, 블랙커피

상대방과 친구가 되고 싶다면 따뜻한 커피를 권하는 게 좋다. 몸이 따뜻함을 느끼면 상대방에게 더 관대해지기 때문이다.

처럼 쓴맛을 좋아하는 사람일수록 사이코패스, 자아도취, 마키아벨리즘, 사디즘 성향이 더 높았다. 반면 단맛을 좋아하는 사람은 협동적이고 공감 능력이 뛰어나며 온화한 성향일 확률이 높은 것으로 나타났다.

인간은 독극물 섭취를 피하기 위해 쓴맛을 싫어하도록 진화했지만, 쓴맛을 좋아하는 것은 일종의 스릴을 즐기는 가학적 성향과 연결된 것으로 분석되었다. 연구팀은 "쓴맛을 즐기는 것은 자신에게 가해지는 고통을 즐기는 마조히즘 성향 때문으로도 볼 수 있다"고 밝혔다.

그러나 미국 루스벨트대학의 심리학 교수인 스티븐 마이어스

Stephen Myers는 해당 연구에 대해 "쓴맛에 대한 취향과 마키아벨리적 특성 사이에서 '아주 작은 연관성'만을 발견했다"면서 "연구 결과를 신중하게 해석할 필요가 있다"고 반박했다. 취향과 선호는 개인의 성격적 특성에 의해서가 아니라 문화와 경험에 의해 강하게 영향을 받고, 종종 시간이 지나면서 변한다는 것을 주목해야 한다는 것이다. 그는 특히 건강에 더 신경을 쓰기 때문에 첨가물이 없는 블랙커피를 선호하는 점도 간과해서는 안 된다고 조언했다.

커피에서 꽃향기가 난다

커피에서 꽃향기가 느껴지면 좋은 커피일 것이라는 기대가 커진다. 꽃향기가 있으면 다른 향기들도 함께 입안을 가득 채우는 듯한 풍성함을 선사하기 때문이다. 더불어 따스한 기운이 감도는 듯하면서 단맛도 우러나오는 것 같다. 이것은 모두 우리의 몸이 꽃향기에 긍정적으로 반응하고 있음을 보여주는 것이다.

진화론에 따르면, 인간이 꽃향기를 감지할 때 행복을 느끼는 것은 꽃향기와 연결된 좋은 기억이 오랜 세월 속에 누적되어 DNA에 새겨진 덕분이다. 미국의 식물학자 윌리엄 버거William Burger는 꽃을 피우는 속씨식물의 등장 덕분에 인류는 호미닌hominin종에서 갈래를 타고 나와 호모사피엔스로 진화할 수 있게 되었다고 주장했다.

곤충을 유혹하는 꽃의 꿀 향기는 인류에게도 유용한 에너지원이 되었으며, 화려한 꽃의 주변은 곤충들이 몰려들어 인류에게 손쉬운 단백질 공급처가 되어주었다. 더욱이 가을이면 포도당과 폴리페놀과 유기산 등 몸에 좋은 물질이 풍성한 열매를 선사해주었으니, 꽃을 행복으로 인식하는 본능이 생겼다.

꽃에 대한 사랑이 얼마나 컸는지는 고대 인류의 매장 문화에서

커피에서 꽃향기가 느껴지면 좋은 커피일 가능성이 높다. 더욱이 우리의 몸은 꽃향기에 긍정적으로 반응한다. 샐비어꽃.

도 명확하게 드러난다. 1만 3,700년 전 만들어진 것으로 추정되는 이스라엘의 라케펫Raqofet 동굴 무덤은 시신이 꽃 위에 누워 있다 달달한 꿀물을 머금는 샐비어꽃을 비롯해 박하, 등심초 등 들꽃이 많았다. 꽃은 죽은 자를 위로하고 사후 세계에서 행복을 기원하는 도구가 되었다. 한반도에서는 구석기시대의 주거지인 충북 청주 청원 두루봉 동굴에서 진달래 꽃송이가 한꺼번에 157개나 출토되어 우리의 조상들은 인류 최초로 꽃을 일상에서 사용한 '품격이 있는 문화 인류'로 평가받고 있다.

두 사례 모두 식용식물의 씨앗을 선별해 심고 추수하면서 정착 생활을 했던 신석기시대 이전에 이루어진 것을 볼 때 꽃을 의식儀式

에 사용하기 위해 일부러 채집했던 것으로 보인다. 커피 한 잔을 음미할 때 꽃향기가 나면 긍정적인 이유가 이 연장선에 있다. 커피 생두에서 감지할 수 없는 꽃향기가 커피 한 잔에서 감지되는 것은 원인 물질인 알데하이드, 케톤, 헥산올 등이 로스팅을 통해 생성되기 때문이다.

꽃향기가 난다고 해서 커피의 품질이 좋다고 성급하게 판단할 일은 아니다. 커피를 삼킨 뒤 입안의 여린 점막이 따끔거리거나 마르고 거친 느낌이 든다면 걸러내야 할 결점두缺點豆(덜 익거나 썩거나 부서져서 품질이 떨어지는 원두)들이 섞여 있다는 징표다. 새콤달콤함이 길게 이어지지 않고 향의 여운도 짧게 끊어지면 제아무리 꽃향기가 감지되었다고 해도 좋은 기분을 선사할 수 없다. 결국 커피의 향미는 여러 속성이 균형을 이루어야 하는 것이다. 그리고 분명한 것은 꽃향기가 나는 커피를 심지어 싫어하는 사람도 있으니, 향이란 취향에 따라 호불호가 갈린다는 점도 감안해야 한다. 커피를 마실 때 특정 향 하나만을 고귀함의 지표로 내세울 일은 아니다.

그럼에도 품질이 좋은 커피를 제대로 음미하고자 한다면 꽃향기의 의미를 올바르게 헤아릴 줄 아는 게 유익하다. 꽃은 되도록 멀리 향을 퍼트려 더 많은 벌과 나비를 불러들임으로써 번식에 유리할 수 있도록 진화했다. 한 번 꽃으로 유인한 나비를 돌려보내고, 또 다른 나비를 끌어들이는 데 향이 너무 오래 지속되는 것은 이익이 될 수 없다.

따라서 꽃향기는 분자들이 가벼워 섬세함을 느끼게 하는데, 여

커피의 꽃향기는 우리의 후각세포를 오랫동안 자극하지 못하는데, 그것은 다른 향기들에 묻히기 쉽고 꽃향기가 금세 날아가기 때문이다.

리기 때문에 다른 향기들에 묻히기 쉽다. 커피 속의 꽃향기는 우리의 후각세포에 매달려 오래도록 행복을 선사하지는 않는다. 어떤 특정한 꽃의 느낌을 찾으려 애쓰다가는 금세 날아가는 꽃향기를 감상할 순간을 놓치기 쉽다.

흔히 '달다'고 하는 맛의 감각은 미각을 통해 감지된다. 따라서 코로 맡는 향기에서 어떻게 단맛을 느낄 수 있느냐는 의문이 생길 수 있다. 커피 향기에서 단향을 감지하는 것은 다양한 성분의 상호 작용과 개인의 인지적 경험의 결과라고 볼 수 있다. 커피 품종, 수확과 가공 방법, 볶음 정도, 추출 방법, 개인의 취향 등에 따라 단향 연상의 정도는 달라질 수 있다.

따라서 꽃향기를 감지할 때는 다른 향기들과 섞여 있는 뉘앙스를 잘 찾아내야 한다. 단향처럼 풍성하고 따스한 측면만을 찾으려다가 라벤더와 시트론처럼 신선함으로 어필하는 '플로럴 프레시floral fresh'를 놓치기 쉽다. 복숭아, 살구, 오렌지 등 과일 향 속에서도 장미나 바이올렛에서 음미할 수 있는 '플로럴 프루티floral fruity'의

따스함이 전해진다. 베르가모트, 재스민, 백합에서 감지되는 '플로 럴 그린floral green', 메이플시럽, 주니퍼 베리, 토종꿀에서 감상할 수 있는 나무와 같은 느낌의 '플로럴 알데하이드floral aldehyde'도 꽃향기 를 멋지게 묘사하는 단어들이다.

커피의 향미를 평가하고 묘사하는 전문가인 커피 테이스터들은 꽃뿐만 아니라 홍차와 씨앗, 꿀에서도 꽃향기를 찾아내려 애를 쓴 다. 커피에서 느껴지는 꽃향기에 대한 다양한 면모를 감각적으로 익히려면, 프랑스의 와인 전문가 장 르누아르Jean Lenoir가 개발한 '르네 뒤 카페Le Nez Du Café'가 도움이 된다. 9번 '향채 코리앤더의 씨 앗Coriander Seed', 11번 '차의 향기가 나는 관상용 장미Tea-Rose', 12번 '커피꽃Coffee Blossom', 19번 '꿀맛이 나는Honeyed'을 번갈아 비교하며 관능에 기억시키면 꽃향기의 뉘앙스에 민감해질 수 있다.

커피를 마시면서 인생에서 겪었던 모든 꽃을 떠올릴 필요는 없 다. 세계 커피 애호가들이 공통적으로 커피의 향미 묘사에 활용하 는 '커피 테이스터스 플레이버 휠Coffee Taster's Flavor Wheel'은 향이 불 러일으키는 무게감과 농후함에 따라 꽃향기를 홍차, 캐모마일, 장 미, 재스민 등 4가지 속성으로 분류한다.

꽃향기와 함께 흙과 연한 먼지의 느낌, 스모키smoky한 기운이 느 껴질 때 "홍차 같다"는 표현을 한다. 캐모마일은 달콤하면서도 허 브의 기운을 가진 것이 특징인데, 정서적으로 고요 혹은 휴식과 관 련이 있다. 장미는 향신료의 뉘앙스와 함께 목질적인 색조를 띤다. 신선하고 밝은 느낌을 주면서 커피에서는 깊이감과 복합미를 드높

커피꽃은 '언제나 당신과 함께'라는 꽃말을 갖고 있는데, 개화기에 커피밭은 함박눈이 내린 듯 장관을 이룬다.

여준다. 재스민은 흔히 커피꽃 향기와 가장 유사하다는 평가를 받는다. 굳이 그 차이를 따진다면 재스민은 리날로올, 베질아세테이트와 같은 화합물을 함유하고 있어 과일과 향신료의 향기와 함께 달콤함을 선사한다. 반면 커피꽃은 디메틸황화물과 같은 화합물이 들어 있어 달콤함과 함께 상대적으로 흙빛이 감도는 목질적인 향이 두드러진다.

커피꽃과 재스민, 오렌지꽃은 모두 흰색에 꽃잎이 5장으로 모양도 비슷하다. 꽃 모양이 궁금하다면 웨딩드레스를 떠올리면 된다. 오렌지꽃의 꽃말이 '순결' 또는 '영원한 사랑'이어서, 웨딩드레스에는 주로 오렌지꽃 무늬가 들어간다. 재스민은 '상냥함', 커피꽃은

'언제나 당신과 함께'라는 꽃말을 갖고 있다. 키가 3~4미터인 커피 나무 한 그루는 1년간 6,000송이 이상의 새하얀 꽃을 피워낸다. 개화기에 커피밭은 함박눈이 내린 듯 장관을 이룬다.

커피에서 꽃향기를 감상할 때는 감각을 넘어 감성에 기대는 게 좋다. 가볍고 신선한 장미, 달콤하고 경쾌한 라일락, 따스하고 향긋한 아카시아, 시원하고 화려한 라벤더……. 구체적으로 특정 꽃을 맞히려 하지 말고 좋은 커피라면 꽃향기가 피어날 것을 믿고 머릿속에 떠오르는 꽃의 이름을 대면 된다.

향미를 구체적으로 음미하는 것은 자신이 마시는 커피를 기억하는 방식이다. 동시에 그 순간의 행복을 관능에 새겨 본능으로 만드는 과정이다. 그렇게 하면 나중에는 커피의 향을 상상하는 것만으로도 행복을 느낄 수 있다. 추상을 즐길 수 있는 것이 가장 인간다운 면모다. 커피로 이런 자질을 키울 수 있다.

커피는 정서로 남는다

커피의 향미를 감상한다는 것은 어떤 의미일까? 어떤 이는 맛으로 커피 생두의 품질을 가늠하고자 한다. 어떤 이는 로스팅에 문제가 없었는지, 제대로 추출했는지를 따지는 데 의미를 부여한다. 다른 이는 커피가 마음을 차분하게 만들어준다며 효능에 집중한다. 또 다른 이는 커피 덕분에 좋은 추억을 떠올릴 수 있다며 미소를 짓는다.

호랑이는 가죽을, 우리는 기억을, 커피는 정서를 남긴다. 커피를 마시는 순간마다 감상에 젖을 수 있는 것은 인간만이 누릴 수 있는 축복이다. 몸을 타고 흐르는 DNA가 수백만 년간 우리를 살아갈 수 있게 한 힘은 '맛을 정서로 승화하는 능력'에서 비롯되었을 것이다. 그러므로 커피 한 잔을 대할 때는 품질을 따지는 데 멈춰 있지 말고, 몸과 마음에서 일어나는 반응에 귀를 기울일 일이다.

커피를 감상하는 일은 원두를 분쇄하는 단계에서부터 시작된다. 이때의 향은 커피 한 잔에서 풍기는 '젖은 향wet aroma'과 구별해 '마른 향dry aroma' 또는 '프레그런스fragrance'라고 부른다. 향을 지칭하는 용어가 많은데, 특히 프레그런스는 17세기 영국의 시인 존 밀턴

John Milton이 『실낙원』에서 '향기로운 구름이 드리워져 veiled in a cloud of fragrance'라고 묘사한 것처럼 '좋은 감성을 들게 하는 냄새'일 때 쓰인다.

일상에서 커피를 마실 때 향을 간과하기 쉽다. 커피를 받자마자 가장 먼저 가져가야 할 곳은 입이 아니라 코다. 향이 공중으로 사라지기 전에 그 향을 즐겨야 한다. 커피 애호가들은 "좋은 커피에는 향을 찾아 천사들이 몰려든다"고 표현하기를 좋아한다. 커피 향을 먼저 차지하려고 천사들과 겨루는 모습을 상상하는 것만으로도 좋은 기운이 생길 만하다.

좋은 맛을 접할 때 반사적으로 '색다른 맛'이라고 말하게 된다. 우리는 보이지 않는 맛의 추상성을 더 또렷하게 인지하기 위해 색으로 떠올리는 능력을 지니고 있다. 커피에서도 색은 정보다. 잔에 담긴 커피의 가장자리에서 감지되는 노르스름하면서도 푸르스름한 색상은 단지 감상의 대상만이 아니다. 같은 산지의 커피라도 열매를 통째로 말려 내추럴하게 가공한 것이 과육을 벗겨 물로 닦아낸 워시드 washed 커피보다 노란빛이 더 두드러진다. 볶은 후 시간이 지날수록 갈색 톤이 노르스름하게 물들어가는 것도 커피를 음미하는 하나의 포인트다.

추출된 커피에 침전물이 있다면 사용하는 그라인더의 칼날이 무뎌져 미분微粉이 많이 발생하는 상황일 수 있고, 종이 필터 품질이 떨어졌음을 보여주는 지표라고 여길 만하다. 종이 필터 무게가 기준치에 못 미쳐 두께가 얇으면 필터를 접은 부위로 미분이 새어 나

커피가 입으로 들어와 미각이 작동되면 뇌의 반응은 복잡해진다. 플레이버는 후각과 미각 정보를 합한 것으로, 보통 '향미' 또는 '풍미'라고 부른다. 커피를 테이스팅하는 모습.

올 수 있다. 이렇게 되면 커피가 잔에 담겨서도 미분을 통해 계속 성분이 추출되기 때문에 맛이 탁해진다. 또 커피에서 기름기가 많이 보인다면 생두 품질에 의심을 품게 된다. 벌레를 먹어 구멍이 난 부위나 박테리아에 오염된 부분은 로스팅 과정에서 과두하게 발현되어 원치 않은 기름이 생긴다. 커피가 드립용으로 사용하기에는 적절하지 않을 정도로 강하게 볶였다면 기름이 많이 뜬다.

　커피가 입으로 들어와 미각이 작동되면 뇌의 반응은 복잡해진다. 코에서 오는 전기신호와 혀에서 전해지는 전기신호, 입안의 점막에서 감지되는 질감·무게감을 종합해야 하기 때문이다. 이 중 후각과 미각 정보를 합한 것이 플레이버flavor다. 우리말로 '향미' 또는 '풍미'라고 부른다. 따라서 커피를 입에 담지 않은 사람에게 향미가 어떠한지를 묻는 것은 적절하지 않다.

커피가 입에 들어오면 산미(신맛)부터 인상적으로 다가오게 마련이다. 커피는 정도와 질의 차이가 있을 뿐이지 모두 신맛을 지니고 있다. 좋은 커피는 단맛이 주변을 받쳐주는 덕분에 산미는 과일의 모습으로 머릿속에 떠오르게 된다. 단맛이 부족하면 초산이나 유기산과 같은 날카로움이 관능을 괴롭힌다. 좋은 커피에서는 단맛과 신맛이 어우러진 새콤달콤함이 느껴진다. 날카로운 자극으로 치달을 수 있는 신맛이 단맛을 만나 부드러워진 덕분이다.

사실 인간은 커피 한 잔에서 단맛을 감각할 수 없다. 미국 캘리포니아대학 데이비스캠퍼스University of California Davis의 커피센터가 2017년 실시한 성분 분석과 관능 평가 결과가 이를 뒷받침한다. 커피에 수크로오스sucrose를 비롯해 단맛의 원인 물질인 당류가 들어 있기는 했지만, 인간의 미각이 달다고 감지할 만큼 농도가 충분하지 않았다. 그럼에도 우리는 좋은 커피에서 솜사탕, 딸기잼, 크림, 설탕을 입힌 헤이즐넛, 토종꿀, 메이플시럽과 같은 단맛을 느낀다. 경험과 기억을 종합해 지각하는 능력을 가진 덕분이다.

커피에서 캐러멜 향이 감지될 때 어린 시절 운동회에서 입가에 진득하게 묻혔던 솜사탕이 떠오르기도 한다. 화사한 장미 향 또는 농익은 살구 향을 통해서도 단맛이 주는 포근함과 달짝지근함이 희미하게나마 느껴진다. 감각할 수 없는 단맛을 향만으로 느낀다는 것은 착각이다. 이것은 감각되지 않은 것을 자극받은 것처럼 느끼는 환각과는 다른 차원이다. 커피의 단맛에는 "착각이 때로는 우리를 더욱 행복하게 만든다"는 역설이 담겨 있다.

커피를 입에 머금고 향미를 감상한 뒤 체성감각의 결과물인 보디가 인격처럼 커피에 고유의 가치를 부여하는 차례가 온다. 보디는 커피나 와인 애호가들 사이에서 '보디' 또는 '보디감body感'이라고 불린다. 커피가 입안에 끼치는 물리적인 느낌이 물에 가까운지, 우유에 가까운지를 나타내는 지표다. 물에 가까우면 보디가 가볍다고 하고, 우유에 가까울수록 무겁고 부드럽다고 표현한다.

보디를 후각이나 미각보다 둔감한 것으로 보면 안 된다. 향미와 산미가 유사한 수준의 커피라면 체성감각이 우열을 가르는 결정적인 요인이 되기 때문이다. 단맛이 좋아도 꿀이나 잼을 연상시키는 질감이 따르지 않는다면, 맛이 밍밍하고 향미의 보디감도 떨어지게 된다. 촉감으로 인해 이런 뉘앙스를 주는 커피는 최고의 반열에 오를 수 없다.

커피를 목 뒤로 넘긴 뒤 기도를 타고 역류해 후각세포에 닿는 향기 물질들이 있다. 이런 과정을 거쳐 감지되는 향을 '레트로 나살 retro-nasal'이라고 한다. 커피를 한 모금 머금었을 때, 입안에서 발생하는 향기를 일컫기도 한다. 미각이 작동된 뒤 감지되는 후각으로 커피가 지닌 향미를 관능적으로 완성하는 중요한 요소라는 평가를 받는다.

커피를 즐길 때 '감각·지각·정서'를 떠올리며 단계적으로 몸과 마음이 어떻게 반응하는지를 살펴보면 행복감을 더할 수 있다. 감각은 '아, 커피구나!' 하고 감지하는 순간의 느낌을 말한다. 혀에 닿는 촉감과 함께 향과 맛이 커피임을 알게 한다. 지각은 경험과 기

커피를 즐길 때 감각·지각·정서를 떠올리면 '엄마 같은 커피', '나의 청춘과 같은 커피'라는 식으로 이름이 붙는다.

억이 작동해 지식을 만들어내는 단계다. 한 걸음 더 나아가 그 커피가 떠올리게 한 기억을 그리워하며 정서가 만들어지는 수준까지 가면 향미 감상이 완성된다. 정서가 담긴 커피에는 마침내 '엄마 같은 커피', '나의 청춘과 같은 커피'라는 식으로 이름이 붙는다. 커피를 마실 때 여러 단어를 동원해가며 애써 묘사하는 데에는 그 커피를 기억하기 위한 간절함이 배어 있다. 정서를 남겨 이름까지 붙게된 커피가 우리에게서 잊힐 리 없다.

커피를 뜨겁게 마실까, 차갑게 마실까?

추울수록 뜨거운 커피가 사무치게 그립다. 컵을 감싼 손을 통해 전해지는 온기며, 모락모락 피어나는 김에서 감지되는 열기와 그윽한 향. "뜨거운 아메리카노 커피를 가장 격조 없이 마시는 법이 호호 불며 빨리 마시려다가 입술이나 혀를 데는 것"이라는 우스갯소리가 있지만, 겨울철 커피는 이렇게 마셔야 제맛이 날 것 같기도 하다.

그러나 뜨거운 커피는 '양날의 검'이다. 뜨거우면 향과 맛을 더 풍성하게 감상할 수 있지만 건강에 좋지 않다. 식도암을 유발할 위험성이 있기 때문이다. 커피를 어느 정도 온도로 마셔야 맛과 건강을 동시에 챙길 수 있는 것일까? 과연 이 두 마리 토끼를 모두 잡는다는 것이 가능하기나 한 것일까?

바리스타에게는 꽤 오랫동안 "아메리카노 커피의 온도는 손님이 받았을 때 섭씨 65도가 되도록 하라"는 수칙이 있었다. 이 온도 이상이 되면 인간은 맛을 느끼지 못한다. 고온으로 인한 통증만이 작용할 뿐이다. 커피 맛을 느낄 수 있는 범위에서 향과 맛을 많이 품을 수 있도록 하는 가장 높은 온도가 섭씨 65도인 것이다. 이런 커피 전문점의 오랜 관습 속에서 손님들도 주문한 커피가 섭씨 65도를 밑돌면 "왜 식은 커피를 주느냐?"며 불만을 터트리게 되었다.

그러나 한 잔에 담기는 커피의 온도는 섭씨 50~55도로 제공되는 경우가 잦아졌다. 이렇게 커피의 음용 온도가 낮아진 전환점은 2016년이다. 세계보건기구WHO가 1991년 '잠재적 발암물질'로 지정했던 커피가 그해 목록에서 빠졌다. 커피와 암의 연관성이 없다는 연구 결과가 축적되면서 국제암연구소IARC도 "커피 자체가 암을 유발한다고 볼 근거는 없다"고 발표했다. 로스팅에 따른 아크릴아미드Acrylamide 논란도 이로 인해 종식되었다. 즉, 커피에는 발암물질이 없다는 것이다.

커피 맛을 느낄 수 있는 범위에서 향과 맛을 많이 품을 수 있도록 하는 가장 높은 온도가 섭씨 65도다. 이 이상이 되면 인간은 맛을 느끼지 못한다.

커피가 발암물질 목록에서 빠진 대신 '섭씨 65도 이상의 뜨거운 음료'가 발암추정물질(2A군)로 지정되었다. 당시 란셋Lancet종양학회가 "섭씨 65도 이상의 뜨거운 차나 커피를 자주 마신 집단의 식도암 발생 위험이 8배, 섭씨 60~64도의 음료를 마신 집단은 식도암 발생 위험이 2배 커진다"고 보고했다. 식도는 위장과 달리 보호막이 없어서 사소한 자극에도 쉽게 손상되어 암으로 악화되기 쉽다.

'암을 유발하는가?'에 따라서 1군(확정적 발암물질), 2A군(발암추정물질), 2B군(발암가능물질), 3군(발암성 여부를 판단할 만한 증거가 없음), 4군(발암성이 없다고 추정되는 증거가 있음) 등 5개 그룹으로 나뉜다. 이 기준으로 볼 때 섭씨 65도를 넘는 뜨거운 커피는 상당한 위험성을 내포하는 것으로 판단된다. 커피 전문점에서 제공하는 뜨거운 아메리카노는 통상 섭씨 80~85도다.

뜨거운 음료의 위험성을 경고하는 연구 결과는 이어지고 있다. 최근 『미국 임상영양학 저널American Journal of Clinical Nutrition』에는 "따뜻한 커피를 자주 마신 사람은 그렇지 않은 사람보다 식도암 발생 위험이 2.7배 컸고, 뜨거운 커피와 매우 뜨거운 커피를 마신 사람은 각각 5.5배, 4.1배 컸다"는 내용이 게재되었다. 섭씨 65도가 안 되더라도 따뜻한 커피를 자주 마시면 암 발생 위험이 있다는 결과다. 이쯤 되면 커피를 마실 때 온도를 신경 쓰지 않을 수 없다.

건강을 위해 커피의 음용 온도를 낮출 경우 향미를 손해보게 된다. 이 같은 사실이 '검의 또 다른 날'이 된다. 아메리카노 커피는 베이스가 되는 에스프레소를 추출할 때 사용하는 물의 온도가 섭씨 90~95도다. 이렇게 해야 손님에게 제공될 때 섭씨 80~85도를 유지할 수 있다. 잔에 담기는 아메리카노 커피의 온도를 이렇게 하는 이유는 첫째, 손님이 커피를 받았을 때 식었다는 느낌을 주지 않기 위해서다.

2022년 1월 『사이언티픽 리포트Scientific Reports』에 게재된 논문 「블랙커피의 음용 온도가 소비자 선호도에 미치는 영향」에는 "소비자들이 커피의 온도를 너무 차갑다고 평가하지 않을 최저의 온도 범위가 섭씨 68~70도인 것"으로 조사되었다. 소비자들이 음용할 때 가장 선호하는 온도 범위는 섭씨 58~66도다. 소비자의 12퍼센트가 섭씨 56~68도의 커피를 너무 차갑다고 평가했다. 소비자들이 선호하는 온도로 커피를 매일 마신다면 식도암에 걸릴 위험이 매우 높다.

둘째, 커피는 식어가면서 주요 성분이 분해되며 맛이 바뀐다. 커피 한 잔에 녹아 있는 성분 중 약 15퍼센트를 차지하는 클로로젠산은 섭씨 80도 아래로 내려갈수록 빠르게 자극적인 신맛과 쓴맛을 유발하는 퀸산과 카페인산으로 분해된다. 특히 카페인산은 커피가 실온에 가까워질수록 불쾌한 신맛을 더욱 두드러지게 만든다. 바리스타는 클로로젠산의 분해 속도를 늦춰 신선한 맛을 유지하기 위해 뚜껑을 덮은 밀폐 용기에 아메리카노 커피를 담아 섭씨 80~85도가 유지되도록 노력한다. 이 온도 범위에서는 클로로젠산의 분해가 거의 일어나지 않는다는 연구 보고가 있기 때문이다.

셋째, 커피의 온도를 달리하면서 만족도를 조사한 여러 실험에

소비자들이 가장 선호하는 음용 온도는 60~68도인데. 커피의 온도가 내려갈수록 산도가 높게 느껴져 신맛이 부각된다. 차가운 에스프레소를 만들기 위해 포터필터를 얼음에 넣어 온도를 낮추는 모습이다.

서 소비자들이 가장 선호하는 음용 온도가 섭씨 60~68도로 나타났기 때문이다. 커피는 잔으로 옮겨져 손님에게 가는 동안 온도가 급격히 내려가기 때문에 바리스타가 완성하는 순간의 온도가 섭씨 80~85도를 유지해야 좋다. 아울러 바리스타는 손님이 커피를 받았을 때 온도가 섭씨 65도를 밑돌지 않도록 하기 위해 용기를 예열하거나 뚜껑을 덮어 식는 속도를 늦춘다. 커피의 온도가 내려갈수록 산도가 높게 느껴져 신맛이 부각된다.

단맛은 체온에 가까울수록 더 강하게 느껴진다는 연구 결과가 있지만, 커피는 섭씨 65도 아래로 내려갈수록 쓴맛이 더 뚜렷해지면서 전체적인 맛의 품질이 떨어진다. 온도와 인간이 느끼는 맛의 성격에 대한 연구는 아직 관능 평가에 의존하는 초보 단계다. 조사 대상과 방식에 따라 결과가 달리 나타나는 경우도 많다. 그러나 온도에 따라 실제 맛 성분이 변하고 인간이 감지하는 느낌도 달라지는 것은 분명하다. 따라서 뜨거운 아메리카노의 맛을 평가할 때에는 첫 모금에 성급하게 판단하지 말고, 식어가면서 맛이 어떻게 바뀌는지를 살펴야 한다.

소비자들은 맛과 건강 중 어느 쪽을 선택할까? 맛이 건강을 이길 수 없음을 보여주는 현상들이 나타나고 있다. 2022년 9월 9일 『뉴욕타임스』는 「이제 뜨거운 커피를 마시는 사람이 있는가?Does Anyone Drink Hot Coffee Anymore?」라는 기사에서 "한겨울에도 스타벅스 음료 판매의 60퍼센트가 찬 음료"라는 내용을 전했다. 미국 스타벅스의 발표 자료에 따르면, 2022년 4월부터 6월까지 음료 매출에서 차가운 음료가 차지한 비율이 75퍼센트에 달했다.

국내에서도 '아이스 아메리카노'의 인기가 계절을 가리지 않는다. 이런 현상의 원인에는 "커피를 입안 가득 담아 마시는 풍성함이 좋아서", "입을 델 걱정이 없어서", "마시는 시간을 내가 결정할 수 있는 편리함과 신속성 때문"이라는 등의 분석이 있다. 여기에 이제는 "뜨거운 커피가 암을 유발할 수 있으므로"라는 이유를 추가할 수 있다.

커피를 뜨겁게 마시지 말아야 할 과학적 근거는 뚜렷하다. 사실 커피뿐만 아니라 먹는 모든 것의 온도가 섭씨 65도를 넘는 상황이 습관적으로 반복되면 식도암을 감수할 각오를 해야 한다. 시간에 쫓겨 뜨거운 아메리카노를 여유롭게 마실 수 없을 때에는 바리스타에게 얼음을 2~3개 넣어 달라고 하면 된다. 신선하고 품질이 좋은 커피는 식더라도 맛이 본성을 잃지 않는다. 좋은 커피 생두를 가려 마셔야 할 강력한 이유가 또 하나 생긴 셈이다.

얼어 죽어도 아이스 아메리카노

　영하의 추운 날씨에도 아이스 아메리카노를 즐기는 한국인의 아이스커피 사랑이 세계 커피 문화에서 독자적인 영역을 구축하고 있다. 방탄소년단, 블랙핑크 등 K-팝을 이끄는 연예인들과 K-드라마 속에서 인기 배우들이 아이스 아메리카노를 마시는 장면이 자주 노출되면서, 이 음료의 명칭을 '코레아노Koreano'로 바꿔 불러야 한다는 의견도 제기되는 상황이다.

　세계적 통신사인 AFP가 2023년 10월 2일 「아이스 아메리카노를 찾는 한국인의 차가운 커피 사랑이 너무나 뜨겁다Coffee so cold it's hot: South Korea's love of iced Americano」는 익살스러운 제목의 특집 기사를 지구촌 전역에 타전했다. AFP는 특히 "'비록 추워서 죽는다 해도 아이스 아메리카노!'라는 말이 한국의 새로운 격언이 되었다"면서 '얼죽아 현상'을 소개했다.

　국내에서는 2018년 12월 추운 어느 겨울날, 트위터를 통해 "얼어 죽어도 아이스커피(얼죽아)를 마시는 사람들의 모임"이라고 밝힌 '얼죽아 협회'의 글을 계기로 퍼져 나간 현상들이 5년여 만에 외신을 타고 세계인의 주목을 끈 것이다. 2018년에는 수은주가 영하

20도까지 떨어지는 강추위가 닥쳤는데, 그 와중에 얼죽아 협회가 "근래 없던 추위로 인해 회원들이 변절의 길을 걷고 있다는 비보를 들었다. 삼가 소신을 유지하자"는 내용의 글을 띄워 웃음을 선사했다.

그런데 이것이 '찰나의 유머'로 끝나지 않았다. '쪄 죽어도 뜨거운 커피'를 지향하는 '쪄죽뜨 협회'가 결성되어 '얼죽아'를 풍자하는 글이 이어지고, 각각 취향에 맞는 사람들이 지지하는 글을 퍼 나르는 가상게임으로 번졌다. 이 시기보다 조금 앞서, 아이스 아메리카노를 자주 마시는 사람들을 '아아족'이라고 부르기 시작했고, 이에 맞서 따뜻한 아메리카노를 좋아하는 사람들이 '따아족'을 결성해 양측 간에 전선이 형성되던 터였다.

소비자들의 이러한 움직임은 마침내 커피 전문점의 매출 양상에도 영향을 끼쳤다. 이디야커피는 2018년 겨울 시즌 3개월간 아이스 아메리카노 판매량이 전년보다 37퍼센트, 투썸플레이스는 28퍼센트 늘어났다. 스타벅스도 한파가 절정인 2019년 1월에 아이스 아메리카노 매출이 전년 같은 기간에 비해 40퍼센트나 치솟기 시작해 2022년에는 이용객 10명 중 7명 이상이 아이스 음료를 찾은 것으로 나타났다. 급기야 2023년 1월에는 아메리카노 판매량만 따질 때 '아아'가 '따아'를 제쳐 아이스 아메리카노의 판매 비중이 54퍼센트를 차지했다. 한파였지만, 절반 이상이 아이스 음료를 구매한 것이다.

한국인의 '얼죽아 현상'에 대해 소위 '빨리빨리 문화'로 해석하기도 하고, 노동 강도가 강해 짧은 시간에 꿀꺽 마셔 버려야 하는 일

한국인의 '얼죽아 현상'을 AFP는 "아이스 아메리카노를 찾는 한국인의 차가운 커피 사랑이 너무나 뜨겁다"고 보도했다.

터의 풍토에서 비롯된 것으로 풀이하기도 한다. 일각에서는 냉면을 좋아하는 식성에서 그 뿌리를 찾으려고도 한다.

평양냉면은 본래 한겨울에 즐기는 것으로 '이한치한以寒治寒'을 상징한다. 『동의보감』에는 냉면의 주재료인 메밀과 무의 성질이 차갑지만, 위장을 튼튼하게 해준다고 기록되어 있다. 하지만 차게 즐기는 이유가 건강보다는 맛 때문이라는 시각이 우세하다. 우리의 전통 메밀은 여름보다는 가을에 수확했고, 면으로 만들면 푸석해서 뜨거운 물에 넣으면 쉽게 풀어졌기 때문에 동치미 등 차가운 국물에 넣어야 했다.

아이스 아메리카노의 인기도 맛으로 풀이할 수 있다. 뜨거운 커피에 비해 한 모금 가득 입안에 담을 수 있어 '양적 포만감'이 뛰어나다. 그 덕분에 입안의 점막을 눌러주는 강도가 상대적으로 강해 보디감이 뜨거운 커피보다 되레 묵직하고, 그로 인한 만족감이 크다. 차가움으로 인한 첫인상이 강렬하고 상쾌해 기분 전환에도 더욱 효과적이다. 또 카페인의 각성 효과는 마신 뒤 20~30분이 지나야 서서히 나타나는데, 이 공백 기간을 아이스 아메리카노는 청량감으로 메워준다. 마시는 즉시 깨어나는 듯한 물리적 자극을 준다는 점도 '따아'가 '아아'를 이겨내기 어려운 이유 중 하나다.

아이스 음료를 선호하는 현상은 한국뿐만 아니라 유럽을 제외하고 미국, 일본, 중국에서도 몇 해 전부터 비슷한 양상으로 진행되었다. 영국의 시장조사 전문기관인 민텔Mintel에 따르면, 2017년 전 세계에서 출시된 커피 신제품 5개 중 1개가 아이스 음료로, 전년보다 16퍼센트 증가했다. 미국은 아이스커피 제품의 출시가 2013~2017년 사이에 매년 최소 10퍼센트씩 성장했다. 2017년 미국에서 새로 출시된 커피 음료의 56퍼센트가 아이스커피로 전년보다 38퍼센트나 증가했다. 한국에서 '얼죽아 현상'이 내부적으로 활발하게 퍼져 나가던 시기와 거의 일치한다. 중국에서도 아이스커피의 출시가 탄력을 받기 시작했다고 민텔은 소개했다. 일본도 2017년 전 세계에서 출시된 RTDReady to Drink(바로 마실 수 있는) 아이스커피의 18퍼센트를 차지하며 아이스커피로 혁신을 주도했다는 평가를 받았다.

'차가운 커피 사랑'을 한때의 유행이 아니라 돌이킬 수 없는 음료

문화의 진화로 보는 견해가 있다. 스타벅스의 하워드 슐츠_{Howard} Schultz 회장은 2022년 9월 영국의『파이낸셜타임스』인터뷰에서 미래지향적 쇄신을 천명하며 북미 시장에서만 약 5,700억 원을 투자할 계획이라고 발표했는데, 그 중심에는 2023년에 아이스 아메리카노와 같은 아이스커피 전용 머신을 개발해 배치한다는 내용이 들어 있었다.

아이스커피의 기원은 기록되어 있지 않지만, 중동이나 아시아에서 시작된 것으로 추정된다. 이들 지역에서는 전통적으로 커피를 뜨거운 형태로 소비했지만, 냉장 기술이 발전하면서 커피를 상쾌하게 즐기기 위해 얼음을 넣기 시작했다. 미국에서 아이스커피는 20세기 초 특히 북동부와 남동부 지역에서 일반화하기 시작했다. 이 지역은 여름이 덥고 습하기 때문에 뜨거운 커피를 즐기기 어려웠고, 이때 간편하게 얼음을 만들어주는 냉장고의 보급은 아이스커피를 가정까지 퍼트리는 동력이 되었다.

아이스 아메리카노만큼이나 차가운 음료를 세계에 퍼트린 메뉴는 얼음을 갈아 넣어 만든 프라푸치노_{Frappuccino}였다. 프라푸치노는 미국 보스턴에 있던 카페 '커피 커넥션_{Coffee Connection}'의 주인인 조지 하월_{George Howell}이 개발한 것인데, 1994년 스타벅스가 거액을 주고 사들여 전 세계에 퍼트렸다. 얼음을 씹어 먹을 수 있을 정도로 갈아 넣어 차가움을 더욱 빠르면서도 강하게 느낄 수 있도록 한 이 음료의 아이디어는 슬러시에서 왔다. 슬러시는 우연한 사고로 발명되었다. 1950년대 미국 캔자스시티에 사는 오마르 크네들

아이스 아메리카노는 '양적 포만감'이 뛰어나서 입안의 점막을 눌러주는 강도가 강해 뜨거운 커피보다 보디감이 묵직하고, 그로 인한 만족감이 크다.

릭Omar Knedlik이 탄산음료를 차게 마시려고 냉장고에 넣어두었다가 깜빡 잊어버리는 바람에 살얼음이 낀 음료를 마신 것에서 비롯되었다고 전해진다.

차가움이 주는 관능적 인상을 추구하는 것은 현대인의 본능이라는 주장도 있다. 인체 활동은 체온을 높이고 일의 강도가 높아질수록 통제의 범위를 넘게 되는데, 이를 빨리 식혀 신체적으로나 정신적으로도 안정감을 주는 것이 필요하다. 이런 상황에서 얼음은 매우 요긴하다. 냉동 기술이 보편화하지 않았을 때는 열을 식히기 위해 휴식이 필요했지만, 얼음을 쉽게 조달할 수 있게 되면서 아이스 커피의 보편화는 운명적이었다. 아이스 아메리카노에 열광하는 현상이 휴식을 더욱 요구하는 고단한 우리의 일상을 반영하는 것일 수 있다는 점에서 쓸쓸함을 지울 수 없다.

고양이 똥 커피에 왜 열광하는가?

'동물 배설animal-digested 커피'가 동물 학대, 가짜 횡행, 바가지 상혼 등 온갖 우려를 아랑곳하지 않고 세계적으로 시장을 키워가고 있다. 일반 커피 생두보다 10배 이상 비싼 값에 거래되는 소위 명품 '똥 커피poop coffee' 시장이 걸프만 연안 국가와 일부 유럽 국가에 형성되면서 국내에서도 소비자의 손을 타는 움직임이 일고 있다. 동물 배설 커피를 둘러싸고 자연 채집, 사육, 심지어 발효와 숙성을 통해 외형을 유사하게 만든 가짜 커피가 나돌고 있지만 이들을 명쾌하게 구별하는 방법은 없는 형편이어서 소비자들의 주의가 필요하다.

시장조사 업체인 스트레이츠 리서치Straits Research의 「루왁 커피 시장 보고서」에 따르면, 2021년 세계적으로 시장 규모가 65억 달러에 달한 것으로 평가되었다. 이 보고서는 또 루왁 커피 시장이 향후 9년간 매년 4.9퍼센트씩 성장해 2030년에는 100억 달러 규모로 팽창할 것으로 내다보았다.

대표적인 동물 배설 커피로 꼽히는 루왁 커피의 정식 명칭은 '코피 루왁Kopi Luwak'이다. '시벳Civet'이라고 불리는 긴꼬리 사향고양이가 커피 열매의 과육과 점액질만을 소화하고 배출한 씨앗을 가려내 만든 커피다. 네덜란드가 인도네시아를 식민 지배해 커피나무를 이식한 1699년 무렵, 유럽은 커피의 매력에 흠뻑 빠져들었다. 네덜란드는 커피를 수확하자마자 한 톨도 남김없이 유럽으로 내다 파느라 정신이 없었다. 커피에 맛을 들인 현지인들은 남은 커피가 없는지 산속을 찾아 헤매다 배설물에 섞인 커피 씨앗을 발견했다.

시벳은 고양잇과 포유류로 마른 통나무나 돌무리 위에 깨끗하게 배설하는 습성이 있어 큰 거부감은 없었다. 더욱이 시벳이 껍질을 벗기고 점액질까지 제거해준 덕분에 물에 씻어 볶기만 하면 커피를 즐길 수 있었다. 커피 열매를 여유 있게 가질 수 있는 상황이 되어서도 가공이 손쉬운 루왁을 찾으러 다니는 사람들은 좀처럼 줄어들지 않았다. 이런 사연 때문에 루왁 커피에는 '게으름의 커피'라는 별명이 붙어 있다.

루왁 커피는 동물의 소화기관을 거치면서 씨앗 속 향미 성분들

대표적인 동물 배설 커피인 루왁 커피는 긴꼬리 사향고양이가 커피 열매의 과육과 점액질만을 소화하고 배출한 씨앗을 가려내 만든 커피다.

이 일반 커피와는 다르게 형성되어 향미가 부드럽고 이채롭다. 이 소문이 퍼지면서 수출을 요구하는 나라들이 속속 늘어나자 자연산 루왁 커피의 공급이 달리게 되었고 희소성으로 인해 값이 치솟았다. 특히 2008년 개봉한 영화 〈버킷리스트〉가 루왁 커피 유행의 기폭제가 되었다. 갑부인 주인공(잭 니컬슨 분)이 죽기 전에 마시고 싶은 음료로 세상에서 제일 비싸다는 루왁 커피를 어렵게 구해 마셨는데, 동물의 똥이라는 소리를 듣고 배꼽이 빠지도록 웃는 설정이다. 사실 영화는 루왁 커피를 비꼬며 풍자했는데, 엉뚱하게도 비싼 커피를 널리 알려 호기심을 증폭하는 쪽으로 불이 붙으면서 시쳇말로 대박이 났다.

커피 애호가라면 죽기 전에 반드시 마셔야 하는 커피로 위상을 높이면서 물량이 달리게 되자 다른 나라들도 동물에게 억지로 커피 열매를 먹이고 배설물을 받아내기 시작했다. 베트남이 재빠르게 족제비에게 커피 열매를 먹이고 받아낸 '위즐 커피'와 다람쥐 배설물에서 가려낸 '콘삭 커피'를 만들며 시장에 뛰어들었다. 예멘에서는 원숭이 똥으로 만든 '몽키 스핏 커피', 필리핀에서는 토종 사향고양이가 만들어내는 '알라미드 커피'를 선보였다. 태국과 인도에서는 코끼리도 가세해 '블랙 아이보리 커피'를 만들어냈다. 브라질의 '자쿠 버드 커피', 서인도제도의 '배트 스핏 커피'까지 등장했다.

닭에게 커피 열매를 먹이고 배설물을 받아내는 시도도 있었는데, 쓴맛과 신맛이 지나치게 강해지면서 맛이 되레 나빠졌다. 돼지에게서도 커피 씨앗 배설물을 받아냈는데, 루왁 커피와 비슷한 면

동물 배설 커피의 종류

커피 명칭	생산 동물	생산지
코피 루왁Kopi Luwak	긴꼬리 사향고양이	인도네시아
위즐Weasel	족제비	베트남
블랙 아이보리Black Ivory	코끼리	태국, 인도
콘삭Con Soc	다람쥐	베트남
알라미드Alamid	토종 사향고양이	필리핀
몽키 스핏Monkey Spit	원숭이	예멘
자쿠 버드Jacu Bird	야생 새	브라질
배트 스핏Bat Spit	박쥐	서인도제도

모를 보였지만 돼지가 주는 인상 때문에 상품화로 이어지지는 않았다.

국내에서는 2009년 신라호텔이 루왁 커피 한 잔을 2만 5,000원에 팔면서 '고가 커피 시대'를 열었다. 당시 루왁 커피에 대해 "지구를 통틀어 1년에 500킬로그램만 생산되어 원두 1킬로그램이 90~100만 원을 호가한다", "사향고양이가 원두를 소화하면서 쓴맛과 떫은맛을 없애주어 맛이 뛰어나다"는 말이 퍼졌다. 그러나 모두 근거가 약한 상술에 불과하다. 커피는 생두를 볶아 성분을 추출해 음료로 마시는 것이므로 발효의 산물을 바로 맛이나 효능으로 연결 짓기 힘들기 때문이다. 2011년에는 일반 카페에도 퍼져 서울 강남의 한 카페에서는 100퍼센트 자연산 루왁 커피라며 한 잔에 4만

원에 팔기도 했다. 이 커피가 진짜 루왁 커피였는지는 알 수 없다.

세계적으로는 쿠웨이트, 아랍에미리트, 카타르 등 걸프만 연안 국가들과 네덜란드, 벨기에, 핀란드, 스웨덴 등 소위 '부자가 많은 나라'들이 루왁 커피의 매출을 올리는 일등공신으로 꼽힌다. 이들 국가에서 지속적으로 동물 배설 커피를 찾는 이유는 맛보다는 건강에 유익하다는 소문이 더 강하게 작용한 것으로 풀이된다.

스트레이츠 리서치의 「루왁 커피 시장 보고서」는 "루왁 커피가 항

인간은 사향고양이, 족제비, 다람쥐, 원숭이, 코끼리, 새, 박쥐 등 동물의 배설물을 받아내면서까지 커피를 마시며 폭력적인 모습을 보인다.

균력이 높아 치아 건강에 유리하고, 산도가 낮아 궤양이나 소화기 질환을 앓는 사람들이 찾고 있다"며, "특히 루왁 커피가 인슐린 저항성을 억제하는 일반 커피와 달리 당뇨병 조절에 유익한 것으로 알려져 제2형 당뇨병 환자들이 이 커피의 수요를 견인하고 있다"고 전했다.

그러나 의학계는 루왁 커피가 특별히 건강에 유익하다는 점에 대해 동의할 수 있는 단계는 아직 아니라고 선을 긋고 있다. 시벳과 알라미드 등은 길들이지 않는 동물이기 때문에 사육을 위해서는 자연에서 포획해야 한다. 그 과정에서 상처를 입은 동물은 치료를 받지 못하고 철창 안에서 염증과 피부병을 앓으며 죽어간다. 생산성을 위해 오직 커피 열매만 먹이기 때문에 자리를 맴도는 이상 증세를 보이는 동물도 허다하다. 건강하지 못한 동물에게서 받은 커피 씨앗이 인간에게 행복을 선사할 리 없다. 커피가 이토록 폭력적이며, 사치나 과시의 대상이 되어서는 안 된다.

야생동물의 공급에 차질이 빚어지자 실험실에서 커피 열매에 박테리아를 접종하거나 효소를 넣어 발효시킨 뒤 루왁 커피라는 명칭을 붙여 팔기도 한다. 이를 동물의 소화기관을 거친 커피로 알고 구매하는 사람도 적지 않다. 동물 배설 커피의 진정한 가치는 '그리움'이다. 인간의 손이 닿지 않는 깊고 깊은 야생의 한구석에서 맺은 커피 열매를 사향고양이를 통해서나마 만나고 싶은 자연에 대한 그리움이다.

커피에 소금을 넣을까?

이탈리아의 카페 알 살토caffe al salto, 프랑스의 카페 베이글cafe bagel, 미국의 솔티드 카푸치노salted cappuccino, 멕시코의 라임 솔트 커피lime salt coffee 등 국가마다 커피에 소금을 살짝 가미한 음료들이 있다. 스웨덴에서는 소금을 커피에 첨가하기보다는 소금으로 처리된 육류나 치즈를 커피와 함께 섭취하는 문화가 있다. 한국에서도 종종 '소금 라테'가 유행을 타기도 한다.

왜 커피에 소금을 넣는 것일까? 간을 맞추기 위해서? 아니다. 쓴맛을 줄임으로써 단맛을 더 강렬하게 즐기려고 하는 경험적이면서도 과학적인 접근이다. 소금에서 나온 나트륨 이온이 혀의 소금 수용체에 결합해 뇌가 쓴맛을 인식하는 것을 막고 단맛과 같은 다른 맛에 대한 인식을 높여준다.

수박을 먹을 때도 소금을 치면 더 달게 느껴진다. 수박에 천연 설탕이 들어 있지만, 수분이 많아 다른 과일에 비해 단맛이 상대적으로 낮게 느껴진다. 그런데 소금을 뿌리면 입안의 수분을 흡수하는 동시에 단맛을 감지하는 미뢰를 활성화시켜 단맛을 더욱 뚜렷하게 하고, 그 덕분에 전체적인 맛의 인상도 풍성해진다.

또 수박은 나트륨, 염화물, 칼륨과 같은 다른 전해질을 거의 함유하지 않아 소금이 몸 안의 전해질 균형을 회복하고 탈수를 예방하는 데 도움을 줄 수 있다. 하지만 과도한 소금 섭취는 고혈압과 심장병 등 건강에 부정적인 영향을 미칠 수 있기 때문에, 단지 소금을 섭취하려는 이유라면 수박에 뿌리는 습관보다는 식사를 통해서 적정량을 섭취하는 게 좋다.

커피에 소금을 넣는 것 역시 단맛을 높이는 전략인데, 메커니즘이 수박보다 좀 복잡하다. 우선, 커피에 소금을 첨가하면 쓴맛이 줄어든다. 커피의 쓴맛은 클로로젠산과 카페인, 트리고넬린과 같은 특정 화합물 때문이다. 커피의 쓴맛은 로스팅에서 발현된다. 클로로젠산이 분해되는 과정에서 락톤과 페닐인단이 형성되는 탓이다. 소금이 이 화합물들과 상호작용하면서 커피 맛을 덜 쓰게 만든다. 소금이 혀에 있는 쓴맛 수용체를 차단하는 능력이 있어 우리로 하여금 쓴맛을 덜 감지하도록 도와주는 것이다. 양배추에 소금을 뿌리면 쓴맛이 줄어드는 것도 같은 이치다.

소금의 이러한 '위대한 능력'은 역방향으로 작용하는 것을 허락하지 않는다. 커피의 쓴 화합물이 거꾸로 소금의 맛을 억제하지는 못한다. 커피에서 쓴맛은 짠맛을 이기지 못한다. 따라서 소금의 사용량에 주의를 기울여야 한다. 그 정도가 지나치면 커피를 짠맛으로 망치게 된다.

또 개별 미각 수용체에 대한 임상실험에서 소금의 농도가 너무 강하면 쓴맛을 감지하는 미각세포를 되레 활성화함으로써 맛을 더

커피에 소금을 넣는 것은 쓴맛을 줄여 단맛을 더 강렬하게 즐기려고 하는 경험적이면서도 과학적인 접근이다.

불쾌하게 하는 것으로 보고되었다. 일종의 방어 장치다. 소금의 농도가 지나치게 높으면 신맛과 쓴맛을 감지하는 세포가 활성화되어 맛이 없도록 만들어 섭취를 꺼리게 하는 것이다.

소금이 효과를 나타내는 일정 범위를 벗어나 더 달게 커피를 즐기려면 설탕이나 우유를 넣어야 한다. 소금을 남용하면 나트륨 섭취 과다로 인해 건강에 부정적인 영향을 미칠 수 있다는 점을 잊지 말아야 한다. 로스팅 정도가 강해 쓴맛이 우세하거나 오래 묵어 거친 맛이 압도적인 커피에 소금을 뿌려 소비자의 입맛을 속이는 경우가 있는데, 위험한 행동이다.

소금은 커피에서 쓴맛을 억제하는 역할에 그치지 않고 전체적으로 향미를 높이는 역할도 한다. 아직 과학적으로 메커니즘이 명확하게 밝혀진 것은 아니지만, 여러 관능 평가에서 소금이 음식과 음료에 적정량이 들어가면 단맛과 다른 맛에 대한 인식을 향상시키는 것으로 나타났다. 커피에서 소금은 자연적인 달콤함과 함께 다른 맛들을 이끌어내 한 잔에 담기는 커피의 향미를 더욱 풍성하게 만들어준다.

소금이 쓴맛을 억제하는 능력을 지녔다는 사실을 오랜 세월 속에서 감각을 통해 익히게 되면서 우리는 소금으로 간을 맞추면 맛이 더 좋다고 느껴지도록 진화한 것으로 풀이된다. 커피에 소금을 넣는 전통은 튀르키예, 헝가리, 러시아와 같은 나라에서 수백 년 전으로 거슬러 올라간다. 아라비카 커피가 탄생한 에티오피아의 하라Harrar, 구지Guji 등 일부 지역에서도 소금을 첨가해 마시는 관습이 현재까지 이어지고 있다.

소금 커피가 전 세계로 퍼진 계기를 제공한 것은 제2차 세계대전이었다. 당시 미국 해군의 함선에는 바닷물을 식수로 전환하는 담수화淡水化 장치가 있었는데, 소금을 100퍼센트 제거하지는 못했다. 이에 따라 해군이 전쟁 중에 마신 커피는 약간 짠맛을 유지할 수밖에 없었다. 하지만 품질이 떨어지는 커피 가루에서 나는 잡맛와 쓴맛을 줄여주며 상대적으로 달면서도 선명한 맛을 즐길 수 있었다. 그리고 전쟁이 끝난 뒤 고향으로 돌아간 해군 참전 용사들을 중심으로 커피에 소금을 뿌려 마시는 문화가 널리 퍼지게 되었다.

제2차 세계대전 당시 미국 해군의 함선에서는 바닷물에서 소금을 100퍼센트 제거하지 못해 약간 짠맛이 나는 커피를 마실 수밖에 없었다. 제2차 세계대전에 참전했던 미국의 전함 미주리호.

21세기에 들어서 소금 커피가 대중적으로 인기를 끈 것은 타이완에서였다. 2009년 1월 15일 미국의 『타임』이 「커피에 소금을 좀 넣을까요? 타이완의 인기 음료Some Salt with Your Coffee? Taiwan's Hot Drink」라는 제목으로 기사를 게재했다. 타이완의 한 베이커리 카페인 '85℃'가 '바닷소금 커피sea-salt coffee'라는 메뉴를 크게 유행시킨 사연을 소개한 것인데, 이 메뉴는 커피에 소금을 넣은 게 아니라 소금을 넣은 달달한 크림을 커피 위에 얹어 만든 것이었다.

커피의 수확철까지 따져 제철 커피를 즐기는 문화가 확산되면서 원두 품질이 전반적으로 개선된 덕분에 단맛을 이끌어내기 위해 굳이 소금을 넣을 필요는 없게 되었다. 타거나 오래 묵은 커피가 아니라면 소금을 넣어 공연히 커피 본연의 맛을 억누를 필요가 없는 까닭이다.

단지 불편한 향미를 감추기 위해 소금을 치는 커피는 거부해야 한다. 그런 불량 커피는 농부들에 의해 만들어지는 것이 아니라 일부 중간 상인들을 통해 버려져야 할 생두들이 수집·유통된 데 기인한다. 커피 고유의 쓴맛을 부드럽게 만들기 위해서는 설탕과 우유만으로 족하다. 맛 탐구와 문화 향유를 위한 것이 아니라면 좋은 커피에 소금이 낄 자리는 없다.

시나몬 커피와 복숭아 절임 커피

커피가 지니고 있지 않거나 부족한, 또는 잃어버린 향미를 인위적으로 집어넣은 것을 가향 커피flavored coffee라고 부른다. 로스팅한 지 꽤 시간이 지나 이취異臭가 나는 원두에 헤이즐넛 엑기스를 분사해 향을 입힌 커피가 대표적인 사례다. 이런 커피는 '화장했다'고 풍자하는데, 화장 중에서도 본래 고운 것처럼 꾸미려고 기초화장에 주력한 절임 커피infused coffee가 확산되어 논란이 일었다.

가향 커피는 주로 소비지에서 만들어진다. 가장 쉬운 방법이 완성된 커피 한 잔에 아로마 오일을 한두 방울 떨어뜨리는 것이다. 잔에 향신료나 허브 오일을 미리 넣어두고 커피를 붓는 방식으로 소비자의 눈을 속이기도 한다. 커피 가루에 사탕수수, 치커리, 카르다몸, 건과류를 갈아 섞은 뒤 추출하는 식으로 향을 입히기도 한다. 그러나 이렇게 섞는 첨가물의 성분들은 커피 본연의 맛을 압도해 지워버리기 때문에 커피 맛이 어색해진다. 다른 맛들과 어울리지 못하고 나 홀로 두드러지는 바람에 입안에서 시간에 따라 다르게 나타나는 변화무쌍함이 없어 지루하다.

이에 비해 절임 커피는 한수 위다. 생산지에서 커피 열매를 처리하는 과정에서 과일이나 향신료, 홉을 섞어 발효한 뒤 건조할 때에도 함께 버무려 말린다. 이런 밀착 과정을 통해 과일 등 첨가물의 향미 성분이 커피 생두에 스며들기 때문에 가향 커피보다 인공적인 맛이 덜하다는 평가를 받는다.

절임 커피를 지지하는 측은 "화학첨가물이 아니라 자연물인 데다 농부가 생두를 생산하는 단계에 포함된 과정이기 때문에 문제를 삼을 게 아니다"고 주장한다. 이들은 커피 열매의 껍질을 벗겨 씨앗을 수조에 넣어 발효하는 '풀리 워시드fully washed' 가공에서도 과일을 첨가하는 관습이 있다는 점을 들어 절임 커피를 반대하는 것은 옳지 않다고 주장한다.

절임 커피가 등장하기 전까지 커피 열매를 가공할 때에는 물, 효모, 박테리아 외에 다른 것은 주입하지 않는 것을 원칙으로 삼았다. 여기서 미생물은 씨앗에 붙은 점액질을 제거하기 위한 것이지 맛을 내기 위한 것이 아니다. 미생물 발효의 산물을 바로 마시는 와인과 달리 커피는 생두를 섭씨 200도 안팎에서 볶기 때문에, 발효의 결과물이 커피의 향미에 직접적인 영향을 끼치는 것으로 보지 않았다. 더욱이 커피 농부들에게 향미는 신이 정해주는 것이고, 인간은 단지 이를 표현할 뿐이라는 인식이 지배적이었다.

하지만 2015년 미국 시애틀에서 열린 세계바리스타챔피언십World Barista Championship에서 호주의 바리스타 사사 세스틱Sasa Sestic이 무산소 발효anaerobic fermentation 커피를 선보이며 세계 정상에 오른 뒤 사정이 바뀌었다. 이어 2018년 폴란드의 바리스타 아그니에

커피를 무산소 발효시키면 산미가 더 선명해지고 허브처럼 생동감이 있고 활달한 향미가 두드러진다. 커피 열매 2톤을 무산소 발효하는 스테인리스통.

슈카 로에프스카_{Agnieszka Rojewska}와 2019년 한국의 바리스타 전주연도 각각 무산소 발효 커피를 사용해 우승을 차지함에 따라 커피 재배자들 사이에서는 '신의 영역에 도전해볼까?' 하는 욕구가 치솟았다.

커피를 무산소 환경에서 발효하는 아이디어는 우연히 발견되었다. 대부분 산지에서 열매 수확과 가공은 하루에 이루어지지 않는다. 껍질을 벗기는 펄핑pulping 기계와 물이 채워진 수조를 가동할 수 있을 만큼 일정량이 모여야 한다. 이런 탓에 먼저 수확한 열매들을 비닐 포대나 통에 담은 채 2~3일 대기하기도 하는데, 이때 발효가 일어나면서 커피 열매가 무산소 상태에 놓이게 되었다. 부패나 과발효를 걱정했던 것과 달리 이 과정을 거친 커피의 향미가 매력적으로 보였다. 과일 같은 산미가 더 선명해지고 허브처럼 생동감이 있고 활달한 향미가 두드러졌다. 혀에 감기는 질감은 에티오피아 커피에 더 다가갈 정도로 감미로웠다.

무산소 환경에서는 당을 젖산으로 대사하는 유산균의 증식이 우세해져 커피의 향미가 요구르트와 같은 면모를 보이는 등 더 긍정적으로 개선되었다는 평가를 받았다. 아울러 커피 생산자들로서는 기존 커피들과는 다른 특색이 소비자들의 호기심을 자극하면서 가격도 더 비싸지는 효과를 거두었다.

2020년쯤부터는 무산소 발효 커피의 품질을 높이기 위해 검증된 효모를 비싼 값에 구입해 가공 과정에 투입하는 커피 농장들이 주로 중남미에서 널리 퍼졌다. 이 방식은 일관된 맛을 유지하는 데 유익했다. 그러나 무산소 발효만으로 향미를 드높이는 데는 한계가 있었다. 발효취酸酵醉가 자극적이고 솔잎이나 라벤더 농축액과 같은 강한 허브 향이 자극적이기도 해서 불편해하는 사람도 만만치 않았다. 이를 극복하기 위해 과일을 통째로 무산소 발효통에 넣어 강한 향을 부드럽게 했는데, 시쳇말로 이것이 '먹혔던' 것이다.

과일 맛 절임 커피는 세계적으로 비난을 자초했던 '시나몬 게이트Cinnamon Gate'가 되레 부추긴 측면이 있다. 2017년 한 세계대회에 시나몬 향이 강한 커피가 등장했다. 자연적으로 나타나는 향이라기에는 너무나 강해 의심의 눈초리를 받기도 했지만, 적잖은 커피 애호가들이 신기한 마음에 구입하는 통에 붐이 일기도 했다.

국내에도 한 업체가 시나몬 커피를 비싼 값에 유통해 큰 이익을 남겼다. 많은 사람이 '훌륭한 품종'이라며 열광했다. 하지만 미국의 한 바리스타가 인위적으로 시나몬 향을 입힌 것이라고 발끈하면서 상황이 바뀌기 시작했다. 그는 어릴 때부터 시나몬 알레르기를 겪었는데, 그 커피를 마시고 몸에 이상 반응이 나타나자 커피 본연의

절임 커피는 커피 열매를 처리하는 과정에서 과일이나 향신료를 섞는데, 시나몬 커피·복숭아 절임 커피·리치 절임 커피 등이 대표적이다.

향이 아니라 시나몬을 넣은 것이라고 언론에 고발했다. 그는 시나몬과 생두를 양동이에 함께 담가두었다가 꺼내는 방식으로 시나몬 커피의 향미를 재현함으로써 인위적인 가향 커피라는 점을 증명했다.

이에 따라 시나몬 커피 생산 업체에 소비자들의 비난과 함께 진실을 밝히라는 요구가 빗발쳤지만, '영업비밀'이라는 답변 속에서 사태는 흐지부지되었다. 화학물질이 아니면 문제될 게 없으며, 시나몬 물에 생두를 담갔다가 말리는 방식으로 맛을 내는 것을 새로운 가공법으로 인정해야 한다는 목소리도 나왔기 때문이다. 시나몬 커피를 수입했던 업체는 이런 분위기를 등에 업고 '복숭아 절임 커피'와 '리치 절임 커피'를 수입해 비싸게 팔면서도, 역시 제조법은 비밀이라며 가공 정보를 공유하지 않았다. 이런 현상이 국내뿐만 아니라 세계적으로 발생하면서 2022년 말부터 커피 전문가들 사이에서 찬반 논쟁이 거세게 일었다.

절임 커피임을 표기하고 판매하는 업체들이 하나둘 나타나고 있지만, 이에 대한 정보는 여전히 생산자와 판매자가 독점하고 있다. 이러한 비도덕적인 태도가 시장의 붕괴를 초래한다는 사실을 노벨경제학상 수상자인 조지 애컬로프George Akerlof는 '레몬 마켓lemon market'으로 설명했다. 정보의 불균형은 소비자들의 불신을 불러 결국 '절임 커피는 품질이 나쁜 것'이라는 인식 속에 수요가 줄게 된다. 문제는 이런 과정에서 커피 애호가들이 애써 일군 스페셜티 커피 문화마저 파탄이 날 수 있다는 점이다.

절임 커피 사태는 미국과 영국이 주도하는 스페셜티커피협회

Specialty Coffee Association가 자초했다는 비난을 면하기 어렵다. 세계 바리스타챔피언십을 진행하면서 2022년 대회부터 커피 열매의 1차 가공 단계에 첨가물이 들어갈 수 있도록 허용한 규정을 만들었기 때문이다. 반면 커피 재배자들이 주도하는 컵오브엑셀런스Cup of Excellence는 절임 커피를 엄격하게 배제하고 있다.

적어도 절임 커피를 유통하려면, 그 사실을 명확하게 적시해야한다. 아울러 법적인 보완도 따라야 한다. 첨가물이 들어간 커피가 로스팅 과정에서 유해 성분을 발생시키는지 따지는 절차가 필요하고, 알레르기 위험에 대한 대비책도 필요하다. 커피가 건강을 해칠수 있다는 여지를 방치해서는 안 된다. 이를 바로잡지 않고서는 진정 커피를 사랑하는 전문가라고 할 수 없다.

빈리스 커피

미래의 커피는 어떤 모습일까? 지구온난화가 커피에 미치는 영향을 예측한 각종 보고서에 담긴 내용이 암울하다. 2050년이 되면 전 세계 커피 재배지가 절반으로 줄어들고, 2080년에는 커피나무가 멸종될 수 있다는 경고가 나왔다. 영국왕립식물원은 기후변화로 전 세계 야생 커피 124종 중 75종이 사라질 위험에 처했다고 분석했다. 커피를 마시지 못하게 되는 것일까? 커피는 진정 인류사에서 사라질 운명이란 말인가?

그러나 우리의 지식이 커피를 사라지도록 그냥 두지는 않을 것 같다. '나무에서 수확하지 않는 커피'가 음료 상품으로 출시되는 것으로, 마침내 '위기에 처한 커피의 반격'이 시작되었다. 커피에 들어 있는 성분과 같거나 유사한 맛을 내는 화합물을 지닌 식물체들을 배합해 만든 커피가 양산 체제에 돌입했다. 커피의 생물 조직을 실험실에서 배양해 만든 커피들도 대량생산 채비를 서두르고 있다.

"세상에는 두 종류의 커피가 있다. 무엇일까?"라는 질문에 대한 풀이도 이제는 달라졌다. '볶은 커피와 볶지 않은 커피'라고 답하거나 '원두커피와 인스턴트커피'라고 했다면, 당신은 틀렸다. 커피를 더 큰 범위에서 가르는 기준이 새롭게 만들어진 탓이다. 정답은 '나무에서 수확하는 커피와 공장에서 만드는 커피'다. '커피와 대체 커피'라고 해도 좋겠다. 대체 커피substitute coffee는 커피 자체를 지속적으로 대신할 수 있다는 점에서 커피의 욕구를 일시적으로 충족시켜주는 대용 커피alternative coffee와는 용어가 주는 뉘앙스가 다르다.

스타벅스를 낳은 미국 시애틀에서 커피 문화의 또 다른 물결이 일고 있다. 이탈리아어로 '원자'를 뜻하는 '아토모Atomo'를 회사명으로 삼은 한 신생기업이 2023년 10월 10일부터 뉴욕 타임스스퀘어에 있는 커피 매장에서 '대체 커피'로 에스프레소를 만들어 판매하기 시작했다. '아토모 커피'는 치커리 뿌리와 버려지는 대추야자씨, 포도 껍질, 해바라기씨 겉껍질 등에서 추출한 성분을 조합해

아토모 커피는 1,000가지가 넘는 원료를 시험해서 커피와 동일한 향미를 내는 40여 개 원료를 찾아냈다. 이것이 바로 '빈리스 커피'다.

만들어졌다. 카페인 성분은 녹차에 들어 있는 성분을 활용했다.

아토모는 1,000가지가 넘는 원료를 시험하면서 커피와 동일한 향미를 내는 40여 개 원료를 찾아냈다. 이렇게 생산한 '빈리스 커피beanless coffee'는 기존 커피에 비해 탄소 배출량은 93퍼센트, 물 사용량은 94퍼센트를 줄일 수 있다. 환경적인 부분에서도 호평을 받아 아토모 커피는 미국 『타임』이 선정하는 '2022년 최고의 발명품 200가지' 중 하나로 뽑히기도 했다.

아토모 커피는 커피의 맛과 향을 거의 그대로 재현했다는 평가를 받는다. 2021년 1월 미국 워싱턴대학 캠퍼스에서 대학생들을 상대로 진행한 블라인드 테이스팅에서 참가자 70퍼센트가 스타벅스 커피보다 아토모 커피를 더 맛있다고 선택했다. 학생들은 대체로 "아토모 커피가 더 부드럽고 신선하며 탄 맛이 덜한 것 같다"고 말했다. 아토모는 여세를 몰아 2021년 9월 온라인으로 '콜드브루cold brew'를 제한적으로나마 판매하기 시작했다. 2022년에는 정식 판매를 개시했는데, 매번 완판을 기록했다.

'빈리스 커피 시장'은 아토모가 2019년 브랜드를 론칭한 이후 독점해왔지만, 2023년부터 신생 업체들이 속속 뛰어들면서 지형이 바뀌고 있다. 코트라KOTRA에 따르면, 전 세계적으로 대체 커피 시장 규모는 2022년 27억 달러를 달성했으며, 2030년까지 2배가량인 53억 달러로 성장할 것으로 전망된다. 연 8.9퍼센트의 성장세가 예상되는 것이다.

핀란드의 국가기술연구소VTT는 2021년 10월 '배양 커피cultured

coffee'를 만드는 데 성공했다. 커피나무의 잎에서 세포를 추출해 배양한 것으로, 역시 커피나무에서 수확하지 않은 '빈리스 커피'다. 인공적인 환경에서 동물의 세포와 조직을 길러내는 배양육培養肉, 일명 '실험실 고기' 제조와 같은 이치다. VTT는 영양분을 공급하는 액체가 든 생물 반응기 속에서 세포를 증식시켜 덩어리를 만들고, 이를 건조하고 볶는 과정을 통해 커피의 향미를 이끌어냈다. 세포배양 커피를 시음한 결과 일반 커피와 맛과 향이 같았다는 게 VTT의 설명이다.

실험실 환경에서 관리되는 세포배양 커피는 살충제가 필요 없고, 비료와 물 사용량이 농장에서 재배하는 커피에 비해 훨씬 적다. 날씨에도 영향을 받지 않아 일관성 있는 품질과 양을 유지할 수 있다. 더불어 도심에서도 커피를 생산할 수 있어 운송 과정이나 시간에 대한 부담도 줄일 수 있다. VTT는 2024년까지 미국과 유럽에서 세포배양 커피의 상용화를 추진하고 있다.

커피나무에서 수확하지 않는 커피는 식물성 재료로 만든 대체육代替肉이나 대체우유가 채식주의자들에게서 환영을 받은 것처럼, 환경을 염려하는 많은 소비자의 주목을 끌며 성장 잠재력을 키워가는 모습이다. 빈리스 커피는 환경친화적이다. 커피나무는 씨앗에서부터 열매를 수확할 수 있는 성숙기까지 4년이 걸려 유사시 빠른 대처가 쉽지 않다. 열매가 상하지 않게 재배하려면 농약 사용이 불가피하다. 이에 비해 빈리스 커피는 환경을 훨씬 덜 파괴하며 기후 변화와 상관없이 지속적 생산이 가능하다.

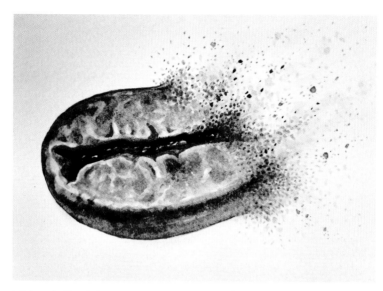

'빈리스 커피'는 커피나무에서 수확하지 않는 커피를 말한다. 이 커피는 식물성 재료로 만든 대체육이나 대체우유가 채식주의자들에게서 환영을 받은 것처럼, 많은 소비자의 주목을 끌고 있다.

아토모 공동 창업자 재럿 스톱포스Jarret Stopforth는 "테슬라가 전기차 혁명을 선도해 환경 개선에 기여하고 있듯이, 우리도 커피 원두 없이 맛난 커피를 만들어 산림 황폐화 저지에 기여하겠다"고 강조했다. 빈리스 커피는 칼슘 손실, 카페인 과잉 반응, 잔류 농약 문제 등 건강 문제를 해결할 수 있다. 유기농 커피 원두를 애써 구하고자 하는 소비자들의 수고도 덜어준다. 커피는 상황에 따라 이뇨 작용을 촉진시켜 체내 수분 불균형을 초래하거나 체내 무기질 균형을 깨뜨려 눈 떨림 등의 증상을 유발할 우려가 있다는 지적을 받는다. 체질에 따라서는 근육 탈수나 심혈관 기능 이상이 우려되기

도 한다. 대체 커피 업체들은 일반 커피의 건강상 단점들을 보완했
다고 주장한다.

급격한 기후변화로 인해 커피가 사라질 것이라는 우려에 대해
빈리스 커피가 대안으로 등장했다. 아울러 환경 요인에 따라 널뛰
기를 하는 커피값의 안정에도 대체 커피가 기여할 것으로 기대된
다. 미국 농무부가 2019년 발표한 통계에 따르면, 미국인들의 커피
소비량은 2026년까지 증가할 것으로 예측된다. 국제커피기구ICO는
"세계적으로 커피 원두 수요가 공급을 넘어선 상황이라 커피 원두
가격 상승이 불가피할 것"으로 내다보았다. 커피에 대한 수요가 늘
어나지만 자연적인 생산이 줄어듦에 따라 발생하는 커피값의 폭등
현상을 대체 커피가 대량생산을 통해 잡을 수 있다. 겨울에 커피나
무를 비닐하우스에서만 재배해 생산량이 제한될 수밖에 없는 한국
에서는 대체 커피가 도전할 가치가 큰 분야다.

커피와 물발자국과 탄소발자국

46억 년의 지구 역사에서 최근 250년간 벌어진 생태계의 변화가 지질시대를 지칭하는 용어까지 바꿔야 할 정도로 극심하다. 18세기 말 영국의 산업혁명 이후 인류가 지구환경에 끼친 영향이 얼마나 방대하고도 정도가 심했던지 현세를 '인류세Anthropocene'라고 새롭게 부르자는 움직임이 일었다.

사실 1만 1,700년 전 마지막 빙하기가 끝난 이후 현재까지 지질시대는 신생대 제4기의 마지막인 홀로세Holocene(충적세)로 분류되고 있다. 국제층서위원회International Commission on Stratigraphy가 홀로세의 지질 특성이 1,000만 년 이상 지속될 것이라 보고 2008년 이 명칭을 승인했기 때문이다. 그러나 불과 10여 년 만에 그 판단이 흔들리고 있다.

미국 콜로라도대학 연구팀이 2020년 '지질이 인류세로 접어든 16가지 구체적 증거'를 제시하면서 1950년을 기점으로 새로운 지질시대가 시작되었음을 선언해야 한다는 목소리가 학계 내부에서 고조되었다. 인류세는 오존층 연구로 노벨화학상을 받은 네덜란드의 화학자 파울 크뤼천Paul Crutzen 교수가 2000년 처음 제안한 용어다. 불행하게도 그의 예측이 현실화하고 있다.

인류가 현재 지구에 새기고 있는 지질학적 흔적은 충격적이다. 80억 명에 달하는 인구가 먹을 식량을 생산하고자 엄청난 비료를 사용하고 있어 지구의 질소가 지층으로 몰려 쌓이고 있다. 수천 년이 지나도 자연 분해되지 않는 미세플라스틱 입자들이 이미 지질학적으로 관찰 가능한 지층을 형성하기 시작했다. 여기에 인류가 수백 년간 집중적으로 사용하고 있는 화석연료도 특이한 탄소동위원소의 패턴을 지층에 새기고 있다. 인류세를 탄생시킨 원인은 여럿이지만, 특히 이들 3가지 요인이 형성된 데는 커피 소비의 책임이 막중하다.

커피 생산과 소비를 친환경적으로 바꾸면 인류세를 늦추거나 피해 갈 가능성이 아예 없는 것은 아니다. 인류가 더 늦기 전에 환경보호 실천에 나서 지구에 자정 능력을 발휘할 시간을 준다면 악몽 같은 미래를 희망으로 바꿀 수 있다. 커피 애호가로서 지구환경을 위해 어떻게 행동해야 할까?

사실 커피가 지구환경에 미치는 폐해를 꼼꼼하게 따져보면 커피 마시기가 미안할 정도다. 커피 재배 자체가 많은 양의 물을 사용하고 온실가스를 배출하며 산림 벌채를 유발한다. 국제커피기구가 집계한 2021년 세계 커피 소비량을 커피잔 수로 환산하면 1조 잔을 살짝 넘는다. 하루에 27억 4,000여 잔, 세계 인구를 81억 명으로 잡으면 모든 지구인이 매일 약 0.34잔의 커피를 마신 셈이다. 커피가루 10그램을 사용해 추출한 표준 크기(125밀리리터)의 잔을 기준

품목별 물 소비량

품목	물 소비량	품목	물 소비량
커피(125ml)	132L	소고기(1kg)	15,415L
차(250ml)	27L	돼지고기(1kg)	5,988L
우유(250ml)	255L	초콜릿(1kg)	17,196L
달걀(60g)	196L	피자(1판)	1,259L
닭고기(1kg)	4,325L	소가죽(1kg)	17,093L

으로 한 것이다.

커피 한 잔을 만드는 데 직간접적으로 사용되는 물의 총량, 즉 '물발자국water footprint'은 132리터다. 커피 한 잔을 마실 때마다 10분간 샤워할 수 있는 분량의 물을 소모하는 것이다. 커피 한 잔의 횡포는 여기서 그치지 않는다. 커피가 씨앗에서 한 잔의 음료로 완성되기까지 전 과정에서 발생하는 탄소(온실가스)가 기후변화에 미치는 영향을 계량적으로 나타낸 '탄소발자국carbon footprint' 수치도 엄청나다.

영국 유니버시티칼리지런던UCL 연구팀의 조사 결과 아라비카종 1킬로그램을 재배해 이를 영국에 수출한다면 평균 15.3킬로그램의 탄소를 배출하는 것으로 나타났다. 커피 생산지에서 운송 거리에 따라 베트남 커피는 16.0킬로그램, 브라질 커피는 14.6킬로그램인 것으로 계산되었다. 이를 커피 가루 18그램을 사용해 만든 아메리카노 더블 샷 한 잔을 기준으로 하면, 탄소발자국은 약 0.28킬로그

전 세계적으로 매년 약 2만 제곱킬로미터의 숲이 커피 농장을 만들기 위해 파괴되고 있는데, 이로 인해 동식물의 서식지가 파괴되거나 생물다양성 손실을 초래한다.

램이 된다. 여기에 우유를 추가하면 0.34킬로그램으로 높아진다. 0.3킬로그램의 탄소발자국은 한 사람이 자동차로 약 10킬로미터를 운전하는 것, 2시간 동안 전등을 켜 놓는 것, 100장의 종이를 사용하는 것과 같은 정도의 환경을 소모한다는 지표다.

시선을 확대해 커피밭 수준에서 보면 환경 훼손 상황은 더욱 다급하게 진행되고 있으며 매우 위협적이다. 세계자연기금WWF은 "전 세계적으로 매년 약 2만 제곱킬로미터의 숲이 커피 농장을 만들기 위해 파괴되고 있다"고 경고했다. 특히 2014년에만 10만 제곱킬로미터에 달하는 열대우림이 사라진 것으로 조사되었다. 그해에 커피로 인해 3초마다 축구 경기장만 한 숲이 사라진 꼴이다. 삼림은 온실가스를 흡수하고 대기 중으로 방출되는 온실가스를 줄이는 데 중요한 역할을 한다. 삼림이 파괴되면 동식물의 서식지가 파괴되고, 이는 생물다양성 손실을 초래한다. 또 삼림이 줄어들면 토양이 침식되고, 이는 토양 황폐화로 이어진다. 식량난이 당장 들이닥칠 태세다.

세계 커피 산업은 연간 2,000억 달러, 우리 돈으로 약 271조 원에 달할 정도로 몸집을 키웠다. 10억 명에게 1년 동안 식량을 제공할 수 있는 규모다. 커피 생두 생산량은 2023년 한 해에만 세계적으로 1억 7,430만 포대(1포대는 60킬로그램)에 달했다. 1포대의 길이가 약 1.2미터이므로 이를 줄 세우면 그 길이가 20만 9,160킬로미터에 달한다. 서울과 부산을 326회 왕복하는 거리만큼 늘어놓을 수 있는 분량의 커피가 매년 '증발'되고 이듬해에 그만큼 보충하기 위해 삼림 훼손과 온실가스 배출, 물 부족 사태 등을 유발하는 악순환이 거듭되고 있다.

유럽의회가 심각성을 깨닫고 2023년 4월 '삼림 벌채와 황폐화 연계 상품의 수출입에 관한 규정European Union Deforestation-Free Products Regulation'을 채택했다. 커피를 유럽 시장에 판매하려면 2020년 12월 말 이후 삼림 벌채를 통해 전용된 농지에서 생산한 커피가 아니라는 사실을 위성사진 등의 자료로 입증해야 한다.

이런 까다로움과 번거로움을 기꺼이 받아들여야 인류는 지속 가능하게 커피를 즐길 수 있다. 커피는 편하게 마실수록 환경에 나쁜 영향을 끼친다. 버튼만 누르면 바로 완성되는 캡슐커피가 친환경적일 수 없다. 그 어떤 미화를 하더라도 지구환경을 우선 생각한다면 없어져야 할 유형의 커피가 캡슐커피다. 암스테르담, 멕시코시티, 안달루시아 등 세계의 많은 도시와 자치단체가 최근 들어 공공시설에 캡슐커피 설치를 금지했으며, 이 운동이 전 세계로 퍼지고 있다. 불편을 감수하고 친환경 방식으로 커피를 음용하는 덕목이

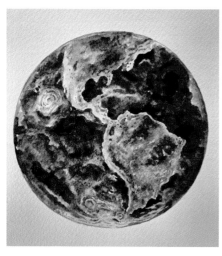

세계 커피 산업은 연간 271조 원에 달할 정도로 커졌지만. 그만큼 삼림 훼손과 온실가스 배출. 물 부족 사태 등을 유발하는 악순환이 거듭되고 있다.

인류세를 맞고 있는 커피 애호가들에게 새롭게 요구되고 있다.

그렇다면 지구환경 보호를 위한 커피 음용법은 어떤 것이 있을까? 첫째, 아시아산 또는 국내산 커피를 택한다. 운송 거리가 짧을수록 온실가스 배출량이 적기 때문이다. 둘째, 공정무역과 직접무역 커피를 택한다. 윤리적 생산을 통해 노동자와 환경을 보호하기 때문이다. 셋째, 적절한 추출 비율(커피 가루와 물의 양)을 준수해 낭비를 줄인다. 커피 소비를 줄일수록 물 사용과 온실가스 배출을 줄일 수 있기 때문이다. 넷째, 유기농과 친환경 커피를 택한다. 농약은 수질과 토양오염을 유발하기 때문이다. 다섯째, 집에서 커피를 볶고 추출한다. 소비자가 직접 커피를 만들 때 물과 에너지를 상대적으로 덜 쓰기 때문이다. 여섯째, 캡슐커피처럼 쓰레기 분리수거·재활용이 힘든 유형을 구입하지 않는다. 편하게 마시는 커피일수록 환경을 훼손하기 때문이다. 일곱째, 재사용이 가능한 도구를 사용한다. 폐기물 발생을 줄일 수 있기 때문이다.

커피도 멸종될 수 있다

지구온난화로 인한 급격한 생태계의 변화 속에서 커피의 운명은 어떻게 될 것인가? 기온 상승, 불규칙한 강수량, 질병, 가뭄, 산사태 등 인류가 초래한 기후 위기는 커피 재배 농가를 빈곤에 빠뜨리고 있다. 그런데 고단해지는 인류의 삶은 갈수록 커피를 더욱 갈망하게 만들고 있다. 국제커피기구에 따르면 커피 소비량이 마침내 생산량을 넘어섰다. 2021~2022년도에 전 세계 커피 소비량은 2020~2021년도의 커피 소비량에 비해 3.3퍼센트 증가한 것으로 추산되었다. 2021~2022년도에는 커피 소비량이 생산량을 약 310만 포대 초과한 것으로 조사되었다.

이대로 두면 커피는 사라지게 된다. 생산지와 소비지를 따지지 않고 커피를 지속적으로 생산하기 위한 각종 사업이 숨가쁘게 진행되고 있다. 맛이나 수익성을 따져 재배하지 않았던 리베리카종Liberica과 엑셀사종Excelsa 커피나무도 다시 재배되기 시작했다. 향미와 품질이 우수해 소비자들의 사랑을 받았지만, 지구온난화에 직격탄을 맞고 있는 아라비카종Arabica은 고온과 병충해에 강한 신품종이 잇따라 개발되고 있다.

로부스타Robusta보다 고온과 가뭄에 강한 커피가 리베리카와 엑셀사다. 그러나 이 두 품종은 나무가 크고 열매를 수확할 때까지 걸리는 시간이 길다. 또 수확량이 많지 않아 20세기 들어 아라비카와 로부스타에 밀려 커피밭에서는 사라졌다. 최근 둘 중 맛이 좋고 열매가 더 많이 달리는 엑셀사를 재배하는 곳이 급속하게 늘고 있다. 우간다에서는 엑셀사 커피 농장이 200곳에 달하고, 로부스타를 키우던 농장이 점차 리베리카로 품종을 바꾸고 있다. 남수단에서도 소규모 농가를 중심으로 엑셀사를 재배하는 추세가 뚜렷해지고 있다. 엑셀사는 아라비카 열매와 크기가 비슷하며 맛이 순하면서도 부드럽다는 평가를 받는다. 카페인 함량이 적은 데다 쓴맛도 덜한데, 아라비카와 달리 고산지대가 아닌 저지대에서도 재배할 수 있어 엑셀사를 선택하는 재배 농가가 늘고 있다.

우리나라에서 가까운 라오스에도 유럽 자본이 투입되어 3~4년 전부터 엑셀사를 집중적으로 재배하고 있다. 라오스 커피의 기원지인 볼라벤Bolavan에서 148만 7,600제곱미터(약 45만 평) 규모의 커피밭을 운영하는 한국의 클럽 그린 커피Club Green Coffee, CGC도 지구온난화에 대비한 커피 재배에 집중하고 있다. CGC 최한영 대표는 "미래를 위해 리베리카와 엑셀사를 확보하려는 경쟁에서 한국이 소외되지 않도록 첨단 농법을 동원해 K-커피 교두보를 마련하겠다"고 말했다.

기온이 오르면 강우량과 일조량이 격변하고, 이에 따라 커피의 수확 시기를 불안하게 만들어 생산량이 줄어든다. 병충해가 급증

리베리카와 엑셀사는 고온과 가뭄에 강하지만, 열매를 수확할 때까지 걸리는 시간이 길다. 최근 라오스에 유럽 자본이 투입되어 엑셀사를 집중적으로 재배하고 있다.

하면 커피나무들이 살 수 있는 지역이 기온이 낮은 산 위쪽으로 밀려 올라가면서 재배 면적의 감소에 가속도가 붙는다. 기온이 어떨지는 하늘에 달렸다. 인간이 할 수 있는 거의 유일한 방법은 병충해와 기온 변화를 견딜 수 있는 품종의 개발이다. 살아남는 것만으로는 안 된다. 음료로서 맛을 유지해야 한다.

지구온난화로 인해 일교차가 충분하지 않게 되는 것도 큰 문제다. 커피나무는 본래 아열대성 식물로 추위에 약하다. 그렇다고 날씨가 덥기만 해서도 안 된다. 열매를 맺기 위해서는 일교차가 커야 한다. 이 때문에 품질이 좋은 커피는 해발고도 1,000~2,000미터인

열대지방의 고산지대에서 주로 재배된다. 낮에는 온도가 높고 밤에는 서늘한 날씨 덕분에 열매가 서서히 숙성되면서 씨앗에 영양분을 가득 채울 시간을 가질 수 있다.

기후 위기를 막을 수 없다면 적응이라도 해야 한다. 지구온난화에서 살아남으면서 맛이 유지되는 품종을 찾아내는 것이다. 학계에 보고된 다양한 신품종 가운데 스테노필라Stenophylla 커피가 위기를 구할 희망으로 주목받고 있다. 아라비카 커피의 대안으로 언급되는 대표적인 품종이다.

스테노필라는 1834년 서아프리카 시에라리온에서 처음 발견되었다. 커피 열매가 일반적으로 빨간색인 것과 달리 검은색이다. 20세기 초까지 서부 아프리카에서 재배되었으나 이보다 생산량이 좋은 로부스타로 대체되며 잊혔다. 기니와 코트디부아르에서도 야생종이 발견되었으나 삼림 벌채로 대부분 사라졌다. 열매를 맺는 시간이 아라비카보다 2배 가까이 오래 걸린다는 점도 스테노필라가 재배종으로서 외면받은 이유가 되었다.

스테노필라가 재배되는 기온은 연평균 섭씨 24.9도로 로부스타보다 1.9도, 아라비카보다 6.8도 더 높다. 스테노필라는 가뭄에도 잘 견뎌 아라비카보다 적은 강우량 조건에서도 성장할 수 있고 치명적인 커피잎녹병에도 강한 것으로 나타났다.

영국왕립식물원이 스테노필라를 키워 향미 테이스팅을 했는데, 샴페인을 마시는 것처럼 산미도 좋은 것으로 나타났다. 스페셜티 커피협회 기준에 따른 향미 평가에서 스테노필라는 80.25점으로

'스페셜티 커피' 기준인 80점을 넘겨 아라비카를 대체할 수 있다는 기대를 낳고 있다. 아라비카 가격의 절반 수준인 로부스타와 비슷한 조건에서 자랄 수 있는 점도 매력적이다. 영국왕립식물원은 "스테노필라가 5~7년 안에 스페셜티 커피 시장에 진입해 일반적으로 소비되는 커피가 될 것"이라며 "스테노필라의 재발견으로 커피의 미래가 조금 밝아졌다"고 평가했다.

커피 생산량이 부족할 때 품질이 좋아 쓰임이 많은 커피만을 정확하게 가려내는 기술도 요긴하다. 콜롬비아 기업인 데메트리아 Demetria는 커피 생두가 어떤 맛과 향을 만들지 예측하는 인공지능 기술을 활용하기 시작했다. 생두에 근적외선을 쏘고 반사파를 분석해 어떤 유기분자가 있는지 알아내는 방식이다. 제임스 웹 우주망원경 James Webb Space Telescope이 적외선 카메라로 외계 행성의 대기 성분을 가늠하는 것과 같은 원리다.

인공지능은 커피 전문가들의 테이스팅 빅테이터를 분석해 향미가 어떤

기후 위기를 막을 수 없다면 적응하거나 지구온난화에서 살아남으면서 맛이 유지되는 커피 품종을 찾아내야 한다. 카페인 분자식 그림.

유기분자와 연관되었는지 파악했다. 인공지능은 이를 토대로 근적외선 반사 결과를 해독해 생두의 향미적 품질을 예측했다. 재배 단계부터 품질을 파악하는 것은 커피 음용 문화가 획기적으로 바뀌는 사건이다. 가까운 미래에 소비자들은 와인을 고르듯 커피의 원산지와 품종을 보고 취향에 맞게 선택할 수 있다.

면적당 커피 생산량을 늘리는 방법으로 꿀벌 같은 수분 매개 곤충을 늘리는 방법도 강구되고 있다. 커피꽃이 피었을 때 곤충이 많이 찾아와 수분이 많이 일어난다면 그만큼 열매를 많이 수확할 수 있다. 국제열대농업연구센터CIAT는 수분 매개 곤충을 활용해 새롭게 커피를 재배할 수 있는 열대우림을 넓혀 나가는 프로젝트를 추진하고 있다. 꿀벌이 많으면 생산성이 증가할 뿐만 아니라 커피 열매 무게도 증가하는 것으로 보고되었다.

우주 시대의 커피

2022년 우주를 향한 누리호와 다누리호의 잇따른 발사 성공으로 한국은 우주 강국 반열에 올라섰다. 우주 탐사의 성과들은 차곡차곡 인류가 거주할 식민지를 찾는 '우주 개척'의 토대가 된다는 점에서 의미가 크다. 우주 시대의 주인공은 로켓이 아니라 인류이어야만 한다. "지구는 인류의 요람이지만, 누구도 요람에서 영원히 살 수 없다"고 한 러시아 우주과학자 콘스탄틴 치올콥스키Konstantin Tsiolkovskii의 일갈은 차라리 섬뜩하다.

지구 이후의 주거지에 대한 고민은 인류에게 '본능적 육감' 같은 것이었을까? 기원후 2세기 로마의 작가 루키아노스Lucianos는 『진실한 이야기』에서 이미 달세계 여행을 다루었다. 인류가 지구 너머 우주로 나가야 한다는 것은 태생적으로 부여된 과제인 듯하다.

산업혁명, 과학혁명, 인지혁명을 거쳐 인류는 마침내 우주를 넘볼 수 있게 되었다. 1957년 인류 최초로 인공위성을 쏘아 올린 데 이어 '라이카Laika'로 명명한 개를 지구 궤도에 올려 무중력 상태에서도 생명체가 견딜 수 있다는 점을 증명한 국가는 구소련이었다. 하지만 1969년 7월 20일 닐 암스트롱Neil Armstrong과 마이클 콜린스

Michael Collins가 달에 발을 디디고 지구로 무사히 생환함으로써 진정한 '우주 탐사의 문'을 연 주역은 미국이라는 평가를 받는다.

사실 인류가 우주 공간에서 건강하게 살아갈 수 있도록 준비하는 연구는 로켓 발사 때마다 면밀하게 이루어져왔다. 인간이 무중력 상태에서 장시간 머물기 위해 해결해야 할 것은 하나둘이 아니다. 체액의 위아래가 없어져 얼굴이 붓고 안압이 높아진다. 중력에서 몸을 지탱하던 뼈와 근육도 약해지고, 귀의 전정 기능도 사라져 균형 감각을 잃게 된다. 1기압에 적응되어 있는 인간의 몸은 밖에서 안으로 가해지는 압력이 0기압인 우주 공간에서는 풍선처럼 부풀어 오르게 된다.

지구의 자기장과 대기층이 막아주는 방사선도 우주에서는 그대로 받게 되고, 먼 우주에서 오는 은하우주 방사선까지 가세해 더욱 사나워진다. 방사선은 골수와 혈관, 중추신경계를 교란하고 노출량에 따라 암을 유발하기도 한다. 인간이 더 먼 우주로 가기 위해서는 로켓 기술뿐만 아니라 우주 의학도 해결해야 한다.

또한 우주선에서는 음식을 먹는 것 자체가 어렵다. 무게를 줄여야 하기 때문에 물기를 빼야 하고, 냉장고에 넣지 않아도 장기 저장이 쉬워야 한다. 부스러기를 만드는 것은 공기를 오염시키고 기계장비 속으로 들어가 고장을 일으킬 수 있어 배제한다. 우주선 내부는 환기가 잘 되지 않기 때문에 냄새가 강하지 않아야 함은 물론 트림이나 가스를 잘 만들어내지 않아야 한다. 이런 요건들을 맞추다 보면 우주인의 건강이 걱정되지 않을 수 없다. 따라서 비타민을

미국은 1969년 7월 20일, 닐 암스트롱과 마이클 콜린스를 달에 착륙시키면서 '우주 탐사의 문'을 연 국가가 되었다.

보충해주는 주스류와 짧은 시간 에너지를 솟구치게 하고 집중도를 높여주는 커피가 더욱 중요해진다.

우주 공간에서 커피 음용에 대한 실험은 1969년 7월 16일 미국 플로리다주 케네디우주센터에서 아폴로 11호 발사와 함께 시작되었다. 아폴로 11호의 사령선인 컬럼비아호가 다시 지구로 돌아올 때까지 8일 3시간 동안 커피는 암스트롱, 콜린스, 버즈 올드린Buzz Aldrin 곁을 지켜주었다. 특히 7월 20일 달 착륙선인 이글호에 실려 달에 착륙하기까지 했다.

최초의 우주인 커피는 '네슬레의 네스카페'였다. 3년 앞선 1966년 개발된 동결건조법을 적용해 인스턴트커피를 가루가 아닌

알갱이로 만든 '테이스터스 초이스'였다. 원두커피가 우주인의 커피가 되기에는 이로부터 반세기를 더 기다려야 한다.

아폴로 11호의 커피는 한국인에게 커피 가루와 설탕, 크림을 한 꺼번에 담아 파는 '커피믹스'를 개발하는 데 영감을 주었다. 미국 항공우주국NASA과 네슬레는 당시 우주인들이 간편하게 커피를 마실 수 있도록 비닐 팩에 커피 가루, 설탕, 우유 가루를 함께 담는 아이디어를 냈다. 이를 7년 뒤인 1976년 12월 한국의 동서식품이 1인분 포장형의 커피믹스로 만들어 세계 최초로 상품화했다.

커피믹스의 기원은 1860년대 미국 남북전쟁으로 거슬러 올라가기도 한다. 링컨이 이끄는 북군은 영양 공급을 위해 군인에게 우유를 나누어주고자 했지만 쉽게 상하는 성질 때문에 고민에 빠졌다. 이를 해결한 것이 커피였다. 커피와 연유를 섞은 뒤 줄여냈는데, 군인들은 여기에 뜨거운 물을 부어 손쉽게 '카페라테'를 만들어 마셨다. 20세기 들어 개발된 분유가 제1차 세계대전의 참전 군인을 위한 보급 커피에서 연유를 대신했고, 제2차 세계대전 때는 혈장 보존을 위해 개발된 동결건조 기술이 커피와 우유에 적용되면서 아폴로 11호의 커피로 이어지게 되었다.

2015년 4월 20킬로그램짜리 에스프레소 머신이 상공 420킬로미터 궤도에 머물며 초속 7.7킬로미터(시속 2만 7,740킬로미터)로 지구를 하루 16회 돌고 있는 국제우주정거장ISS으로 쏘아 올려졌다. ISS에 체류 중인 이탈리아 우주인 사만타 크리스토포레티Samantha Cristoforetti는 우주에서 에스프레소를 추출해 마신 최초의 인류가 되

이탈리아 우주인 사만타 크리스토포레티는 2015년 국제우주정거장에서 에스프레소를 마시는 모습을 찍어 자신의 트위터에 올렸다.

었다.

국제우주정거장의 명칭을 따서 '이스프레소_{ISSpresso}'로 명명된 커피머신은 이탈리아의 항공우주 공학기업인 아르고텍_{Argotec}과 커피 브랜드 라바차_{Lavazza}가 개발했다. 무중력 공간에서는 물이 섭씨 80도가량에서 끓고 크레마를 생성하게 하는 9기압의 압력을 가하기 힘들기 때문에 이스프레소에는 우주공학이 접목되어 특수 재질의 캡슐커피가 이용되었다. 마시는 방법도 아폴로 11호 시절에는 비닐 팩을 죽 빨아먹다가 특수 빨대를 사용하는 방식으로 발전했는데, 이스프레소에는 '제로-G컵'이 적용되었다. 무중력 상태에서도 커피 음료를 차분하게 컵 바닥에 가라앉게 하는 공학이 적용된

컵이다. 이로써 인류가 우주선에서도 커피를 지상에서처럼 테이크 아웃 잔에 담아 거닐며 마실 수 있게 되었다.

　커피가 실제 우주인들에게 요긴했는지를 보여주는 사례도 있다. 2018년 6월 NASA는 ISS '익스페디션56Expedition 56' 승무원들에게 동결건조 인스턴트커피를 배송했는데, 카페인 함량을 높인 강력한 커피였다. 승무원들이 더 강한 커피를 요구한 데 따른 것으로, 로부스타 원두를 추가하고 볶음도도 진하게 해서 무게 대비 카페인 함량을 높였다.

　우주인에게 커피는 정서적인 면에서도 소중하다. '고요한 바다'

우주비행사인 스콧 켈리는 이스프레소를 마시며 "마지막 한 방울까지 맛있다"고 자신의 트위터에 적었다.

로 불리는 절대 고독의 우주 공간에서 커피 향은 지상의 삶에 대한 노스탤지어를 달래는 유일한 벗이다. 커피를 마시면서 숨을 고르고 명상하며 감정을 추스르는 행위는 우주인들 사이에서는 이제 하나의 의식이 되었다.

문제는 커피가 지상에서 마시던 것처럼 맛이 있냐는 점이다. 무중력은 1기압에 맞춰진 인간의 관능 기관을 정상적으로 작동하게 하는 데 걸림돌이 된다. 우주비행사인 스콧 켈리Scott Kelly가 이스프레소를 마시고 "마지막 한 방울까지 맛있다"며 자신의 트위터에 적었지만, 지구에서와 같은 맛은 아닐 것이라는 견해가 우세하다.

우주에서도 커피가 좋은 향미를 발휘하기 위해서는 해결해야 할 과제가 많다. 하지만 분명한 것은, 커피가 우주에서도 인류에게 위안이 되고 실질적으로 에너지를 솟구치도록 도와주는 도구가 되어 준다는 사실이다. 커피는 전쟁과 같은 가장 위험하고 험난한 곳에서 인류의 곁을 지켜주었다. 우주 시대의 커피에는 또 하나의 의무가 추가되었다. 우주 공간에서 인류를 사수하라!

커피는 쓰다

커피를 탄압하다

커피가 항상 사랑을 받은 것은 아니다. 그러나 대중이 커피를 거부한 적은 없다. 커피 음용을 금지하고, 커피를 마신 자의 목숨을 빼앗은 이른바 '커피 박해Coffee Persecution'는 대부분 권력을 가진 자의 통치를 위한 전략이었다.

커피를 세계의 음료로 만든 일등공신은 아랍의 무슬림이었다. 그들이 커피를 얼마나 사랑했는지는 '마호메트의 기원설'을 보아도 알 수 있다. 마호메트Mahomet는 40세가 된 610년 삶의 의미를 찾고자 스스로 동굴로 들어가 '절대 고독의 상태'에 빠졌다. 장기간 금식 수행을 하면서 죽음의 위기를 맞게 되는데, 이때 그를 살린 게 커피였다는 것이다. 가브리엘 천사가 나타나 커피로 목숨을 구해주었고 이때 『코란』도 전해졌다고 한다. 항간에는 "마호메트가 병들어 있을 때 천사가 검은색 음료를 선물로 주고 갔는데, 그 음료를 마신 마호메트는 남자 40명을 말 안장에서 떨어뜨리고 40명의 여인과 동침할 힘이 생겼다"는 이야기도 떠돈다.

커피는 '신의 음료'로 받아들여져 "커피를 몸에 담은 자는 지옥불에 떨어지지 않는다"는 소문까지 나돌았다. 커피를 찾는 사람들이 급증하면서 한때 금보다 비싸게 팔리기도 했다. 그런데 아랍 지역의 지배 세력이 바뀌면서 커피에 대한 대우가 확 달라졌다. 16세기에 들어서 오스만튀르크가 아랍을 지배하던 초기에 벌어진 일이다.

기록만 보면, 커피 박해는 1511년 메카와 1534년 카이로에서 각각 한 차례씩 일어났다. 1511년 메카는 이집트에 머물고 있는 오스만튀르크 군주의 명령을 받고 있었다. 메카의 총독인 카이르 베그 Khair Beg가 어느 날 밤에 예배를 마치고 사원을 나서다가 한 무리의 사람들이 커피를 마시며 밤샘 기도를 준비하는 것을 보았다. 처음에는 와인인 줄 알았던 총독은 그것이 커피였으며, 마시는 사람을 각성시키고 기분을 돋우게 한다는 말을 듣게 되었다. 그 순간 그는 커피가 사람들을 방종에 빠뜨릴 것을 우려해 커피를 못 마시게 하고, 무리를 사원 밖으로 쫓아냈다. 사실 방종보다는 커피가 사람들을 불러모아 정부를 교류하는 장을 만들고, 이를 통해 개개인이 지식을 얻고 지성에 눈떠 지배 세력에 대항하게 되는 것을 우려했던 것으로 보인다.

커피를 마시는 사람들이 늘어만 가자 카이르 베그는 법관, 변호사, 의사, 성직자, 시민 대표로 구성된 자문단을 소집해 커피 음용을 금지할 것을 제안했다. 이를 지지하는 쪽은 "커피하우스에서는 남녀가 만나 탬버린과 바이올린을 연주하며 어울리고, 돈을 걸고 체스와 같은 게임을 하는 등 신께서 우리가 타락하지 않도록 금기한 여러 가지를 즐기고 있다"고 주장했다. 커피 음용 금지를 위해

카이르 베그는 사람들이 모여 정보를 교류하고, 개개인이 지성에 눈떠 지배 세력에 대항하는 것을 우려해 커피를 마시지 못하게 했다.

의학적 소견도 필요했는데, 당시 메카 최고의 명의로 꼽히던 두 형제가 "커피는 성질이 차갑고 건조하기 때문에 건강에 해롭다"고 주장했다.

이에 힘을 얻어 카이르 베그는 법적으로 커피 음용을 금지했다. 메카 시내의 모든 커피하우스를 폐업 조치하고 커피를 발견하는 즉시 소각하도록 했다. 이렇게 살벌한 상황에서도 이미 커피에 맛을 들인 사람들은 커피를 끊을 수 없었다. 법망을 피해 몰래 커피를 마셨는데, 발각된 사람들은 불복종죄로 불려가 모진 고문을 받고 나귀에 실려 메카 중심지 여기저기로 끌려다니기도 했다.

이 상황은 엉뚱하게도 반전을 맞았다. 카이로에 머물던 군주가 메카의 소식을 뒤늦게 알고 분노했다. 군주는 "왕국의 수도 카이로에서 허용한 커피를 감히 메카에서 금지시켰다. 메카의 의학자보다 더 뛰어난 카이로의 의학자들이 커피 음용에 전혀 문제가 없다고 판단했다"며 메카 총독에게 커피 탄압을 중지할 것을 명령했다.

결국 카이르 베그는 '공공의 강탈자'로 낙인 찍혀 고문을 당하고 죽었다. 커피가 몸에 나쁘다는 의견을 낸 의사 형제도 메카에서 설 자리를 잃고 카이로로 달아나지만, 이집트를 정복한 셀림 1세Selim I 를 모독한 죄로 처형되었다. 커피의 역사에서 이들의 운명은 '커피를 탄압한 자들에게 내린 저주'로 알려져 있다.

두 번째 커피 박해는 이로부터 23년이 흐른 1534년, 이번에는 카이로에서 벌어졌다. 한 설교자가 사원에서 "커피는 불법적인 음료이며, 커피를 마시는 사람들은 진정한 이슬람교도가 아니다"고 대중을 선동했다. 일부 무슬림들이 동조해 시내에 있던 카페로 몰려가 집기를 불태웠다. 커피가 퍼지면서 의사들은 환자들이 줄어들 것을 걱정했고, 사원도 커피하우스에 사람들이 모여 안식을 찾으려 하는 모습을 못마땅하게 여기던 차였다. 하지만 이때 '솔로몬'이라고 불리는 대법관이 나서서 메카에서 벌어졌던 커피 박해 사건을 거론하며 진정시켰다.

7세기 이슬람교의 탄생에서 16세기 커피 박해 사건까지 1,000년 동안 커피는 아랍권에서 다양한 이야기를 만들어내며 대중에게 퍼졌다. 이 과정에서 커피는 아라비아반도를 벗어나 유럽으로 뻗어갈 에너지를 축적하는데, 교량 역할을 한 게 커피 박해의 당사자이기도 했던 오스만튀르크다.

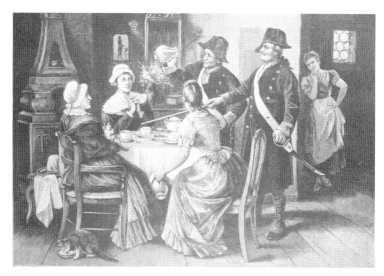

프리드리히 대왕은 왕이 허락한 공장에서만 커피를 볶게 하고, 코로 로스팅 냄새를 맡는 '카피리처'를 고용해 골목길을 돌아다니며 커피를 탄압했다.

커피가 17세기 영국에 전해진 초기에도 탄압을 받은 적이 있다. 찰스 2세Charles II 때인 1674년 여성들이 들고일어났다. 여성들은 커피 음용을 금지해 달라는 청원서를 런던시에 제출했는데, 기록이 지금까지 남아 있다. 이 청원서에서 여성들은 커피를 '남자들을 사막처럼 메마르게 하고 쇠약하게 하는 음료A drying, enfeebling liquor'라고 묘사했다. 또한 여성들은 커피를 자주 마시는 남편들이 잠자리에서 제 역할을 못하고 있다는 노골적인 불만도 터트렸다.

또한 여성들은 "기독교 세계에서 가장 강인하다고 칭송받던 영국 남자들이 커피 때문에 침대에서 참새처럼 나약해졌다"며 "남편들이 단지 턱수염만으로 남자임을 증명하려고 해서는 안 된다"고

비아냥거렸다. 찰스 2세는 이에 기다렸다는 듯 커피하우스 폐쇄령을 내리고 커피 음용을 금지했다. 단지 여성의 욕구를 충족시키기 위한 조치가 아니었다.

　그는 지식인들이 커피하우스에 모여 정보를 공유하고 서민들을 교육시키는 것을 두려워했다. 최초의 시민혁명으로 기록된 청교도 혁명(1642~1649년)에서 부친인 찰스 1세Charles I가 처형당하는 일을 겪은 그에게 '시민의 계몽'은 트라우마로 작용할 만했다. 지금까지도 당시 여성들이 청원을 낸 배후는 밝혀지지 않았다. 일각에서는 남자들이 카페에 모여 정보를 교류하면서 개인적으로 각성하고 시대적 혁명 사상을 고취해 나가는 것을 막으려는 위정자들의 계략이라는 시각도 적지 않다.

　18세기 프리드리히Friedrich 대왕은 7년 전쟁(1756~1763년)으로 폐허가 된 나라를 재건하기 위해 큰돈을 주고 수입해 마시는 커피를 탄압했다. 왕이 허락한 공장에서만 커피를 볶게 했고, 코로 로스팅 냄새를 맡는 '카피리처Kaffeeriecher'를 고용해 골목길을 돌아다니며 감시하도록 했다. 그러나 커피를 마시기 시작한 대중이 위정자의 탄압에 굴복한 사례는 없었다.

커피는 남북전쟁에서 군인의 무기였다

커피가 가장 요긴하게 활용된 사례는 전쟁에서 나온다. 목숨이 걸린 상황인 만큼 그 간절함은 창작을 위해 하루에 커피 100여 잔을 들이켰다는 프랑스의 소설가 오노레 드 발자크Honoré de Balzac에 비할 바가 아니다. 1861년부터 4년간 지속된 미국 남북전쟁에서 어깨를 대고 턱을 괴는 개머리판에 커피 그라인더를 단 소총이 등장했다. 총알이 날아다니는 전쟁터에서 얼마나 커피가 간절했으면, 병사는 총으로 커피를 갈아 마셨을까?

'미국을 군사 대국으로 이끈 산실'인 매사추세츠주의 스프링필드 병기박물관Springfield Armory Museum은 총기의 발달사를 실물과 함께 한눈에 볼 수 있는 곳이다. 여기에 있는 '샤프스 카빈 뉴모델 1859 커피밀 라이플Sharps Carbine new model 1859 Coffee Mill rifle'이 커피 애호가들의 관심을 받고 있다. 이 명칭을 풀이하면, 샤프스는 1848년 발명자인 크리스천 샤프스Christian Sharps의 이름에서 따왔다. 카빈은 '말을 타고 싸우는 기병'을 뜻한다. 갑옷으로 중무장한 중기병이 아니라 무게를 최소화해 기동력을 갖춘 경기병을 지칭하는 것으로, 프랑스어 '카라빈Carabine'에서 유래했다.

미국 남북전쟁 당시 개머리판에 커피 그라인더를 단 소총이 등장했다. 얼마나 커피가 간절했으면, 군인들이 총으로 갈아 마셨을까? 남북전쟁 중에 커피를 마시는 병사들.

커피밀은 원두를 분쇄하는 그라인더이며, 라이플은 총열 내부에 나선형의 강선이 파여 있는 소총을 일컫는다. 1859년은 남북전쟁을 2년 앞둔 상황에서 에이브러햄 링컨Abraham Lincoln이 이끄는 북군과 연방 참여와 노예제 폐지를 거부하던 남군 간 갈등이 최고조에 달했던 때다. 이때 누가 어떤 이유에서 소총에 커피 그라인더를 장착할 생각을 했던 것일까?

여러 자료를 통해 그 주역은 미주리주 제4기병대의 월터 킹Walter King 대령인 것으로 드러났다. 미국 중부에 자리 잡고 있는 미주리주는 목화, 옥수수, 밀, 귀리 등 농산물이 대량생산되는 곳으로 남북군이 지역을 양분하며 밀고 밀리는 전투를 치열하게 반복했던 곳이다. 월터 킹은 대원들의 빠른 움직임을 위해 군장의 무게를 줄이는 방법에 골몰했다. 당시 총과 함께 군인의 필수품으로 커피, 신발, 담배, 총알이 꼽혔다.

그가 개머리판을 개조한 이유는 사실 커피만을 위한 것은 아니었다. 말에 싣는 식량의 무게를 최대한 줄이고, 부족한 것은 들판에 널려 있는 옥수수·밀·귀리 알갱이를 갈아 군인들이 섭취하고 말먹이로도 활용할 수 있도록 그라인더를 달자는 아이디어를 낸 것이다. 개머리판에는 그리스grease(고체 윤활유)와 작은 천을 넣어두는 홈이 있었는데, 이 공간을 확장해 휠(바퀴) 형태의 그라인더 칼날이 장착되었다. 이 공간과 연결되는 홈은 개머리판 아래에 있었다.

총의 아래 면을 하늘로 향하도록 뒤집어 세운 상태에서 커피나 곡물 알갱이를 홈을 통해 안으로 넣고 손잡이를 돌리면 개머리판 옆면에 난 반달형의 홈으로 분쇄된 가루가 나오게 된다. 일명 '커피 밀 샤프스 라이플'이 얼마나 큰 효과를 거두었는지는 공식 서류에 적시되지 않았다. 다만 구전을 통해 다양한 쓰임새가 전해지고 있다. 이 소총은 기마병의 민첩한 움직임을 위해 기존의 머스킷musket 보다 총열 길이를 짧게 했지만, 강선이 있어 사정거리와 정확도가 비약적으로 증가했다. 이 덕분에 저격용으로 요긴했는데, 은폐한 상황에서 오랜 시간 대기해야 하는 저격수들에게 커피는 졸음을 쫓고 집중력을 높여주는 생명수와 같은 소중한 존재였다.

당시 물을 부어 쉽게 타 마시는 인스턴트커피가 개발되기 전이어서, 커피는 원두 상태로 군인들에게 보급되었다. 말에 가해지는 무게를 줄이기 위해서도 볶은 원두가 기병대에 특히 적절했다. 전투 중 깨끗한 물이 흔치 않은 상황이기 때문에 기병뿐만 아니라 모든 군인에게 끓여 마시는 커피는 오염된 물을 정제하거나 소독해주는 역할을 해서 매우 요긴했다. 북군이 양산 체제를 갖춘 것은 아니었지만 월터 킹이 개조한 '커피밀 샤프스 라이플'은 일련번호가 찍힐 정도로 인기가 있었던 것으로 보인다.

당시 기록에 따르면, 월터 킹은 전쟁이 끝나자 서둘러 미국병기국U.S. Ordnance Department을 찾아가 기병을 위한 장비Cavalry Riding Equipment에 이 소총을 포함시켜줄 것을 요청했지만, 받아들여지지 않았다. "병사의 총은 최우선적으로 한 알의 총알이라도 더 장착될 수 있게 하는 것이 옳다"는 미국병기국의 신념 때문이었다. 링컨 정부가 전쟁에서 커피의 효용성을 확인하고 전장의 군인이 신속하고도 편하게 커피를 섭취할 방법에 골몰한 결과 마침내 인스턴트커피가 등장했다.

미국 남북전쟁의 스타는 커피였다. 워싱턴 D.C.에 있는 스미스소니언국립미국사박물관의 큐레이터인 존 그린스펀Jon Grinspan은 「커피는 어떻게 남북전쟁을 부채질했는가?How Coffee Fueled the Civil War」라는 2014년 7월 9일 『뉴욕타임스』 기사에서 "전쟁, 총알, 대포, 노예, 어머니, 심지어 링컨"이라는 단어보다 "커피"가 당시 병사들의 일기에 더 많이 등장한다고 말했다. 이 박물관에 보관된 한 병사의 일기는 커피가 얼마나 절실한 '무기'였는지 짐작하게 해준다. 북군의 기습부대 요원 에베네저 넬슨 길핀Ebenezer Nelson Gilpin은

미국 남북전쟁 당시 "커피는 강인함과 에너지의 원천"이었고, "병사들이 아침에 커피를 마시면 그날 전투에서 승리할 수 있을" 정도였다.

전쟁이 막바지로 치닫던 1865년 4월의 일기에 "모든 것이 혼란스럽다. 긴장감은 견딜 수 없을 정도다. 보급품이 전보다 4분의 1로 줄었으며 커피 보급 자체가 끊겼다. 커피 없이는 임무 수행이 불가능하다"고 적었다.

북군은 전투 교범에 "커피는 강인함과 에너지의 원천"이라고 천명하고, 병사들에게 적극적으로 커피를 공급했다. 북군을 이끈 벤저민 버틀러Benjamin Butler 장군도 "병사들이 아침에 커피를 마시면 그날 전투에서 승리할 수 있을 것"이라며 커피 음용을 권했다는 기록이 남아 있다. 당시 북군 병사 1명이 하루 평균 1.8리터의 커피를 마셨다고 전해진다.

이러한 '커피 찬가'로 인해 '커피밀 샤프스 라이플'은 골동품 거래 시장에서 우리 돈으로 4,000만 원을 훌쩍 넘는 가격에 거래되고 있다. 월터 킹은 이 소총이 야전에서 요긴하게 쓰였다고 강조했다. 유사시 기병들이 들판의 곡물을 거두어 갈아 먹을 수 있었고, 말도 체력을 유지할 수 있었다는 것이다. 하지만 정작 이 총은 '커피 그라인더 장착 소총'으로 알려지게 되었고, 그 덕에 지금까지도 세계적인 유명세를 타고 있다.

실제 남북전쟁에서 많아야 50정 정도가 개조되었던 것으로 추정되지만, 남아 있는 것 역시 손에 꼽을 정도로 희귀하기 때문에 위조품이 나돌 정도다. 이로 인해 미국 전쟁사에서 '짝퉁이 가장 많은 총'이라는 불명예가 붙기도 했다. 커피 그라인더를 돌리는 손잡이가 소총을 바르게 세웠을 때 오른쪽에 붙어 있어야 하지만 왼쪽에 달려 있는 것도 버젓이 인터넷에서 골동품으로 내걸려 있다.

커피만을 위한 총으로 일반인에게 각인된 데는 해프닝이라고 할 만한 일이 있었다. 스프링필드병기박물관의 관장을 지낸 윌리엄 머피William Murphy가 1960년대 여성이 보는 가운데 '커피밀 샤프스 라이플'에 커피 원두를 넣고 분쇄하는 장면이 찍히고, 그 사진이 베스트셀러인『남북전쟁 총기들Civil War Guns』에 실리면서 커피 추출을 위한 소총으로 굳어졌다.

전문가들이 이 소총을 가지고 추가 시험을 진행해 투입 홈과 분쇄 공간이 작고 분쇄 상태도 거칠어 커피를 가는 용도보다는 비상식을 위해 곡물을 가는 것에 더 적합하다고 결론을 내렸다. 하지만 커피 문화가 확산하고 재미있는 이야기에 대중이 열광하자, 이 소총은 전쟁터의 군인을 각성시키는 '커피 그라인더 장착 소총'으로 사랑받고 있는 것이다. 치명적인 해를 끼치지 않는다면, 진실은 때로 많은 사람이 생각하고 싶은 대로 해석되는 것을 눈감아준다.

커피가 '컵 오브 조'라고 불린 이유

커피는 시대와 장소에 따라 다르게 불렸다. 10세기 커피를 처음 기록한 페르시아의 의학자 라제스Rhazes는 처방전에 '분첨Bunchum'이라고 적었다. 아라비카 커피의 탄생지인 에티오피아는 지금까지도 커피를 분나Bunna, 부나Buna, 분Bunn이라고 부른다. 16세기 아랍에서는 발음이 완전히 달라져 카와kahwa나 쿠와kuwwa로 불렸고, 튀르키에의 이스탄불로 전해진 뒤에는 카베kaweh가 되었다. 17세기 중후반 유럽으로 전해진 뒤에야 영국에서 커피라는 이름을 얻었다.

영미권에서 커피를 부르는 다른 용어는 없었는데, 20세기에 들어서 '컵 오브 조Cup of Joe'라는 좀 생뚱맞아 보이는 별칭이 하나 생겼다. '컵 오브 조'가 커피를 일컫게 된 데는 2가지 설이 있다. 먼저 제1차 세계대전 유래설로, 여

페르시아의 의학자 라제스는 커피를 '분첨'이라고 했다.

기에는 해군 제독 조지퍼스 대니얼스Josephus Daniels가 등장한다. 그는 1914년 6월 1일부로 해군 전 부대에 술을 금지하는 단호한 내용의 일반명령 99호를 하달했다.

"모든 함정을 비롯해 해군 야적장이나 주둔지 내에 술을 마시기 위한 용도로 사용하거나 도입하는 것을 엄격히 금지한다. 이 명령의 시행에 대한 직접적인 책임은 지휘관에게 묻겠다."

이에 따라 병사들은 술 다음으로 짜릿한 음료를 찾다가 카페인이 가득한 커피와 친숙해졌다. 전쟁의 두려움을 술로 잊고자 했고, 때로는 술로 용기를 구하고자 했던 적잖은 군인들은 할 수 없이 커피를 마셔야 했다. 불만이 잔뜩 고조된 상태에서 커피를 마시는 시간과 공간은 해군 제독을 성토하는 장이 되었다.

누군가 술이 그리워 찾을 때면 "'조의 음료Cup of Joe'나 마시게!"라는 비아냥이 흘러나왔다. 이 말은 점점 술을 못 마시게 한 제독을 조롱하는 표현이 되면서 병사들 사이에 '컵 오브 조'는 커피를 지칭하는 은어가 되었다. 조Joe는 조지퍼스, 조지프, 요제프의 애칭이다. 당시 미국 젊은이들 사이에서는 남자를 친근하게 일컫는 말로도 통용되었다.

이런 사연을 아는 사람들이 톰 크루즈Tom Cruise 주연의 영화 〈탑건〉 시리즈를 보면서 무릎을 치며 웃는 장면이 있다. 1986년에 개봉한 1편에도, 2022년에 개봉한 〈탑건: 매버릭〉에도 고급 장교 또는 제독으로 보이는 군인이 파일럿이 항공모함에 바짝 붙어 고속 비행을 하며 굉음을 내자 깜짝 놀라 커피를 옷에 쏟는 장면이 나온

제1차 세계대전 당시 해군 제독 조지퍼스 대니얼스가 술을 금지시키자, 병사들은 카페인이 가득한 커피와 친숙해졌다. '컵 오브 조'를 형상화한 포스터.

다. '컵 오브 조'에 담긴 조롱을 풍자한 대목이다.

제2차 세계대전 속의 '지아이 조G.I. Joe'와 관련이 있다는 주장도 있다. 미국 캔자스주 레번워스Leaven Worth에 있는 프런티어육군박물관Frontier Army Museum 측은 '컵 오브 조'의 '조'는 일반 군인을 지칭하는 은어이므로 '군인의 음료'를 의미한다고 풀이했다. '지아이G.I.'는 '정부 발행Government Issued' 또는 '관급품Government Contribution'이라는 뜻으로, '병사가 국가의 자산'이라는 의미를 담고 있다. 여기에서 '군인 정신GI Spirit', '미국 병사의 헤어스타일GI Cut' 등의 표현이 나왔다.

남성 이름으로 흔한 '조'가 붙어 남자 군인을 뜻하고, 여성 이름인 제인이 붙어 '지아이 제인G.I. Jane'이라고 하면 여자 군인을 지칭한다. 이병헌이 출현했던 2009년 할리우드 영화 〈지아이조: 전쟁의 서막G.I. Joe: The Rise Of Cobra〉은 '지아이 조'에 새로운 의미를 부여했다. '국제연합특수군단Global Integrated Joint Operating Entity'의 머리글자를 따서 이름 짓는 흥행 전략을 구사했지만, 그렇게 통용되지 않는 것 같다.

어쨌든 미군에게 커피의 중요성은 1775년부터 1783년까지 지속했던 미국 독립전쟁까지 거슬러 올라간다. 미국의 제7대 대통령 앤드루 잭슨Andrew Jackson은 군인 출신으로, 1815년 뉴올리언스 전투를 대승으로 이끈 주역이다. 진지를 요새화해 상대인 영국군은 2,037명의 전사자를 내는 큰 피해를 입었지만, 미군 전사자는 21명에 불과했다. 앤드루 잭슨은 커피를 병사들에게 전투식량으로 제공한 인물로 기록된다.

'컵 오브 조'는 요즘 커피를 좀 아는 사람들 간에 전문용어처럼 소비되고 있다. 점점 'Joe=Coffee'라는 공식이 성립되는 모습도 보인다. 그렇다고 한국인들이 "커피 한 잔 주세요"를 "조 한 잔 주세요"라고 굳이 말할 필요도 없고, 그렇게 하는 것은 바람직하지 않다. 커피 문화를 우리의 몸에 맞게 만들어가는 것이 좋다. 이런 면에서 커피와 관련된 용어의 기원을 올바로 아는 것이 중요하다.

미국의 군사 전문매체인 밀리터리닷컴Military.com이 미군의 커피 역사를 다루면서 "커피가 '군대의 생명선the lifeblood of the military'인 6가지 이유"를 소개했다. 이 매체는 "모든 시대의 군대는 커피로 연결된다"면서 "시대를 막론하고 군인의 혈관은 커피로 가득 찼다"고 비유했다. 그 이유는 첫째, 맛이 있다. 커피를 어떻게 만드는지와 상관없이, 우리는 커피를 사랑한다. 둘째, 현실에서 벗어날 수 있다. 커피를 마시는 짧은 시간이나마 긴장을 풀 수 있다. 셋째, 고향을 떠올리게 한다. 군대에는 커피를 마시는 시간 외에 고향을 그리워할 시간이나 공간도 없다. 넷째, 횅한 벌판에서는 따뜻한 것이 좋다. 옷을 한 겹 더 껴입겠습니까? 따뜻한 커피 한 잔을 드시겠습니까? 다섯째, 졸음을 견뎌야 한다. 군인은 잠이 부족하다. 계급이 높을수록 조는 모습을 보여서는 안 된다. 여섯째, 병사를 모두 모이게 한다. 커피는 모든 군인에게 평등하다. 이병부터 대령까지 모두 커피를 마시기 위해 한자리에 모인다.

미국 정부가 선정한 '6·25전쟁의 4대 영웅'인 백선엽 장군도 커피와 인연이 있다. 6·25전쟁 당시 백선엽과 함께 생활하던 미군의 메이 중위가 버너를 들고 막사를 찾아가 커피를 끓여주었는데, 백선엽은 "그가 타주는 커피는 적잖은 위안이었다"며 "차가운 겨울에 찾아온 말라리아의 오한이 좀 가시는 기분이 들었다"고 말했다.

국가를 위해 헌신한 퇴역 군인을 돕는다

군인만큼 애국하는 영화배우를 꼽으라면 단연 할리우드의 톰 행크스Tom Hanks다. 40여 년간의 연기 인생은 그에게 '미국인이 가장 사랑하는 국민 배우'라는 타이틀을 안겨주었다. 고희古稀를 바라보는 나이에 행크스는 군인을 위한 의미 있는 프로젝트를 시작했다. '행스 포 아워 트룹스Hanx For Our Troops'로 명명한 커피 회사를 만들어 수익금 전액을 퇴역 군인과 가족들을 위해 기부하기로 한 것이다. 행스Hanx는 그가 트위터와 인스타그램에서 사용하는 서명이자 애칭이다.

행크스는 2022년 12월 회사 홈페이지givehanx.com를 개설하고 커피를 판매하기 시작했다. 제품은 분쇄 원두커피, 캡슐커피, 스틱형 인스턴트커피 등 크게 3가지로 나뉜다. '퍼스트 클래스 조First Class Joe', 'SGT 페퍼민트SGT Peppermint', '톰스 모닝 매직 블렌드Tom's Morning Magic Blend' 등 구체적인 상품들도 올랐다. 가격은 분쇄 원두커피는 12온스(약 340그램)에 16달러, 캡슐커피는 18온스(약 510그램)에 16달러, 스틱형 인스턴트커피는 10온스(약 283그램)에 12달러 등의 수준이다.

제품마다 인쇄된 행스 로고에는 "모든 이익을 국가를 위해 복무한 이들에게 지원한다"는 글이 적혀 있다. 행스가 사용하는 커피 생두는 산지의 소규모 커피 농장을 직접 찾아가 제값을 치르고 구매하는 소위 '공정무역 커피'다. 로스팅은 미국에서 하며, 홈페이지를 통한 해외 주문은 받지 않는다. "미국인 스스로 국가를 위해 헌신한 퇴역 군인을 돕자"는 신념이 배어 있는 캠페인성 비즈니스다.

그는 홈페이지에 적은 글에서 "우리는 선한 일을 하는, 좋은 상품을 만드는 임무를 수행 중"이라며, "퇴역 군인과 그 가족들에게 중요한 지원과 자원을 제공하는 신뢰할 수 있는 단체에 제품을 판매한 데 따른 순이익을 100퍼센트 기부할 것"이라고 밝혔다.

홈페이지의 '현장 이야기' 코너에는 퇴역 군인들의 삶도 소개되

톰 행크스는 군인을 위한 프로젝트인 '행스 포 아워 트룹스'라는 커피 회사를 만들어 수익금 전액을 퇴역 군인과 가족들을 위해 기부한다.

었다. 순이익은 퇴역 군인들에게 직접 전해지기보다는 주요 단체를 통해 전달된다. 행스는 이를 위해 전·현직 군인과 그 가족을 지원하는 '밥 우드러프 재단Bob Woodruff Foundation', 참전 용사의 트라우마 극복 등을 돕는 '헤드스트롱 프로젝트The Headstrong Project', 퇴역 군인과 그 가족의 취업과 사회 복귀를 지원하는 '하이어 히어로즈 USAHire Heroes USA' 등의 단체들과 파트너십을 맺었다.

행크스가 퇴역 군인과 그 가족들에게 관심을 쏟는 까닭은 무엇일까? 회사는 "톰 행크스는 이야기꾼으로서, 배우로서 경력의 많은 부분을 미군에 관한 이야기를 하는 데 바쳤다. 미국의 자유를 위해 그들의 삶을 헌신한 사람들을 기리고, 축하하고, 지원하기 위해 행스를 설립한다"고 밝혔다. 행크스가 펼친 공익 활동은 헤아리기 힘들 정도다. 그는 특히 애국심을 실천하는 봉사와 기부, 특히 미군과 가족을 돕는 활동에 앞장섰다. 그가 소문난 커피 애호가로, 커피를 매개로 한 활동을 벌이게 된 데에는 사실 몇 차례의 조심이 있었다.

행크스는 2017년 당시 도널드 트럼프Donald Trump 대통령과 대립각을 세우며 크고 작은 마찰을 빚고 있는 백악관 기자들에게 "힘내라"는 메시지와 함께 고급 에스프레소 자동 머신을 선물했다. 그는 "진실, 정의, 미국을 위한 선의의 싸움을 계속해달라. 특히 진실을 위해"라고 적은 쪽지를 전달한 사실이 알려져 화제가 되었다. 앞서 그는 2004년 처음으로 백악관을 방문했을 때 출입기자들이 자동판매기에서 커피를 뽑아 마시는 것을 보고 에스프레소 자동 머신을 보냈고, 2010년에도 커피머신을 선물했다.

영화 〈라이언 일병 구하기〉(1998년)에는 밀러 대위(톰 행크스 분)가 전쟁터에서 커피머신을 발견하고 커피를 따르려다 통이 빈 사실을 확인하고 허탈해하는 장면이 나온다. 커피 애호가에게는 커피가 군인에게 간절한 상황이 있다는 점과 행크스 자신이 커피를 얼마나 사랑하는지를 보여주는 장면으로 비친다.

군인에 대한 행크스의 관심과 사랑은 상당히 구체적이다. 그는 2016년, 남편이 복무 중 부상을 당해 생활에 어려움을 겪고 있는 군인 가족을 위한 '히든 히어로즈 캠페인Hidden Heroes Campaign'을 사재를 털어가며 적극적으로 도왔다.

행크스는 2017년 단편소설집 『타자기가 들려주는 이야기 Uncommon Type』를 발표하면서, 그중 한 편인 「1953년, 크리스마스 이브」에서 제2차 세계대전에서 입은 정신적·신체적 상처를 보듬으며 살아가는 재향군인의 삶을 담았다. 그가 2023년에 출간한 장편소설 『또 하나의 명화 만들기The Making of Another Major Motion Picture Masterpiece』도 제2차 세계대전 참전 용사의 귀향으로 시작된다.

군인에 대한 행크스의 사랑은 단순히 〈라이언 일병 구하기〉가 흥행한 것에 대한 인연만으로는 설명이 되지 않는다. 그것은 〈태극기 휘날리며〉(2004년)가 1,100만 관객을 동원할 정도로 인기를 끌어서 장동건과 원빈이 국군을 위한 기부와 공익 활동을 벌인다는 식의 단순한 공식 같은 게 아니다. 안타깝게도 우리에게는 행크스처럼 군인과 가족을 위한 활동을 벌이는 영화배우를 찾기는 힘들다.

행크스는 사실 코믹 배우로 시작했다. 1956년 미국 캘리포니아주에서 태어났으며, 공포 영화 〈어둠의 방랑자〉(1980년)에서 조연으로 데뷔했다. 코미디 영화 〈스플래시〉(1984년)가 흥행에 성공하면서 엉뚱하면서도 친근한 코믹 연기를 주로 담당했다. 〈그들만의 리

톰 행크스는 "우리 스스로 군인들을 보살피는 나라를 만들어야 한다"며, 국민의 사랑을 받는 영화배우답게 '노블레스 오블리주'를 실천한다.

그〉(1992년), 〈시애틀의 잠 못 이루는 밤〉(1993년)에서 로맨틱 코미디 배우로 굳혀가던 그는 〈필라델피아〉(1993년)에서 에이즈로 죽어가는 동성애자 변호사 역을 맡아 아카데미 남우주연상을 받았고, 〈포레스트 검프〉(1994년)로 2년 연속 아카데미 남우주연상 수상자에 등극했다. 그는 〈아폴로 13〉(1995년), 〈라이언 일병 구하기〉, 〈유브 갓 메일〉(1998년), 〈그린 마일〉(1999년), 〈캐스트 어웨이〉(2000년) 등에서 열연하며 미국인들에게 소시민들도 영웅의 잠재력을 지니고 있다는 신념을 불어넣었다.

많은 미국인이 행크스의 활동을 보면서 '위대한 미국 건설'을 기대하며, 그를 '미국의 연인America's Sweetheart'이라고 부른다. 어찌 보면, 행크스가 커피 판매 수익 전액을 국가를 위해 헌신한 퇴역 군인과 가족에게 바치는 것은, 국민의 사랑을 받고 살아가는 영화배우라면 실천해야 할 '노블레스 오블리주Noblesse Oblige'로 보인다. 행크스는 행스를 설립하면서, "우리가 전쟁을 치른 군인들을 진정으로 보살피는 나라가 되기를 원한다면, 우리 스스로 군인들을 보살피는 나라를 만들어야 한다"고 외쳤다.

커피 브레이크와 커피 타임

커피를 마시는 순간에는 모든 것을 멈춰야 한다. 따라서 커피는 '휴식'이다. 목 뒤로 커피를 넘긴 후 목을 타고 올라오는 향미를 감상하다 보면 소중한 내면의 나를 마주하게 된다. 커피를 '명상'이라고 부르는 이유다. 커피 한 잔에 들어 있는 폴리페놀과 알칼로이드 같은 생리활성물질들이 활력을 불러일으키므로, 커피는 재충전을 위한 에너지다. 게다가 카페인이 중추신경에 작용해 정신을 또렷하게 만들어주는 덕분에 창의적인 일에 더욱 집중할 수 있다.

우리를 힘차게 살아가게 만드는 커피의 이러한 면모는 '커피 브레이크coffee break'와 '커피 타임coffee time'이라는 문화를 만들어냈다. 커피 브레이크는 무엇인가 왕성하게 하던 일이 버거워질 즈음 잠시 멈추고 재충전하는 의미가 짙다. 반면, 커피 타임은 기획회의처럼 어떤 일을 추진하기 위해 머리를 맞대는 자리를 연상시킨다. 두 단어에는 휴식, 재충전, 소통, 교류 등의 가치가 공통적으로 담겨 있기는 하지만 뉘앙스가 다소 다르다. 단어가 만들어진 배경이 다른 까닭이다.

1800년대 후반 미국 중북부의 위스콘신주에 있는 스토턴

Stoughton에는 노르웨이 이민자들이 속속 도착했다. 초기 이민자들이 만든 마차 제조 공장의 규모가 커지면서 인구 유입도 많아져 다른 산업도 빠르게 형성될 수 있었다. 담배 제조 공장도 문을 열었는데, 수확철에 일손이 부족하자 공장 측은 여성들에게 작업에 참여해줄 것을 요청하게 되었다. 여성들은 아침과

20세기 들어 미국에서는 각종 제조 공장이 급증했다. 인력 부족으로 밤샘 작업이 빈번한 상황에서 커피 브레이크는 공장을 오래 가동할 수 있는 요긴한 장치였다. 커피가 업무 스트레스를 해소하고 집중력을 높이는 데 도움이 되었기 때문이다.

오후에 집안일을 할 수 있도록 일정 시간을 보장해주면 일할 수 있다고 했고, 담배 제조사는 이를 받아들였다.

스토턴 공장지대에서는 여성들이 직장에서 일하다가 하루에 두 차례 집에 가서 가사를 돌보고 커피도 마시며 휴식을 취하다가 공장으로 돌아가 다시 작업하는 광경이 펼쳐졌다. 점차 이런 규정을 도입하는 작업장이 늘어나면서 일터에서 '커피 브레이크'라는 하나의 양식이 만들어졌다. 지금도 스토턴에서는 지역 전통축제로 해

마다 '커피 브레이크 페스티벌'이 열리고 있다.

　20세기 들어서 유럽이 세계대전에 휩싸이는 바람에 미국은 군수물품을 중심으로 한 각종 제조 공장이 급증했다. 인력이 부족해 밤샘 작업이 빈번해지자 커피 브레이크는 공장을 오래 가동할 수 있는 요긴한 '장치'가 되었다. 당시 미국은 급속한 산업화와 함께 도시화로 인해 많은 사람이 낯선 작업환경에서 고강도의 노동을 감당해야 했다. 이러한 상황에서 커피가 업무 스트레스를 해소하고 집중력을 높이는 데 도움이 되었기 때문에, 여기저기서 커피를 마시는 사람들이 늘어났다.

　당시 컨베이어벨트 같은 초기 형태의 자동화 시설을 갖춘 제조 공장들은 별도의 시간을 지정해 근로자들이 동시에 휴식을 취하고 커피를 마시며 에너지를 재충전한 뒤 라인에 복귀하도록 하는 것이 효율적이라는 것을 알게 되었다. 가장 먼저 커피 마시는 시간을 제도적으로 도입한 회사로 비누 회사 '라킨Larkin'과 철제용품 제조사 '바콜로Barcolo'가 손꼽힌다. 뉴욕주 버펄로Buffalo에 있던 이들 회사는 이미 1902년에 근무시간 중 오전과 오후 각각 한 차례씩 직원들을 위한 '커피 타임'을 보장해준 것으로 전해진다.

　'커피 브레이크'라는 용어는 1950년대 미국에서 만들어졌다. 『옥스퍼드 영어사전』은 '커피 브레이크'라고 적힌 최초의 기록물로 『타임』 1951년 3월 25일의 기사를 꼽았다. 이 기사는 제2차 세계대전 이후, 커피 브레이크가 노사 간 고용계약서에 명시되었다는 사실을 다루었다.

이보다 앞서, 1900년대 초반부터 커피가 육체노동이나 정신적 작업에 도움이 된다는 인식이 퍼졌다. 1918년 브라질의 커피 재배자들과 미국의 커피 제조사들이 공동으로 커피무역홍보위원회를 설립하고, 커피 소비 증진을 위한 홍보전을 펼쳤다. 이 위원회는 미국의 학교와 가정에 팸플릿을 보내 "커피가 힘든 일을 건디도록 도와준다"고 선전했다. 또 오하이오주 클리블랜드Cleveland의 금속 제조업체가 점심시간에 직원들에게 커피를 무료로 제공한 결과, 생산성이 크게 높아진 사례를 상세하게 전하며 '커피 휴식'을 제도적으로 도입하기를 권장했다.

1920년대 미국은 가정에까지 커피 음용 문화가 깊숙이 파고들었다. 1920년 워싱턴 D.C.에 기반을 둔 신문인 『이브닝 스타Evening Star』에 전면 광고로 '집에서 커피를 만드는 방법'이 게재될 정도였다. 이 시기에 많은 언론은 "커피를 마시며 친분을 쌓고 담소하는 독일 가정의 전통인 카페 클라츠Kaffee klatsch가 미국의 기업 문화로 자리를 잡았다"고 전했다.

1950년대 중반 미국 내 직장인들이 근무 시간 중 '커피 휴식'을 갖는 것이 일상이 되자, 문제가 터져 나오기 시작했다. 휴식 시간에 대해서는 임금을 지불할 수 없다는 회사들이 생긴 탓이다. 이를 둘러싼 노사 갈등은 1955년 덴버Denver에 있는 넥타이 제조사 '로스 위그웜 위버스Los Wigwam Weavers'와 노동부 간 소송으로 불거졌다. 제조사는 "근로자들이 취하는 하루 30분간의 커피 브레이크 시간에 대해서는 임금을 지불하지 않겠다"고 버텼다. 이에 노동부가 임금 기준을 위반한 혐의로 고소했는데, 1심 법원은 제조사 측의 손을 들어주었다.

1심 법원은 제조사 측이 체력이 부족한 노인과 여성 근로자의 요구에 따라 하루에 2번 15분간의 커피 브레이크를 준 것에 대해 개인적인 사유로 보았다. 부족한 체력을 회복하기 위해 쓰인 근로자 개인의 시간까지 제조사가 임금을 줄 의무는 없다는 취지였다. 하지만 연방항소법원은 "커피를 마시는 휴식 시간이 작업의 효율성을 상승시켰고 생산량을 증가시켜 회사에 이익을 주었기 때문에 근로 시간으로 간주해야 한다"며 1심 판결을 뒤집었다. 미국은 관습법의 전통을 따르기 때문에, 이 판결은 '커피 브레이크'가 미국 직장인의 문화로 자리 잡는 주요한 동기가 되었다.

커피 브레이크에 대한 법적 인정은 커피 소비 촉진 캠페인이나 홍보를 위한 좋은 도구가 되었다. 1950년대 미국은 코카콜라를 찾는 사람들이 급증하면서 한때 커피 소비량이 줄어들었다. 이에 위기감을 느낀 중남미 커피 재배자와 미국의 주요 커피 회사들이 범아메리카커피사무국PACB을 결성해 막대한 돈을 쏟아부으며 커피 소비 촉진 캠페인을 벌였다. 이때 구호가 "커피 휴식을 취하고 커피가 선사하는 것을 취하세요"였다. 캠페인에는 광고의 역사에서 결코 빼놓을 수 없는 행동주의 심리학의 창시자인 존 왓슨John Watson까지 동원되었다. 소비자들로 하여금 '다른 음료가 아니라, 오직 커피만이 휴식과 건강과 활력을 줄 것이다'고 믿게 하는 일종의 심리전을 펼친 것으로도 유명한 사례다.

미국의 주요 커피 회사들은 '커피 휴식을 취하고 커피가 선사하는 것을 취하세요'라는 커피 소비 촉진 캠페인을 벌이거나 소비자들에게 '커피만이 휴식과 건강과 활력을 줄 것이다'고 홍보했다.

이 시기에 커피 브레이크를 커피 소비 판촉에 사용할 만큼 간절했던 또 다른 배경도 있었다. 바로 '커피 자판기의 탄생'이었다. 미국 필라델피아에 있던 '러드-멜리키안Rudd-Melikian'이라는 회사가 1947년 커피 자판기를 발명해 소비시장을 개척하고 있었다. 15분가량 휴식이 허락되는 커피 브레이크 시간에 커피를 즐기기 위해서는 커피가 빨리 추출되어야 한다. 커피 자판기는 5초 만에 커피 한 잔을 만들어냈기 때문에 커피 브레이크 현장을 빠르게 파고들었다. 커피 브레이크 캠페인 속에서 1955년 미국에 6만 대 이상의 커피 자판기가 설치되었다.

블루마운틴은 왜 '여왕의 커피'라고 불렸을까?

"권위는 진리와 같이 오류를 동반한다"는 요한 볼프강 폰 괴테 Johann Wolfgang von Goethe의 혜안은 영국의 엘리자베스 2세Elizabeth II 여왕의 이름을 걸고 위세를 떨친 몇몇 커피를 관통한다. 커피 산지마다 자신들의 커피를 빛나게 하는 이야기들이 있다. 예를 들어 프란시스코 로메로Francisco Romero 신부의 고해성사가 키워낸 '콜롬비아 산탄데르Santander 커피', 천재 시인 아르튀르 랭보Arthur Rimbaud가 구한 '에티오피아 하라Harrar 커피', 뱅크오브아메리카의 자본이 빚어낸 '파나마 게이샤Geisha 커피'라는 식이다.

여기에는 2022년 9월 세상을 떠난 엘리자베스 2세를 들먹이며 비싼 값으로 팔아 반세기가 넘도록 쏠쏠한 재미를 본 '자메이카 블루마운틴Blue Mountain 커피'도 빼놓을 수 없다. '여왕의 커피'라는 마케팅 수법으로 인해 많은 사람이 "영국 왕실이 세계 구석구석을 뒤져 찾아낼 정도로 품질이 뛰어나다"는 이미지를 만들어냈지만 실상 사연은 엉뚱한 데 있었다. 권위가 빚어낸 오류를 마음껏 즐긴 것은 일본의 장사꾼들이었다.

자메이카에 커피가 전해진 것은 영국의 지배(1655~1962년)를 받던 1728년이었다. 자메이카 총독으로 파견된 니컬러스 라스Nicholas Lawes가 마르티니크섬에서 커피 묘목을 가져오면서다. 북위 10도에 자리 잡은 자메이카는 커피 벨트coffee belt(남위 24도~북위 24도)에 속해 전 국토에서 커피를 재배할 수 있다. 그는 자신이 소유한 세인트앤드루Saint Andrew에 커피나무

자메이카 블루마운틴 커피는 "영국 왕실이 세계 구석구석을 뒤져 찾아낼 정도로 품질이 뛰어나다"는 이미지 때문에 '여왕의 커피'라고 불리게 되었다.

를 심었는데, 운명적으로 이곳이 블루산맥Blue Mts. 경사면이었다. 블루산맥은 히스파니올라Hispaniola섬(현재 아이티와 도미니카공화국)에서 자메이카와 쿠바를 거쳐 온두라스까지 거대한 지류를 형성하는데, 최고봉인 해발고도 2,256미터의 '블루마운틴'이 자메이카에 있다.

자메이카는 1800년대 들어서면서 커피 생산량이 연간 4만 톤을 넘어서며 유럽에 공급되는 커피의 대부분을 차지했다. 자메이카 커피 생산은 상승 가도를 달려 1932년에는 15만 톤을 넘어섰다. 무차별적 과잉생산에 따라 품질이 크게 떨어진 데다 1929년에 시작된 대공황까지 겹쳐 자메이카 커피 농장은 줄도산 위기에 처했다.

그리고 1960년대까지 30여 년간 자메이카의 커피 산업은 끝없이 추락했다. 품질이 엉망이 된 자메이카 커피를 아무도 거들떠보지 않았다.

암울한 상황을 1964년 자메이카와 수교를 맺은 일본이 기막힌 상술로 극복해주었다. 일본은 1868년부터 추진한 하와이 이민정책을 통해 커피에 대한 농업기술을 잔뜩 축적한 상태였다. 일본은 자메이카커피산업위원회Jamaica Coffee Industry Board로 하여금 품질보증서 제도를 도입하게 함으로써 '자메이카 블루마운틴 넘버원Jamaica Blue Mountain No.1'이라는 등급을 만들었다. 당시 세계 최고의 커피로 찬사를 받던 하와이안 코나 엑스트라 팬시Hawaiian Kona Extra Fancy와 비슷한 대우를 받도록 이야기를 만든 것이다.

일본은 한 걸음 더 나아가 블루마운틴 커피를 코나 커피보다 더 비싸게 팔 수 있는 아이디어를 짜냈다. 블루마운틴 커피 중에서 최상급인 넘버원 커피를 전량 선점해 90퍼센트를 일본으로 가져가고, 나머지 10퍼센트만을 세계에 유통했다. 블루마운틴 넘버원은 이와 같은 '인위적인 희소성' 덕분에 값이 치솟아 단숨에 하와이 코나 커피를 제치고 비싸게 팔리며 '커피의 황제'라는 닉네임을 얻게 되었다. 생두를 마대가 아닌 오크통에 담아 팔아서 시쳇말로 '비싸게 보이는 전략'도 구사했다.

일본의 상술은 특히 한국에서 잘 먹히고 있다. 커피 강좌나 기고문을 보면 "하와이안 코나 엑스트라 팬시, 자메이카 블루마운틴 넘버원, 예멘 모카 마타리Yemen Mocha Mattari를 '세계 3대 명품 커피'라고 한다"는 대목이 종종 나온다. 그러나 이 3종의 커피가 무슨 근거로 세계 3대 명품 커피로 불리는지에 대해서는 적절한 설명이 없다. 이 3대 커피는 세계 물동량의 상당량을 일본이 좌우하는 커피다. 하와이안 코나 엑스트라 팬시의 70퍼센트 이상을 일본의 자본이 주무른다.

내전 상태인 예멘에서 커피를 가져 나오는 데 일본의 전범기업들이 앞장서고 있다. 한국을 제외한 어느 나라에서도 '전 세계 최고의 커피 톱 3Top 3 Best Coffees Around the World'라거나 '세계 3대 명품 커피The World's 3 Greatest Coffee'라는 표현은 찾아볼 수 없다. 왜 한국만 '3대 커피'라는 일본의 상술에 놀아나게 된 것일까? 1999년 서울 강남에서 한 백화점이 문을 열면서 일본의 주장을 그대로 담은 홍보전을 펼친 게 화근이 되었다.

백화점 측은 블루마운틴 커피를 일본에서 수입해 판촉전을 벌이면서 '하와이안 코나·예멘 모카와 함께 세계 3대 커피로 꼽히는 자메이카 블루마운틴 커피'라는 광고 카피를 사용하고 언론사에 보도자료를 배포했다. 이때 시작된 오류가 25년이 지나도록 바로잡히지 않고 있다. 이는 '여왕의 커피'와 같은 권위의 문제가 아니라 '일본의 문화라면 더 좋을 것'이라는 그릇된 편견에 지나지 않는다. 한국의 커피 애호가라면 '세계 3대 커피'라는 구호가 가진 불편한 진실'을 안아야 한다.

탄자니아 음베야Mbeya 커피, 킬리만자로Killimanjaro 커피, 세인트헬레나Saint Helena 커피 등이 '엘리자베스 2세가 사랑한 커피' 또는

영국 왕실이 기가 막힌 맛에 놀라 찾았던 것처럼 꾸민 '희대의 커피 상술'은 막을 내려야 한다. 1960년 영국 윈저성에서 엘리자베스 2세 여왕이 영연방 국가의 수상들과 사진을 찍고 있다.

'영국 왕실의 커피'로 팔리며 귀한 대접을 받았는데 모두 영국 식민 지에서 재배된 커피이고, 이 커피의 물동량 역시 일본의 자본에 좌 우된다는 공통점을 가지고 있다.

엘리자베스 2세 여왕의 서거 직후 자메이카를 비롯해 벨리 즈Belize, 앤티가바부다Antigua and Barbuda에서 영국 왕실과 결별하 고 공화정으로 독립하려는 움직임이 거세지고 있다. 영연방왕국 Commonwealth Realm에 속했으므로 영국 국왕을 상징적인 국가원수로 인정한 탓에 전해진 커피를, 영국 왕실이 기가 막힌 맛에 놀라 찾 았던 것처럼 꾸민 '희대의 커피 상술'은 이제 막을 내려야 한다. 권위를 빙자한 얄팍한 상술은 결국 스러진다.

자메이카 커피 등급은 재배지의 고도에 따라 '하이퀄리티High Quality(해발고도 1,100미터 이상)'와 '로퀄리티Low Quality(해발고도 1,100미터 미만)'로 나뉜다. 이 중 하이퀄리티 커피에만 블루마운틴이라는 명칭이 붙는다. 블루마운틴은 생두 크기에 따라 다시 3개 등급으로 나뉜다. 품질은 스크린 사이즈screen size가 17~18인 블루마운틴 넘버원No.1, 16인 블루마운틴 넘버투No.2, 15인 블루마운틴 넘버스리No.3 등의 순이다. 스크린 사이즈 1은 64분의 1인치(약 0.4밀리미터)이므로 블루마운틴 넘버원 생두 크기는 폭이 최소 6.75밀리미터를 넘어야 한다. 블루마운틴 커피에는 '자블럼JABLUM'이라는 명칭이 있다. 이는 로스팅한 뒤 포장까지 마친 완제품을 말한다.

자메이카 블루마운틴 커피가 비싸게 팔리다 보니 '블루마운틴 스타일'이라거나 '블루마운틴 블렌드'라는 상술이 기승을 부린다. 따라서 자메이카 블루마운틴 원두가 몇 퍼센트 들어 있는지를 잘 보아야 한다. 또 볶은 커피를 포장한 완제품에 '자블럼' 표기가 없다면 진품이 아니다.

아인슈페너는 왜 '비엔나커피'라고 알려졌을까?

"오스트리아 비엔나에 가면 비엔나커피 빼고 다 있다"는 말이 있다. 비엔나커피란 명칭이 잘못되었다는 것을 풍자하는 것이다. 이탈리아 사람들은 '이태리 타월'이라고 하면 황당해하고, 네덜란드에서 '더치 커피'를 생소해한다. '더치Dutch'는 '네덜란드의~'를 뜻하는 형용사이므로 '네덜란드 사람들의 커피'라는 뜻이 된다. 사실 흔히 비엔나라고 불리는 빈Wien에서는 비엔나커피라고 적은 메뉴를 찾아보기 힘들다.

빈에서는 뜨거운 커피 위에 휘핑크림을 얹은 커피를 '아인슈페너Einspänner'라고 부른다. 직역하면 '말 한 마리가 끄는 마차'인데, 통상 '마부'를 지칭하는 것으로도 통한다. 17세기 마부들이 흔들리는 마차에서도 커피를 흘리지 않도록 생크림을 얹어 먹은 것에서 비롯되었다는 설이 있다. 휘핑크림 대신 우유를 거품 내 올리면 멜랑지Melange다. 이 명칭은 '섞는다'는 뜻의 프랑스어 '멜랑주Mélange'에서 유래했다.

비엔나커피는 커피의 역사에서 각성 효과라는 기능적인 측면보다 맛에 중점을 둔 '유럽 최초의 카페 베리에이션 메뉴'라는 평가를 받는다. '베리에이션variation'은 '변주곡'을 뜻하는 음악 용어인데, 기본적인 멜로디가 반복되지만 변주를 통해 다양한 느낌을 주는 것을 말한다. 커피에서는 우유, 크림, 초콜릿, 캐러멜 등 여러 재료로 다채로운 맛을 낸 일군의 커피 메뉴를 의미하게 되었다.

에티오피아에서 시작해 예멘에 전해진 커피는 오스만튀르크를 통해 이스탄불에 도착한 뒤 커피하우스 문화를 만들며 대중화했다. 튀르키예를 통해 유럽으로 커피가 전해진 데에는 2가지 루트가 있다. 하나는 이탈리아 베니스(베네치아) 상인을 통해 수입된 경로이고, 또 하나는 1683년 비엔나전투를 통해 오스트리아로 전해진 경로다.

비엔나커피는 '유럽 최초의 카페 베리에이션 메뉴'라는 평가를 받는다. 즉, 우유, 크림, 초콜릿, 캐러멜 등 여러 재료로 다채로운 맛을 낸 일군의 커피 메뉴를 의미하게 되었다. 오스트리아 빈의 명소인 '정원의 정자Augarten Pavilion' 커피하우스(1873년).

비엔나전투는 역사적으로 이슬람의 유럽 지배를 차단한 전쟁이라는 의미를 갖는데, 커피의 역사에서는 오스트리아로 커피를 전한 사건으로 기록되었다. 당시 오스만튀르크의 30만 대군은 승기를 잡는 듯했다가 갑작스러운 폴란드·리투아니아 연합군의 가세로 황급히 퇴각하는 바람에 군사들에게 먹이던 커피 생두를 산더미만큼 남겨두고 떠났다.

오스트리아 측은 청록색의 커피 생두가 오스만튀르크가 데려온 코끼리의 먹이라고 생각하고 버리려고 했다. 마침 전쟁에 공을 세운 프란츠 콜시츠키Frantz Koltschitzky가 그 가치를 알고 생두를 국가에서 받게 되었는데, 그는 이를 가지고 커피하우스를 차렸다. 생두를 병에 담아 진열했는데 수많은 병이 푸른색으로 빛났다. 커피 생두는 흔히 푸른색 보석인 에메랄드에 비유된다. 생두를 담은 푸른 병들이 많은 콜시츠키의 커피하우스는 사람들 사이에서 '블루보틀blue bottle'이라고 불렸다. 이것이 나중에 세계적으로 유명한 카페의 브랜드가 되는 것이다.

당시 프란츠 콜시츠키가 제공하는 커피는 제즈베cezve 방식이었다. 진하게 볶은 커피 원두를 최대한 곱게 갈아 물로 서너 차례 끓어오르게 하면서 성분을 농축시키는 방식이었기 때문에 쓴맛이 강했다. 아랍의 무슬림들은 밤새워 기도하려는 종교적인 신념에서 강한 맛을 참아냈지만, 커피를 문화로 즐기려는 오스트리아인들로서는 굳이 쓴맛을 참아낼 이유가 없었다. 그래서 그들은 커피에 우유와 크림을 섞으며 부드럽고 달달하게 커피를 즐기면서 다양한

이승만과 프란체스카는 비엔나커피를 나누며 사랑을 키워가다가 결혼을 했는데, 이 사연은 '비엔나 연사'로 회자되었다.

베리에이션 메뉴를 만들어냈다. 오스트리아는 빵을 잘 만드는 것으로 유명했는데, 빵 반죽에 사용하는 크림이 커피를 만나면서 '아인슈페너', 곧 '비엔나커피'가 탄생한 것이다.

마부들이 즐겨 마시던 커피가 왜 우리나라에서는 고급스럽고 비싼 커피가 되었을까? 서구에서 수입된 문화라는 측면에서 점수를 높게 받기는 했지만, 이승만 대통령과 프란체스카 여사의 러브스토리가 큰 몫을 했다. 프란체스카 여사는 1900년 오스트리아 빈에서 태어났다. 그녀는 1933년에 스위스 여행을 갔다가 제네바의 한 식당에서 우연히 당시 58세의 이승만과 합석하면서 인연을 맺었다. 이후 두 사람은 비엔나커피를 나누며 사랑을 키워가다가 이듬해 결혼을 했다. 이 사연이 나중에 '비엔나 연사Vienna Affair'로 회자되면서 비엔나커피에 대한 사람들의 호기심이 증폭되었다.

1973년에는 일간 신문의 호텔 광고에 '비엔나커피를 아십니까?'라는 문구가 나와 호텔의 고급 커피로 인식하게 하는 계기가 되었다. 아인슈페너는 기억하기 힘든 반면, 비엔나커피는 '대통령의 사랑'이라는 정서가 퍼진 터라 홍보하기에 더 유리했다. 1979년 당국에 신고된 커피 한 잔 값이 130원이었는데, 명동과 충무로 일대의 일부 다방들이 비엔나커피를 300원이나 올려 받다가 영업정지 처분을 받는 일도 생겼다. 당시 비엔나커피는 사치의 대명사로 낙인 찍히기도 했다.

1980년대 아시안게임과 서울올림픽 유치에 따른 세계화 추진을 계기로 커피가 사치품 목록에서 빠지고 수입도 자유로워지면서 '비엔나커피'는 연인들이 마시는 커피로 사랑받게 되었다. 아울러 1986년 3월 납북되었던 배우 최은희와 영화감독 신상옥이 오스트리아 빈에서 미국 대사관을 통해 탈출하는 데 성공했다는 소식이 전해진 것도 비엔나커피를 '연인을 축복하는 커피'로 각인시켰다.

아인슈페너를 비엔나커피라고 부르는 것이 그리 민망한 일은 아니다. 일본도 1940년대부터 여러 카페에서 비엔나커피라는 명칭으로 판매했다. 호주에서도 1970년대 식사 뒤 후식으로 크림을 얹은 커피를 즐기는 게 유행했는데, 그들도 이를 비엔나커피라고 불렀다. 특히 오스트리아의 『비엔나 뷔르슈텔슈탄트Vienna Würstelstand』

도 2016년 11월 14일 기사에서 "비엔나의 커피하우스에서 발견되는 커피 메뉴 중 하나로 아인슈페너와 또 다른 비엔나커피 '피아커 Fiaker'가 있다"고 소개했다. 피아커는 말 4마리가 끄는 마차를 의미한다. 말 1마리가 끄는 마차에 비해 날렵하게 달리는 기분이 크림을 덜 넣은 저지방 비엔나커피를 연상하게 한다.

이탈리아의 '카페 콘 판나'는 아인슈페너에서 비롯되었다. '판나'는 '크림'이라는 뜻이고, '콘'은 '넣다'는 의미를 갖는다.

이탈리아의 '카페 콘 판나Cafe Con Panna'도 에스프레소에 휘핑크림을 올리는 것이 아인슈페너에서 비롯된 것이다. '판나'는 '크림'이라는 뜻이고, '콘'은 '넣다'는 의미를 갖는다. 우유의 지방 함량을 높이면 생크림이 되고, 이를 채로 휘저어 공기를 불어넣으면 일정한 모양을 유지하는 휘핑크림이 된다. 크림은 우유보다 농밀하기 때문에 휘핑크림은 입에 닿는 질감이 가볍고 부드러우면서도 우유보다 진한 고소함을 선사한다.

통상 우유만 넣는 카푸치노, 카페 모카, 아이리시 커피, 라테 마키아토, 캐러멜 마키아토에 휘핑크림을 살짝 넣어 질감과 향미의 농밀함을 가미한 메뉴도 많다. 오스트리아에서 시작된 '카이저멜

랑주'는 에스프레소에 휘핑크림과 생달걀 노른자를 섞은 것이다. '바나나스플릿'은 드립 커피에 우유와 휘핑크림을 넣고 캐러멜 소스를 섞는 메뉴인데, 여기에 바나나 향을 지닌 오일을 두세 방울 넣는다. 모두 비엔나커피의 속성을 바탕으로 삼고 있다.

사실 커피와 크림이 들어가면 그 뿌리를 비엔나커피라고 보아도 무방하다. 그것은 비엔나 사람들이 처음으로 커피에 크림을 섞어 그 영역을 개척했기 때문이다. 커피 문화에서는 이렇게 선점이 중요하다. 우리도 커피에 구수한 누룽지나 쌀가루를 섞어 세계적으로 사랑받는 커피 메뉴의 영역을 만들어가면 어떨까? 일각에서 이를 시도하고 있어 한국의 커피 메뉴가 세계적으로 사랑받는 K-커피의 바람을 불러일으키기를 기대한다.

커피와 공정무역

공정무역fair trade 커피는 '맛이 좋은 커피'라기보다 '심성이 고운 커피'다. 소비자들이 가격과 품질을 따지기에 앞서 재배자의 삶과 자연환경에 미치는 영향을 고려해 선택하는 커피이기 때문이다. 가히 '윤리적 소비의 정수'라고 하겠다.

그러나 공정무역 커피가 탄생한 지 반세기를 훌쩍 넘은 현 시점에서 되돌아볼 때 그 취지를 잘 살리고 있는지에 대해서는 견해가 엇갈린다. 일부 기업들이 공정무역 커피 인증제를 이용해 장삿속을 채우고 있다는 비난이 일기도 한다. 공정무역을 인증하는 기관과 단체가 늘어나 서로 경쟁하면서 소위 '인증제 장사'를 하는 통에 가난한 재배자들에게 가야 할 몫이 엉뚱한 쪽으로 흘러가고 있다는 지적인 것이다. 그럼에도, 기업들이 참여한 이후 더 많은 영세 농민들의 삶이 개선되는 것은 분명한 만큼 공정무역 커피를 계속 지지하고 키워가야 한다는 목소리가 높다.

공정무역은 1940년대 비영리단체와 종교기관을 중심으로 한 대안무역alternative trade 운동에서 시작되었다. 유럽과 북미의 선진국들이 남미, 아프리카, 아시아의 빈곤한 생산자들이 만든 수공예품을 수입해 자선단체 매장과 같은 작고 특수한 시장을 중심으로 판매한 것이 모태가 되었다.

1946년 미국에서 설립된 '텐사우전드빌리지Ten Thousand Villages'가 푸에르토리코에서 바느질 제품을 구입해 판매 운동을 벌인 것과 1942년 영국에서 조직된 '옥스팜Oxfam'이 중국 피난민들의 공예품을 팔아주면서 후원한 것이 공정무역의 시초로 꼽힌다. 공정무역은 초기에는 개발무역development trade, 연대무역solidarity trade, 자선무역charity trade 등으로 불렸다. 각각 생산자들을 지원하는 원조 활동, 정치적 연대, 자선 논리 강조 등에 초점이 맞춰졌기 때문이다.

공정무역 운동 초기에는 시장에서 소외된 소규모 생산자와 직거래를 통해 그들의 이익을 극대화하고 중간상인들이 폭리를 취하는 불평등한 무역 구조를 개혁하는 데 노력이 집중되었다. 1970년대까지는 시민단체, 공정무역단체, 개발협력단체 등의 비영리단체가 주를 이루었는데, 그 틈새시장에서 소수의 사람들만이 이용하는 수준이었다. 공정무역 커피의 관점에서 눈에 띄는 것은, 1960년대 미국에서 판매된 최초의 공정무역 제품이 커피라는 사실이다. 남미의 가난한 커피 농부들을 돕기 위해 종교단체들이 앞장섰으며, 1970년대에 들어서는 커피와 수공예품을 넘어 코코아, 차, 설탕과 같은 다른 상품들도 공정무역에 포함되었다.

1980년대에 들어서면서 소비자들이 노동자 착취에 대해 점점 더 깊이 인식하게 되자 공정무역의 개념은 탄력을 받았다. 더불어 공정무역을 확산하기 위해서는 상품의 질을 높이고 소비자가

커피비평가협회는 에티오피아의 하루 커피 농장과 한국의 소규모 카페를 연결해주는 '원맨카페One Man CAFE' 캠페인을 진행하고 있다.

요구하는 상품을 개발하는 게 좋다는 여론이 형성되었다. 마침내 1988년 11월, 멕시코의 커피 생산자들을 후원하던 네덜란드의 '막스 하벨라르 재단Max Havelaar Foundation'이 처음으로 공정무역 인증 라벨을 만들었다. 이 재단 이름은 1860년 식민지에서 횡포를 다룬 소설의 제목에서 비롯되었다. 1973년 네덜란드의 '공정무역 오리지널'이라는 회사가 과테말라에서 처음으로 공정무역 커피를 수입했지만, 공정무역 커피 상표를 도입한 최초의 조직은 막스 하벨라르 재단이었다.

이는 공정무역의 역사를 되짚어볼 때 획기적인 일이었다. 공정무역 방식으로 생산·유통·가공되는 제품에 마크가 붙자, 다국적

기업을 포함한 일반 기업들이 공정무역에 대거 참여하기 시작했다. 소수의 활동가를 중심으로 접할 수 있던 공정무역 제품을 소비자들은 슈퍼마켓이나 백화점 등 다양한 유통 매장에서 구입할 수 있게 되었다.

2000년대부터 공정무역은 세계적으로 전환점을 맞았다. 경제계를 중심으로 이루어지던 공정무역 활동의 한계를 벗어나 그동안 참여가 미비했던 지방자치단체, 공공교육기관, 대학 등이 나서서 '공정무역 마을'을 만들어가는 이른바 '지역사회에 기반을 둔 전략 community-based strategy'이 구사되기 시작했다. 이즈음 한국에서도 공정무역 활동이 포착되었다.

2002년 아름다운가게가 공정무역 수공예품을 취급하는 것을 시작으로 두레생협, 아이쿱 등 소비자생활협동조합과 페어트레이드코리아, 아름다운커피, YMCA 카페티모르, 기아대책행복한나눔 등의 시민단체들이 공정무역 활동을 펼쳤다. 국내의 공정무역도 상당 기간 일부 단체의 활동에 머물렀지만, 2011년 국제공정무역기구Fairtrade International의 한국 사무소가 서울에 설립되고 인증제를 기반으로 한 활동이 펼쳐지면서 확산되었다. 여기에 2013년 인천시와 서울시가 차례로 공정무역 도시 추진을 선언한 뒤 한국공정무역마을위원회가 설립되면서, 공정무역 활동은 지역의 협의체를 중심으로 급속히 확장되는 계기를 맞게 되었다.

공정무역 인증 마크가 여러 종류여서 소비자로서는 혼란스러울 정도다. 인증 마크가 붙은 커피 제품만이 공정무역 커피인 것도 아니다. 공정무역 인증은 구체적인 제품에 마크를 붙이는 '제품 인증'과 공정무역의 원칙을 지키는 단체들을 인증해 그들이 다루는 제품을 모두 공정무역 제품으로 확인해주는 '조직 인증' 등 2가지 방식이 있다.

그렇다고 모든 공정무역 단체가 인증에

소비자들이 커피를 마실 때 커피 농부의 얼굴을 떠올리거나 그들의 사연을 알아야 가난한 커피 재배자들이 행복하게 살아갈 수 있다.

참여하는 것도 아니다. 인증 절차가 복잡하고 비용 부담이 크기 때문이다. 국제공정무역기구의 인증이나 여러 기관이 하는 제품 인증은 주로 커피, 카카오, 과일, 향신료, 견과류 등의 농식품에 집중되어 수공예품은 인증에 참여하기가 어렵다. 따라서 수공예품을 취급하는 단체들은 주로 세계공정무역기구WFTO를 통해서 조직 인증을 받거나 인증을 받지 않고 묵묵히 공정무역의 원칙을 지켜 나가고 있다.

'인증을 위한 비용마저도 모두 생산자에게 돌아가게 해야 한다'는 신념에서 공정무역 인증을 일부러 외면하고 '직접무역direct trade' 운동을 통해 공정무역의 가치를 실천하는 사람들이 커피 분야에는 특히 많다. 아프리카, 아시아, 중남미의 오지에 있는 작은 커피 농장을 찾아 소비자들의 요구에 맞는 커피를 생산할 수 있도록 정보와 기술을 제공한다는 측면에서도 이들의 활동은 바람직하다.

공정무역 인증 마크가 없더라도 이런 커피를 소비자들이 찾는 것은 어렵지 않다. 커피를 구매할 때 농장 단위나 조합 단위까지 명확하게 확인되는 커피를 선택해야 한다. 커피가 재배된 곳을 정확하게 알 수 없는 커피는 공정무역 커피가 아니다. 지역이나 농장, 조합이 명시되지 않고 단지 '케냐 AA 톱'이라거나 '콜롬비아 수프리모', '에티오피아 1등급(G1)' 등으로만 적힌 커피 제품들은 쌀로 따지면 정부미와 같다. 가격에만 맞춰 그 나라 전체에서 나오는 값싼 커피를 끌어모아 썩은 커피콩들을 골라내고 크기별로 나눈 것에 불과하다.

소비자들이 커피를 마실 때 커피 농부의 얼굴을 떠올릴 수 있어야만 진정한 공정무역 커피라고 할 수 있다. 인증 마크에만 집중하지 말고 이마의 땀으로 살아가는 농부의 사연을 확인할 수 있는 커피를 찾아야 한다. 그래야 가난한 커피 재배자들이 정당한 몫을 받아 지속적으로 커피를 재배하며 행복하게 살아갈 수 있다. 그러므로 커피를 선택할 때 구체적인 농장의 이름을 묻는 것은 그 자체만으로도 덕을 쌓는 것이요, 공정무역 운동에 진심으로 참여하는 것이 된다.

노랫말 속에 커피가 있었다

20세기에 커피와 음악 분야에서 벌어진 공통된 현상으로 '대중화'를 꼽을 만하다. 귀족과 지식인들의 전유물이던 커피는 두 차례의 세계대전을 거치면서 샐러리맨의 아침 식탁에 오르는 생필품이되었다. 인스턴트커피가 발명되어 확산된 덕분이다. 음악 분야에서는 라디오와 음반 등의 매체가 확산되면서 이윤을 추구하는 상업적 목적의 대중음악이 급성장했다. 바야흐로 커피와 음악은 대중의 취향을 상징하는 코드가 되었다. 뮤지션들은 커피를 노래로은유했고, 커피는 휘발되기 쉬운 대중음악에 묵직한 의미가 되어주었다.

19세기 말 남북전쟁 이후 노예해방이 이루어지면서 본격적으로 '대중음악의 시대'가 열렸다고 볼 수 있다. 목화밭이나 사탕수수밭, 커피밭에서 혹독한 일을 견디기 위해 불렀던 흑인들의 노동요는 이제 도시에서 흘러나오기 시작했다. 공장지대로 옮겨간 흑인들은 주말 밤에는 작은 선술집에 모여 서로를 위로하며 노래와 춤을 즐겼다. 전쟁 통에 남겨진 군악대 악기들을 흑인들이 즉흥 연주에 활용하면서 뉴올리언스에서는 재즈가 태동했다.

1914년 발발한 제1차 세계대전은 흑인 취향의 재즈와 블루스를 더 체계화하고 일반화하는 계기가 되었다. 군대에서 흑인들이 악보를 해석하고 팀을 이루어 연주하는 경험을 쌓으면서 영가Gospel song, 래그타임Ragtime 등 아프로-아메리칸Afro-American 음악이 인종을 초월해 사랑받는 대중음악으로 성장하는 발판이 되었다.

인스턴트커피의 확산 덕분에 커피를 저렴하게 마실 수 있게 되면서 대중음악에 커피 향이 스며들기 시작했다. 커피는 신분과 진영, 이데올로기를 떠나 누구나 즐기는 '만인의 음료'가 되었고 노래의 소재로도 사랑받았다. 뉴욕 브로드웨이 무대에 오른 노래 가운데 커피를 소재로 한 초창기 곡으로는 1925년 조지프 마이어

인스턴트커피의 확산 덕분에 커피를 저렴하게 마실 수 있게 되면서 대중음악에 커피 향이 스며들기 시작했다. 특히 흑인 취향의 재즈와 블루스가 사랑받는 대중음악으로 성장했다.

Joseph Meyer가 작곡한 〈커피 한 잔과 샌드위치와 당신A Cup of Coffee, a Sandwich and You〉을 꼽을 수 있다. 일상의 소소한 행복을 다소 코믹하게 터치한 이 곡에서 커피 한 잔은 사랑을 속삭이는 연인들의 소박한 장소를 낭만적으로 꾸며주는 오브제가 된다.

레이 헨더슨Ray Henderson이 1928년 작곡한 〈당신은 내 커피 속 크림You're the Cream in My Coffee〉은 뮤지컬 〈홀드 에브리싱Hold Everything〉의 주제곡인데, 냇 킹 콜Nat King Cole과 막스 라베Max Raabe 등 유명 가수들이 여러 차례 리메이크해 널리 알려진 덕분에 지금까지도 영화나 공연에서 자주 들을 수 있는 멜로디가 되었다. 이 곡의 노랫말은 사랑하는 사람에 대한 마음을 은유적으로 표현한 것인데, 크림과 설탕이 커피 맛을 더욱 풍부하게 하는 것처럼 사랑하는 사람은 우리의 삶을 풍요롭게 해준다는 멋진 비유가 들어 있다.

1930~1940년대 뉴욕에서는 〈또 한 잔의 커피를 마시자Let's Have Another Cup of Coffee〉(1932년) 등 커피가 들어간 노래들이 유행했다. 이 시기의 노랫말을 살펴보면 커피가 사랑 고백과 같은 정서적인 영역에만 머물지 않고 일상에서 행복을 선사하는 음료로 확장되고 있음을 알 수 있다. 특히 요즘 커피 광고에 애용되어 우리에게도 익숙한 흑인 밴드 잉크 스파츠The Ink Spots의 〈자바 자이브Java Jive〉는 노래가 발표된 1940년 카페에서 벌어지는 현상을 포착해 표현한 것이다.

자바는 당시 맛이 좋은 커피로 대접받은 인도네시아 커피 산지를, 자이브는 '흥겨움' 또는 '경쾌한 춤'을 뜻한다. '멋진 머그잔에서 나에게 미끄러지듯 들어오는 커피 한 모금Slip me a slug from the wonderful mug'이라는 가사에서 보듯 커피 음용 자체에 대한 묘사가 좀더 섬세해졌다.

커피로 멋을 부리던 음료 문화가 뉴욕을 적시던 시절, 우리나라에도 블루스풍의 커피 노래가 등장했다. 커피를 소재로 삼은 최초의 대중가요는 1939년 이난영이 부른 〈다방의 푸른 꿈〉(김해송 작곡·조명암 작사)이다. 이 노래에는 일제강점기를 겪는 지루한 삶의 고뇌가 담겨 있다. "내뿜는 담배 연기 끝에/희미한 옛 추억이 풀린다/고요한 찻집에 앉아 커피를 마시며/가만히 부른다, 그리운 옛날을/부르누나, 부르누나/흘러간 꿈 찾을 길 없어/연기를 따라 헤매는 마음/사랑은 가고 추억은 슬퍼/블루스에 나는 운다/내뿜는 담배 연기 끝에/희미한 옛 추억이 풀린다."

1930년대 후반은 일제의 수탈이 극을 향해 치닫던 시기였다. 일제의 폭정 속에서 가난을 비관한 청춘들이 투신자살하고, 중국 만주에서는 항일운동을 하다 목숨을 잃은 이들의 소식이 이어졌다. 마음이 무거운 지식인들과 예술가들은 다방 한구석에서 커피를 마시며 울분을 달래야 했다. 시대를 반영한 커피 노래는 이처럼 1930년대 끝 무렵에 나타났다.

제2차 세계대전 종전과 함께 근대가 저물고 현대적 문화와 정신이 싹트면서 커피를 소재로 한 노래는 헤아릴 수 없이 급증했다. 커피 노래는 코믹과 정서를 달래는 '심리적 도구'라는 쓰임에 '풍자'를 장착하고 더욱 다양한 메시지를 담게 되었다. 프랭크 시내트라Frank

"커피 한 잔을 시켜놓고 그대 올 때를 기다려봐도"라고 시작하는 펄 시스터즈의 〈커피 한 잔〉은 신중현이 작사·작곡한 〈내 속을 태우는구려〉가 원작이다.

Sinatra가 1946년 노래한 〈커피 노래The Coffee Song〉에는 정치인의 딸이 물을 마시다가 벌금을 물었다는 내용이 있는데, 브라질의 커피 과잉생산을 풍자한 것이다. 이 시기에 커피가 과다하게 생산되는 바람에 증기기관차의 땔감으로 커피 생두를 사용했을 정도였다.

한국에서는 2인조 여성 그룹 펄 시스터즈(배인순·배인숙)가 1968년 발표한 〈커피 한 잔〉이 현대 가요의 시대를 열었다. 신중현이 1964년에 작사·작곡한 이 노래는 원래 제목이 〈내 속을 태우는구려〉였다. "커피 한 잔을 시켜놓고/그대 올 때를 기다려봐도/왠일인지 오지를 않네/내 속을 태우는구려/8분이 지나고 9분이 오네/1분만 지나면 나는 가요/정말 그대를 사랑해/내 속을 태우는구려."

그 후 김추자가 1970년에 〈커피 한 잔〉으로 리메이크했다. 1991년에는 탤런트 김혜선이 모델로 등장한 롯데제과의 떠먹는 아이스크림 '커피 한 잔' 광고에도 사용되었다. 그해 신해철이 이 노래를 리메이크했는데 랩이 추가되었으며, 노래의 느낌도 사이키델릭록적인 분위기를 자아내 몽환적이었다.

1971년 나훈아가 부른 〈찻집의 고독〉, 1979년 노고지리의 〈찻잔〉, 1985년 조용필의 〈그 겨울의 찻집〉, 1994년 김성호의 〈당신은 천사와 커피를 마셔본 적이 있습니까〉 등 커피와 카페가 준 영감은 대중가요로 꽃을 피웠다. 2000년대 이후 대중가요에서 커피는 수단이 아니라 그 자체가 목적이 된다. 장기하와 얼굴들의 〈싸구려 커피〉(2008년), 방탄소년단의 〈Coffee〉(2013년) 등이 그렇다. 커피가 특별히 새로울 것 없이 공기처럼 숨쉬는 일상이 되었다. 없어서는 안 될 존재는 이렇게 차라리 평범해진다.

노랫말 중 커피에 관한 가장 멋진 은유로 손꼽히는 표현은 '내 커피잔 속에 위안이 있다There's comfort in my coffee cup'이다. 빌리 조엘Billy Joel이 1993년 발표한 〈페이머스 라스트 워즈Famous Last Words〉에 나오는 가사다. 노래 제목 때문에 팬들 사이에서 그가 유언을 남겼다는 논란이 일기도 했다. 한때 자살까지 시도하려 했던 그가 그래미상 6회 수상, 음반 판매 1억 장 돌파라는 경이적인 기록을 세운 삶으로 반전을 이룬 데는 커피가 있었다. 그에게 실제로 커피가 위안이 되었던 것이다.

그는 1995년 독일 바이에른주 뉘른베르크에서 열린 콘서트에서 객석의 팬들에게서 "Famous Last Words의 뜻이 무엇이냐?"는 질문을 받았다. 그는 영화 〈바람과 함께 사라지다〉(1939년)의 마지막

빌리 조엘이 1993년 발표한 〈페이머스 라스트 워즈〉에는 '내 커피잔 속에 위안이 있다'는 가사가 나온다. 이 노래 제목은 그가 유언을 남겼다는 논란을 일으키기도 했다.

장면에서 노래 제목의 영감을 얻었다고 털어놓았다. 우리에게는 이 영화의 명대사로 비비언 리Vivien Leigh(스칼릿 오하라 역)의 마지막 말인 "내일은 내일의 태양이 뜬다After all, tomorrow is another day"가 유명하다.

하지만 미국인에게는 클라크 게이블Clark Gable(레트 버틀러 역)의 대사가 더 유명한데, "솔직히, 내 알 바 아니오Frankly my dear, I don't give a damn"라는 대사다. 이 표현은 미국영화연구소AFI가 선정한 영화 명대사 톱 10 가운데 1위로 뽑히기도 했다. 스칼릿의 변덕에 염증이 난 레트가 마침내 굴레를 벗어나 그녀를 떠나 새로운 삶을 산다는 의미를 담은 대사다. 빌리 조엘은 레트의 결단처럼 자신의 삶을 새롭게 시작하겠다는 비장한 마음을, 유언이 연상되는 'Famous Last Words'로 표현한 것이다.

이처럼 커피는 대중음악에서 수많은 은유의 도구로 활용되었다. 그리고 문학적 수사의 영역에 도전하고 있다. 그래서 커피는 노래를 통해 소리와 가락을 빼고, 단어 자체만으로도 정서와 정신을 담을 수 있다는 가능성을 보여주었다.

펠레의 '커피에 보내는 뜨거운 절규'

펠레Pelé의 본명은 '에드손 아란테스 도 나시멘토Edson Arantes do Nascimento'다. 에드손은 펠레의 아버지가 토머스 에디슨Thomas Edison 처럼 위대한 인물이 되기를 바라며 붙여준 이름이다. 펠레라는 명칭은 아버지와 같은 팀이었던 골키퍼 '빌레Bilé'를 어린 에드손이 잘 발음하지 못해 '펠레'라고 말하면서 붙은 별명이라는 게 정설이다. 펠레도 자서전에서 "왜 '펠레'라고 불렀는지 정확히 알 수는 없다" 고 고백했다. 나중에 '빌레'가 포르투갈어가 아니라 '기적'을 뜻하는 히브리어였다는 사실이 알려지면서 '펠레'의 의미를 더욱 뜻깊게 만들었다.

펠레는 커피와도 인연이 닿았다. 하와이 원주민들에게 전해지는 신화에서 '펠레Pele'는 '화산과 불의 여신'으로 하와이제도를 만들어 낸 창시자다. 여신의 집은 지구에서 가장 활동적인 화산으로 일컬어지는 킬라우에아Kilauea의 불구덩이로 여겨진다. 누구보다 뜨거운 삶을 살다 간 축구 황제와 어울리는 사연이다. 하와이에서도 명품 커피 산지로 유명한 코나에는 '코나 드 펠레Kona de Pele'라는 커피 농장이 세계의 축구인들에게 사랑받고 있다.

'펠레'와 '커피'는 브라질의 정체성과 잠재력을 설명하는 핵심 키워드다. 펠레는 생전에 '축구의 황제'일 뿐만 아니라 '살아 있는 국보'로서 브라질의 모든 분야에서 국가 브랜드 가치를 드높였다. 특히 '커피 대국'으로 성장하는 데에도 브라질은 그에게 적잖은 빚을 졌다.

펠레의 커피에 대한 사랑은 생의 마지막 순간에도 식지 않았다. 그는 투병하면서 잊을 수 없는 삶의 순간들을 트위터에 사진과 함께 게재하며 소회를 밝혔다. 세상을 떠나기 2개월여 전인 2022년 10월 17일에 남긴 글은 커피 애호가들을 뭉클하게 했다. 그는 "우리 브라질 사람들에게 커피는 신성한 음료다. 브라질 커피 한 잔 드시고 싶은 분 없습니까?"라는 글과 함께 젊은 시절 직접 커피를 추출하는 사진을 올렸다.

사진에서 펠레는 큰 주전자를 들고 '카페 초레아도르Café Chorreador'를 시연하고 있다. 이는 천주머니에 커피 가루를 넣고 물을 흘려보내며 성분을 추출하는 방식으로 코스타리카에서 개발되어 중남미에 널리 퍼졌다. 커피 가루를 천주머니로 걸러내는 방법은 18세기 프랑스에서 먼저 시도되었지만, 이는 뜨거운 물에 천주머니를 담가 끓이는 달임법decoction이었다. 커피 가루가 섭씨 100도에 달하는 끓는 물을 만나 성분이 과다하게 추출되어 거친 맛을 내기 쉽다. 그러나 이 방식은 튀르키예의 제즈베에 비해 커피 가루를 잘 걸러내기 때문에 입안에 찌꺼기가 남는 불쾌감을 해결했다는 점에서 커피 추출 역사의 전환점으로 평가된다.

펠레의 커피 사랑은 생의 마지막 순간에도 변함이 없었는데, 2022년 10월 17일 자신의 트위터에 커피를 직접 추출하고 있는 젊은 시절의 사진을 올리기도 했다.

펠레가 즐겨 마신 초레아도르는 향미적으로 한 단계 더 발전한 방식이다. 끓인 물을 섭씨 90도 정도로 식혀 커피 가루를 만나게 하고, 또 커피 가루가 잠겨 있지 않도록 물을 흘려보내기 때문에 성분이 과다하게 추출되는 현상을 막을 수 있다. 커피를 재배해 신선한 생두를 확보하기 유리한 국가에서 달임법으로 추출하기에는 커피가 아깝다. 이처럼 커피가 지닌 향미를 필터레이션filtration(여과법) 방식으로 오롯하게 한 잔에 담아낸 것이 '펠레의 브라질 카페지 뉴cafezinho'다.

브라질 정부는 펠레를 커피 홍보에 적극 활용했다. 펠레는 태어나는 순간부터 운명적으로 커피와 매우 가까웠다. 그가 태어난 미나스제라이스주는 브라질에서 상대적으로 지대가 높아 고급 아라비카종이 재배되었고, 그가 공을 가지고 뛰놀던 트레스 코라송이스Tres Corações(3개의 심장three hearts) 마을은 지금도 온통 커피 농장으로 둘러싸여 있다. 『뉴욕타임스』는 2000년 9월 6일 기사에서 "펠레가 18세 때 130파운드짜리 커피콩 자루를 등에 지고 축구장으로 달려가기도 했다"고 적었다. 커피 애호가들에게 이 문장은 의미심장하다. 130파운드는 약 60킬로그램인데, 1960년에 세계적인 커피 생두 거래는 60킬로그램 자루에 담도록 기준이 정해졌다.

가난했던 시절, 커피밭에서 일하다 축구를 하고 싶은 간절한 마음에 펠레가 짊어지고 달려간 커피콩 한 자루의 분량이 국제표준이 된 것은 인상적인 스토리텔링이다. 국경을 맞대고 세계 커피시장에서 경쟁한 콜롬비아가 1959년 망토를 걸치고 당나귀와 함께 있는 가공의 인물 '후안 발데즈Juan Valdez'를 내세워 세계화에 박차를 가하자, 브라질은 펠레를 내세웠던 것이다.

브라질커피연구소Brazilian Coffee Institute는 1961년 이른바 '브라질 커피 홍보대사'로 펠레와 계약을 맺었다. 이후 펠레가 브라질 커피를 마시는 사진과 영상이 자주 노출되었다. 1966년에는 브라질 정부의 출연금이 들어간 '카페 펠레Cafe Pelé'라는 회사가 만들어졌는

데, 펠레의 명성 덕분에 브라질 커피 역사에서 인스턴트 가공품이 처음으로 수출되었다.

펠레의 커피 홍보 활동은 개인적 수익보다는 애국심에 따른 것이라는 평가가 우세하다. 『워싱턴포스트』가 2014년 5월 7일에 「펠레: 위대한 축구선수, 덜 위대한 사업가Pele: Greatest Soccer Player, Less-great Businessman」라는 풍자적인 제목의 기사를 게재했다. '카페 펠레'는 세계에서 가장 널리 알려진 커피 상품으로 성공을 거두었지만, 불리한 계약 때문에 펠레는 거의 수익을 얻지 못했다는 내용이다.

'축구 황제' 덕분에 브라질 커피에 대한 관심이 고조된 가운데, 1962년 4월 주앙 굴라르João Goulart 브라질 대통령이 미국 백악관을 방문해 존 F. 케네디John F. Kennedy 대통령에게 순금으로 만든 '커피 계량 스쿱coffee measure scoop'을 선물했다. 그해 7월 뉴욕 유엔 본부에서 '국제커피회의'가 시작되었고, 이 회의에서 승인된 새로운 국제커피협정International Coffee Agreement

펠레의 마지막 메시지인 "사랑하고 사랑하고 또 사랑하라, 영원히"는 커피 애호가들에게 '커피에 보내는 뜨거운 절규'로 가슴을 울린다.

171

이 9월 유엔 총회에서 공식 체결되었다. 이어 커피 수급 조절과 가격 안정화 등을 도모하기 위한 정부 간 기구로 '국제커피기구'가 1963년 영국 런던에서 공식 출범했다.

라틴아메리카뿐만 아니라 아프리카와 아시아 등 전 세계 커피 재배 농가는 국제커피기구의 출범으로 커피 가격이 급격하게 떨어지는 상황을 방지하고 빠르게 대처할 수 있게 되었다. '펠레 덕분에 가난한 나라의 커피 재배자들이 지속 가능하게 농사일을 할 수 있도록 세계적 안전장치가 마련되었다'는 평가는 결코 과장된 것이 아니다. 펠레의 유언이 된 그의 마지막 메시지인 "사랑하고 사랑하고 또 사랑하라, 영원히Amor, amor e amor, para sempre"는 커피 애호가들에게 '커피에 보내는 뜨거운 절규'로 가슴을 울린다.

커피 해방 일지

   한국의 커피 역사에서 광복은 '현대 커피의 개막'을 알리는 축포와 같았다. 대중이 커피를 만나면서 지식인과 예술인 등 일부 계층이 점유했던 다방은 공공시설처럼 누구나 들락거리는 공간으로 바뀌기 시작했다. 이런 전환점을 맞은 데는 해방과 함께 들어온 미군과 대중가요 감상실로 거듭난 다방의 변신이 중요한 역할을 했다.

   한국의 커피사는 통일신라까지를 고대, 고려를 중세, 조선을 근세, 개항과 일제강점기를 근대로 나눌 수 있다. 한반도에 커피가 도착했을 가능성은 8세기 통일신라의 원성왕元聖王 때로 거슬러 올라간다. 원성왕릉을 지키는 무신상이 아랍인의 모습을 한 것에 비춰보면, 당시 아라비아반도에서 멀리 이란까지 세력을 확대했던 아바스왕조와 통일신라가 친밀한 관계였음을 알 수 있다.

   커피는 이 시기에 이란 땅에서 위장병 치료에 처방된 기록이 있어 통일신라에 들어온 아랍 상인의 짐 보따리에 약재로 들어 있었을 수 있다. 통일신라에 커피가 들어왔다는 물증은 아직 없지만, 페르시아의 의학자였던 라제스가 신라를 이상적인 땅으로 언급한 기록이 있기 때문에 허무맹랑한 상상만은 아니다. 더불어 고려 벽

란도에 아라비아 상인이 드나들면서 왕성하게 무역했던 기록은 커피가 개성 땅에도 도착했을 것이라는 기대를 낳게 한다.

조선시대에 커피는 명확한 흔적을 남겼다. 1848년(헌종 14)에 '커피'를 기록한 문헌이 나왔다. 바로 윤종의尹宗儀가 쓴 『벽위신편闢衛新編』이다. 『벽위신편』은 아편전쟁으로 청나라가 영국에 무릎을 꿇은 충격적인 사건을 겪고, 서양 세력의 조선 침투를 우려해 벽사위정闢邪衛正의 방편을 제시한 책이다. 벽사위정은 '사교邪敎를 물리치고 정도正道를 지킨다'는 뜻이다. '사교'는 천주교를, '정도'는 성리학을 의미한다.

당시 호조참판을 지낸 윤종의가 서양 세력의 움직임을 관찰하면서 『벽위신편』을 7권 5책으로 증보해 나갔는데, 커피가 기록되는 시점은 이 책의 증보판이 나온 1852년(철종 3)이다. 따라서 커피를 적은 첫 기록물은 철종 때 나왔다고 보아야 한다. 윤종의는 신구 대륙을 인문지리학적으로 서술한 제5권 '정리전도程里躔度'에 스페인이 필리핀

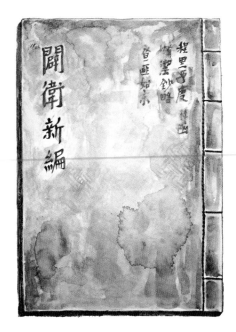

『벽위신편』은 아편전쟁으로 청나라가 영국에 무릎을 꿇은 충격적인 사건을 겪고, 서양 세력의 조선 침투를 우려해 벽사위정의 방편을 제시한 책이다. 이 책은 '커피'를 기록한 최초의 문헌이다.

을 침략해 가비加非를 심은 사실을 소개하면서, "가비는 넓적한 청흑색 콩으로서 볶고 삶아 먹는다. 맛은 쓰고 향은 차와 유사하여 서양인이 차 대용으로 마신다"고 적었다. 이는 조선에서 커피를 가장 먼저 마신 인물이 아관파천(1896~1897년) 때의 고종으로 보는 견해와 비교할 때 거의 반세기나 앞서는 것이다.

1883년(고종 20)에 개항한 제물포의 통관 기록에 커피가 적힌 시점부터 근대가 열렸다. 근대사에서 커피 문화에 큰 영향을 준 사건은 3·1운동이다. 우리 겨레의 거대한 자주독립운동에 놀란 일본은 한국인도 음식점을 열 수 있게 하는 문화정치를 폈다. 이에 따라 1927년 영화감독 이경손李慶孫이 서울 종로구 관훈동에 '카카듀'라는 다방을 열었다(카카듀는 프랑스혁명 당시 경찰의 눈을 피해 시민들이 모인 비밀 아지트의 이름에서 따왔다). 이때부터 일본이 태평양전쟁을 일으킨 1941년까지 14년간 근대 다방의 모습은 '지식인의 아지트' 또는 '모던 걸과 모던 보이의 응접실'에 비유할 수 있다.

노동자의 하루 일당보다 비싼 커피를 마신다는 것은 대중에게는 꿈 같은 일이었다. 커피는 한마디로 특정 계층의 전유물이라는 한계가 있었다. 이러한 한계는 해방과 함께 극복되었다. 우리 역사에는 '해방 공간' 또는 '미군정 3년사'라고 불리는 3년의 역사가 있다. 일왕日王의 항복으로 우리는 광복을 맞았지만, 정부가 없는 상태였다. 북에는 소련이, 남에는 미국이 들어와 서로 일본을 무장해제하겠다며 맞선 혼란의 시기였다.

사실 미국은 광복보다 6개월이나 앞선 1945년 2월 얄타회담을

일제강점기 당시 다방은 '지식인의 아지트'나 '모던 걸과 모던 보이의 응접실'이었다. 그 당시 미쓰코시백화점 옥상에 있던 커피 전문점.

통해 한반도를 38선으로 나누어 소련과 각기 지배하기로 합의했다. 이에 따라 그해 9월 8일, 존 하지_{John Hodge} 중장이 이끄는 미군 제24군단 소속 제7사단이 인천에 상륙했다. 이어 한 달 새 부산과 목포를 통해 각각 제40사단과 제16사단이 들어왔다. 당시 38선 이남에 주둔한 미군 병력은 7만 명에 달했다. 그리고 5년 뒤 6·25전쟁이 발발했다.

어쨌든, 미군은 'C-레이션'이라는 개인별 전투식량을 지급받았는데, 그 안에 인스턴트커피가 들어 있었다. '레이션'은 배급식량이라는 뜻이고, 'C'는 요리할 필요 없이 바로 꺼내 먹는 유형을 일컫는다. A-레이션은 요리가 필요한 생재료 꾸러미에, B-레이션은 반쯤 조리된 재료 묶음에 붙은 표기였다. 당시 C-레이션은 주식을 담은 큰 깡통 1개와 복숭아잼, 비스킷, 액체 우유, 설탕, 커피, 껌 등으로 구성되었다. 비누와 수건 등 생필품도 있어 미군을 보면 따라다니며 이를 달라고 조르는 사람들이 적지 않았다.

주둔 시설이 미흡한 상태에서 미군은 우리 국민과의 만남이 비교적 잦았는데, 커피를 두고 이상한 소문이 퍼지기 시작했다. 당시 커피는 서양의 탕국이라고 해서 '양탕국'이라고 불리기도 했는데, 검은 커피액이 한약을 달인 것과 비슷해 보였기 때문이다. 항간에서는 커피가 회충 박멸에 좋다고 알려지면서 빠르게 민간에 퍼져나갔다.

미군이 들어오기 전까지 시중에서 소비되던 커피는 모두 원두커피여서 별도의 추출 과정과 시간이 필요해 대중화에 걸림돌이 되었다. 하지만 인스턴트커피는 뜨거운 물을 붓기만 하면 손쉽게 커피로 완성되었기 때문에 커피에 대한 지식이나 기술이 부족한 사람들도 즐길 수 있었다. 여기에 커피는 비싼 상품이라는 인상이 강했기 때문에 귀한 손님을 대접하는 음료나 선물로도 대중 사이에 인기가 높았다.

다방의 풍경도 해방 전후가 판이했다. 1939년 독일이 폴란드를 공격하면서 제2차 세계대전이 발발했다. 독일을 거들면서 식민지 개척에 혈안이던 일본은 1941년 12월 7일 기어이 하와이 진주만을 기습 공격하면서 태평양전쟁을 일으켰다. 조선 땅에서는 일본 제국주의자들의 잔인한 압박이 극에 달했다. 다방은 서양 음악을 아예 틀지 못하고 종일 일왕 찬가나 군가만을 들려주다가 커피가 사치품으로 묶어 결국 문을 닫아야 했다. 태평양전쟁 발발에서 광복까지 4년은 한국 다방사에서 가장 암담했던 시기였다. 이런 상황에서 해방을 맞이했으니 다방은 매우 낭만적이었을 것으로 생각하기 쉽지만, 현실은 달랐다.

신세 한탄이나 염세주의적인 블루스풍의 노래가 해방과 함께 다방에서 사라진 것은 반길 일이었다. 하지만 사회가 좌익과 우익으로 갈리면서, 다방도 시대적 아픔을 겪어야 했다. 손님의 성향에 따라 다방도 양 진영으로 갈렸고, 들려오는 음악 소리도 달랐다. 해방 공간에서 다방의 음악은 애국가, 독립군가, 광복군가 일색이었다.

김순남 작곡·임화 작사의 〈해방의 노래〉(1945년), 이건우 작곡의 〈여명의 노래〉(1945년), 김성태 작곡·박태원 작사의 〈독립행진곡〉(1946년) 등이 대표곡이다. "거리는 부른다/환희에 빛나는/숨쉬는 거리다"는 가사와 함께 활기차게 시작되는 남인수의 〈감격시대〉(박시춘 작곡·강해인 작사)를 '해방가'로 아는 사람이 많지만, 이 노래는 1939년에 발표되었다.

광복에 따른 자유로운 분위기는 전국의 다방을 미군부대에서 흘러나온 팝송으로 '오염'시켰다. 해방 후 한국 가요사는 1945년 미군 장교들이 입국해 여장을 푼 조선호텔에서 시작되었다. 이들의 환영 파티를 위해 수소문 끝에 한국인 연주단이 급조되어 미국 민요와 〈다뉴브강의 푸른 물결Ripples on the Blue Danube〉, 〈카르멘 실버 왈츠Carmen Silver Waltz〉, 〈창공My Blue Heaven〉 등을 연주했다. 점차 서울

종로와 충무로의 다방가에서도 팝송이 들려오기 시작했다. 커피보다 팝송이 궁금해 다방을 찾는 사람도 늘어나면서, 다방마다 음질이 좋은 전축을 들여놓는 것이 유행했다.

음악다방의 원형이 이때 형성된 것으로 보인다. 누구나 따라 부를 수 있는 노래가 퍼져 나오는 공간이었다. 다방은 '지식인의 사랑방'에서 '대중의 휴게실'로 옮겨갔다. 반면 낮에는 커피를 팔고 밤에는 술을 파는 다방들이 신문광고까지 내면서 호객 행위를 벌이는 등 대중화에 따른 홍역도 치러야 했다. 1970년대 소위 '티켓 다방'의 등장을 암시라도 하듯 해방 공간의 다방에서는 타락의 기운도 스멀거리고 있었다.

'다방 마담'은 어떻게 '다방 레지'로 전락했는가?

'다방 마담'이나 '다방 레지'는 처음의 의미에서 벗어나 이제는 회복 불능 상태가 되었다. '마담madame'은 16세기 말 프랑스 왕실의 여성 구성원에게 붙이는 칭호로 사용되기 시작했다. 17세기 중엽 루이 14세 시대에는 남의 아내를 부르는 존칭어로 널리 퍼졌다. 국내에서는 조선 말기 개방과 함께 프랑스인들이 들어오면서 그 사용이 잦아지다가 일제강점기인 1930년대 유학생들이 귀국해 '모던 걸', '모던 보이'라는 새로운 신분을 구성하면서 여성 지식인을 지칭하는 용어로 쓰임이 잦아졌다.

신소설 작가인 이해조李海朝가 1910년 3월 10일부터 5월 31일까지 『대한민보大韓民報』에 연재한 「박정화薄情花」에서 커피는 여인을 유혹하는 '작업 도구'로 쓰인다. 양반댁 자제이자 장안의 난봉꾼인 이시종이 창극장에서 박참령의 첩실인 '강릉집'을 꾀기 위해 사환을 통해 가비차를 보내고 "일기가 추운데 한 곡보씩 마십사 여쭈라고 하서요"라는 말을 전한다. 마침내 커피가 소설 속에서 '한 잔의 유혹'으로 비유된다. 당시 독자들은 소설에서 묘사된 '가비차'를 '마시면 안 되는 독'으로 여겼을 것 같다. 이해조는 커피의 쓴맛과 중

『삼천리』는 1936년 12월호에 비너스 마담 복혜숙, 낙랑파라 마담 김연실, 모나리자 마담 강석연을 초대해 좌담을 하고 글을 게재했다.

독성을 멋지게 소설에 녹여냈다.

　1936년 12월 당시 대표적 교양잡지인 『삼천리』가 비너스, 낙랑파라, 모나리자 등 3개 다방의 마담들을 초대해 좌담을 하고 글을 게재할 정도로 이들은 지식인으로 대접받았다. 실제 이들 다방의 마담은 영화배우 복혜숙卜惠淑, 영화배우 김연실金蓮實, 가수 강석연姜石燕이 각각 맡고 있었다. 이 시기에 다방은 마담이 누구냐에 따라 품격이 정해졌다. 당대 최고 배우인 복혜숙은 이화여전을 나오고 일본 유학까지 다녀온 인텔리 신여성으로 존중받았는데, 훗날 대통령이 되는 윤보선과 이승만 정부에서 내무부 장관을 지낸 조병

옥이 비너스의 단골이었다.

한국인이 주인인 최초의 다방으로, 영화감독 이경손이 1927년 문을 연 '카카듀'는 하와이 교포로서 목사의 딸인 '미스 현'이라는 미모의 여성이 마담을 맡았다. 이경손은 직접 커피를 추출하면서 '톨스토이 회고전'을 여는 등 다방을 지식인의 요람으로 가꾸고자 했다. 한국 다방의 초기 문화는 1930년대 문화예술인, 문학가 등 지식인들이 모여 정보를 교류하고 시류를 논하는 지적 공간으로 그 역할을 수행했다. 이들을 중재하는 마담 역시 지적 소양이 필요했으며, 그만큼 사회적인 시선이 지금과는 달랐다.

'레지reji'는 금전등록기register의 영어 발음인 '레지스터'를 축약해 부른 것이다. 레지는 다방이 아니라 백화점의 잡화점 코너에서 먼저 들려오기 시작했다. 굳이 우리말로 풀이하면 '계산원'이다. 화신백화점이 1932년 개점하면서 화장품과 인테리어 용품을 파는 코너에 국내에서는 처음으로 금전등록기를 설치하고 이를 다룰 줄 아는 여직원을 별도로 고용해 '레지'라고 칭했다.

1938년 4월 6일 『조선일보』에 채만식蔡萬植이 연재한 소설 「탁류」에 레지가 등장한다. 백화점의 화장품 매장에서 일하는 여성을 '숍걸'로 표기했으며, 물건값을 계산해 거스름돈과 영수증을 내주는 여성은 '레지'라고 따로 불렀다. 레지가 우리네 다방에서 목격되는 것은 해방 이후다. 1946년 12월 12일 『경향신문』에는 소설가 박영준朴榮濬의 콩트 「하루」가 실렸는데, 찻집을 묘사하는 대목에서 '레지'가 나온다.

"커다랗게 울리는 축음기 소리도 귀찮어지어 차 심부름하는 처녀에게 레코드를 좀 그만두라고 했드니, '손님들이 적적하시지 않아요' 하고는 도리어 샐쭉해서 레지 있는 곳으로 간다."

'차 심부름'하는 처녀와 '레지'를 따로 지칭하는 것으로 미루어 다방 레지는 커피를 날라주지 않고 계산만을 책임진 것이 분명하다. 앞서 일제강점기의 다방을 묘사하는 작품에서는 '다방 레지'라는 직업인이 따로 정해지지는 않았던 것으로 보인다. 1933년 시인 이상李箱이 경영했던 제비다방을 그린 박태원朴泰遠의「자작자화 유모어 콩트 제비」와 1934년 서울의 다방을 묘사한 박태원의「소설가 구보씨의 일일」을 보면, 다방에서 커피를 나르는 일은 남자아이가 했다. '차 심부름을 하는 아희'와 '뽀이'가 따로 있었는데, 전자는 주문한 메뉴를 손님에게 가져다주는 일을 했고, 후자는 당시 활동사진에 나오는 서양 '뽀이'의 차림새를 하고 신문을 가져다주는 잔심부름을 했다.

반면 이 시기 일본식 다방에서는 잘 꾸민 성인 여성이 여급으로 일했다는 사실을 1925년 정지용鄭芝溶의 시「카페 프란스」에서 엿볼 수 있다. 이 시에는 일본 교토의 어느 카페를 묘사하면서 "밤비는 뱀눈처럼 가는데/페이브먼트에 흐느끼는 불빛/카페 프란스에 가자/……울금향鬱金香 아가씨는 이 밤에도/경사更紗 커튼 밑에서 조시는구려!"라는 대목이 나온다. 정지용은 카페가 사유와 고독의 공간이라는 의미심장한 면모를 포착했다. 특히 식민지 시대에 우울함에 젖어 있는 지식인에게 정신을 또렷하게 만드는 커피는 차라리

6·25전쟁 이후 재건의 움직임 속에서 다방의 전성기가 시작되었다. 손님을 끄는 레지의 미모는 다방의 성공을 좌우할 정도였고, 소문난 레지와 마담은 스카우트의 대상이 되었다.

고통이었다.

레지가 계산 전문직에서 소위 '다방 레지'로 지위가 하락한 것은 1952년 정부가 다방을 유흥업으로 분류한 시점이다. 이때 다방 마담과 레지들은 "종래 접대부가 받아오던 검진을 왜 우리가 받아야 하느냐"며 비명을 질렀다는 기사가 당시 여러 신문에 게재되었다. 1952년 6월 20일 『조선일보』에는 "레지는 대개가 염집(일반 백성의 살림집) 처녀들의 신성한 직업이요, 마담은 점잖은 사교가인데 검진이라니 아이고 망칙해"라는 대목이 등장하는데, 이를 통해 당시 다방 마담과 레지에 대한 인식이 지금과는 많이 달랐음을 알 수 있다.

6·25전쟁이 끝나고 서울에서는 명동을 중심으로 재건의 움직임이 활발해지면서 다방도 전성기를 구가했다. 이 시기에 수많은 사업자가 다방 전화를 업무 전화로 사용하면서 살다시피 했다. 이런 것까지 감안해 커피 한 잔의 값은 설렁탕값보다 비싸고 노동자의 하루 임금보다 비싸게 형성되었다.

수익성이 높다 보니 다방의 경쟁은 치열해졌으며, 손님을 끄는 장치로 레지의 미모는 다방의 성공을 좌우할 정도가 되었다. 한때 소문난 레지와 마담은 스카우트의 대상이 되면서 몸값이 치솟기도 했다. 그러나 1982년 1월 야간통행 금지 해제와 함께 심야다방이 불야성을 이루면서 '레지의 일탈'이 시작되었다. '레지의 타락'은 다방의 경쟁이 빚어낸 비극이었다.

한국의 커피나무는 어디에서 온 것일까?

커피나무는 겨울이 있는 지역에서는 자랄 수 없다. 뿌리가 얼기 때문이다. 커피가 자랄 수 있는 지역은 적도를 중심으로 남·북위 24도 이내인 열대와 아열대 기후대에 국한되어 있다. 한국에서 적게나마 커피 생두를 생산할 수 있는 것은 모두 온실 덕분이다.

국내에서 커피나무를 처음 재배한 시점은 정확하지 않다. 일부 재배자들이 1990년대라고 주장하지만 물증이 없다. 다만 2000년대 접어들어 300~400그루 규모의 커피 농장이 경기도 용인과 하남, 제주 등지에서 나타나는 것으로 미루어 2000년대부터 커피의 온실 재배가 본격화한 것으로 추정된다. 한국의 커피나무들은 어디에서 온 것일까? 안타깝게도 초창기에 재배된 커피나무들은 품종은커녕 산지조차 알 수 없다. 그러면 한국 커피나무의 기원을 밝힐 수 없는 것일까?

커피비평가협회CCA 학술연구팀이 2022년 9월 "서울대공원 식물원에서 한국 최초의 커피나무를 찾았다"고 밝혀 주목을 끌었다. 이 나무는 1960년대 주한 미8군이 하와이에서 묘목을 가져와 한국군에게 전해 심은 것으로 추정된다. 한국 커피나무 재배의 역사는 군

세종사이버대학교 케노 테스게라 벤티 외래교수가 서울대공
원 식물원에서 자라고 있는 커피나무의 상태를 살펴보고 있다.

인에 의해 시작된 것이다.

서울대공원 식물원 열대관에서 5미터 크기의 커피나무를 둘러
싸고 학술연구팀과 이상균 식물원 주무관의 토론이 이어졌다. 에
티오피아에서 3대째 커피나무를 재배하고 있는 케노 테스게라 벤
티Keno Tesgera Benti 세종사이버대학교 외래교수는 "외관만 보면 커
피나무가 15년 정도 자란 것 같다"면서도 "온실이기 때문에 나이테
형성과 줄기와 가지의 굵기 등이 자연 상태와 달라 더 오래된 나

무일 수도 있다"고 말했다. 이상균 주무관은 "12년 전에 이곳에 처음 왔을 때부터 커피나무가 자라고 있었다"면서 "이 나무가 언제부터 식물원에서 자랐는지에 대해 자료가 남아 있지 않지만 적어도 1997년에 식물원에서 커피나무를 키웠다는 점은 확인된다"고 밝혔다.

현재 한 그루만 남아 있지만 꽃을 피우고 열매를 맺는 것에 비춰볼 때 자가수분이 가능한 '아라비카종'이 분명하다. 서울대공원의 식물관리대장에 "1997년 기존의 커피나무를 증식해 그중 일부를 서울시립대에 분양했다"는 기록이 남아 있다. 10여 년 전 식물원에도 커피나무 3~4그루가 자랐으나, 겨울철 냉해를 입는 바람에 한 그루만 살아남았다.

커피비평가협회 박세영 학술연구팀장은 "문헌 자료를 종합하면 한국의 커피나무는 1960년대 미8군에 의해 국내로 들어와 모란지구의 재향군인, 창경원(현재 창경궁), 남산식물원을 통해 이곳까지 온 것으로 보인다"면서 "6·25전쟁 이후 경제적 자립을 도모한다는 취지에서 군 조직을 통해 커피나무 재배가 조직적으로 추진되었을 가능성이 크다"고 했다. 1962년 2월 9일 『동아일보』에는 "지난 1년 동안 미8군과 국군의 도움으로 10만여 평을 개간 '하와이'로부터 얻어온 '커피'를 시험 재배하여 반 가마의 '커피'씨를 수확, 앞으로 모란지구 농장에 국산 '커피'를 대대적으로 재배할 방침을 세우고 있다"는 기사가 게재되었다.

미8군 소속 네일Nail 대령이 김창숙金昌淑 개척단장(당시 예비역 육

한국의 커피나무는 1961년 미8군 소속 네일 대령이 김창
숙 개척단장에게 준 하와이에서 가져온 커피나무가 그 시
작이다. 이 커피나무를 재배해 1년 만에 씨앗을 수확했다.

군 대령)에게 하와이에서 가져온 커피나무를 주었다는 내용이다.
이 기사에 따르면 '재향군인 모란지구 농장개척단'이 1961년부터
경기도 광주군 중부면 탄리(현재 경기도 성남시 신흥동)의 자갈밭 약
83만 제곱미터(약 25만 평)를 개간했으며, 이 중 약 33만 제곱미터
(약 10만 평)에 미8군과 국군의 도움을 받아 하와이 커피를 시험 재
배해 1년 만에 반 가마 분량의 씨앗을 수확했다.

6·25전쟁 이후 커피는 대중화해 소비가 급증한 반면 전량 수입에 의존했기 때문에 가격이 치솟았다. 정부는 커피를 사치품으로 지정하고 다방에서 국산 차를 팔 것을 권장하며 커피 판매를 금지하기도 했다. 이런 상황에서 커피나무 재배는 수입 대체 효과로 국고 낭비를 막는 동시에 농가 수익을 올리는 대안으로 주목받았다.

1962년에는 『조선일보』가 제주도에서 바나나가 열매를 맺었다는 소식을 전하면서 "열대식물인 하와이산 '파인애플', '파파이나', '커피' 등의 1차 시작試作에 성공"한 것으로 보도했다. 1963년에는 『경향신문』이 "창경원 식물원에는 커피나무가 무성하여 고염알만한 빨간 열매가 한창 익었다. 약 2미터 정도의 키에 5년생 나무다"는 기사를 게재했다. 이 나무들은 모두 미8군이 가져온 하와이 커피나무에서 퍼진 것으로 추정된다.

1964년 12월 13일 『조선일보』에 실린 당시 창경원 식물원 관리 책임자 김유현의 기고문을 통해서도 '커피나무이 존재存在'가 확인된다. 김유현은 「겨울을 모르는 꽃의 지대地帶」라는 제목의 이 기고문에서 "한때 특정 외래품으로 판매를 금지했던 커피의 나무가 이곳 온실에 두 그루나 열매가 열어 검은 자색으로 익어간다"면서 "그 씨를 심어 대량 번식을 시켜서 애호가들에게 분양"할 계획이라고 밝혔다. 이 기고문에는 "1963년 봄에 커피나무 500여 그루를 유상 분양하기도 한 일이 있었다"는 내용도 있어 당시 커피나무의 재배와 증식이 상당 규모로 이루어졌음을 알 수 있다. 창경원 측은 1973년에는 방문 기념상품으로 한 그루에 그 상태에 따라

100~500원에 팔았다.

한국 커피나무 재배의 기록은 일제강점기에도 목격된다. 1938년 3월 1일 『조선일보』에는 "창경원 온실 속은 결실結實의 봄이다. 커피나무 두 그루에는 앵두 같은 열매가 다닥다닥 붙어 있다"고 보도했다. 하지만 1946년 겨울에 연료 부족과 난방장치 고장으로 창경원 온실이 모두 얼어버리는 바람에 일제강점기에 심어졌던 커피나무의 대는 끊어졌다.

1960년대 창경원에서 새로 재배된 하와이 커피나무는 1981년에는 남서울대공원(현재 서울대공원)으로 모두 옮겨졌고, 1985년 5월 1일 과천 서울대공원 식물원 개원과 함께 다시 현재의 자리로 옮겨졌다. 1980년대에는 공식 문서들이 거의 수기로 작성되고, 체계적으로 관리되지 않았기 때문에 창경원에서 옮겨질 당시의 식물 목록 등 관련 문서를 서울대공원 식물원을 통해 확인할 수는 없었다.

한국 커피나무의 재배가 1961년 재향군인들에 의해 시작되었다는 점은 분명해 보인다. 커피의 세계사를 볼 때 커피는 어려움에 처한 국민을 구제하는 도구로 선택되었다. 르완다, 콜롬비아, 브라질의 국민이 기도하는 마음으로 커피나무를 심었다. 한국 커피나무의 재배 역사에도 이러한 심성이 깃들어 있다는 점이 무엇보다 반갑다. 한국에서 자라는 커피나무에는 '애국과 애민의 정신'이 흐르고 있다.

커피는 인류에게 보편적 가치를 지닌다

　다음은 무엇에 대한 설명일까? '다른 어느 것으로도 대체할 수 없는 우리의 삶과 영감의 원천이고, 장소와 상관없이 모든 인류에게 속하는 보편적 가치를 지니고 있다.' 이는 유네스코가 '세계유산'을 정의한 것인데, 정답을 '커피'라고 해도 잘 어울린다. 실제로 세계유산 가운데 커피와 직간접적으로 연결된 사례들은 열 손가락이 부족할 정도다.

　2022년 12월 사우디아라비아의 커피가 인류무형유산에 등재되면서, 명칭에 '커피'가 들어간 유네스코 유산이 모두 5개로 늘어났다. 사우디아라비아의 '카울라니Khawlani 커피 원두 재배 지식과 풍습'이 인류가 보존할 가치가 있는 무형문화유산으로 인정받았다.

　사우디아라비아의 커피 생산량은 매우 적다. 중동 지역 매체인 『자우야ZAWYA』에 따르면, 2022년 커피 생산량이 300톤 정도다. 세계 최대 커피 생산국 브라질이 300만 톤, 콜롬비아가 75만 톤, 중국이 11만 톤, 필리핀이 7만 톤을 생산하는 것과 비교하면 매우 적은 양이다. 그러나 유네스코 무형문화유산 등재를 계기로 사우디아라비아 정부는 국부 펀드를 투입해 사우디 커피 컴퍼니Saudi Coffee

Company를 설립하고 앞으로 10년 동안 3억 2,000만 달러를 투자하기로 했다. 석유 의존을 줄이고 경제를 다각화하기 위한 조치다. 사우디아라비아 정부의 1차 목표는 연간 커피 생산량을 2,500톤으로 늘리는 것이다.

사우디아라비아는 아라비아반도의 80퍼센트를 차지하고 있다. 국토 면적이 한반도의 10배에 달한다. 사막이 대부분이지만 남쪽 예멘과 접한 곳은 커피나무를 키울 수 있다. 카울라니 커피는 남부 산악 지역인 자잔Jazan, 알바하Al Bahah, 아시르Asir에서 생산되며, 가파른 산악 경사지에는 2,500여 개의 작은 커피 농장이 퍼져 있다.

사우디아라비아의 13개 주 가운데 홍해에 접한 자잔주의 카울

사우디아라비아의 커피가 인류무형유산에 등재되면서, '커피'가 들어간 유네스코 유산이 5개로 늘어났다. 사우디아라비아의 자잔주 카울라니 커피밭.

란족Khawlan族이 커피 농사를 짓는다. 국토가 예멘과 나뉘는 바람에 국가가 갈렸을 뿐 같은 핏줄이다. 예멘 카울란족이 생산하면 예멘 커피, 사우디아라비아의 카울란족이 재배하면 사우디아라비아 커피가 된다. 카울란족은 기원전부터 자잔주 일대에 살면서 독특한 고대 문화를 계승하고 있다. 지금도 아랍어가 아니라 셈족어를 사용하는 사람이 많다. 이들은 고산지대를 계단형으로 만들어 농사 짓는 기술이 뛰어나다. 계단형 논밭에 커피나무를 번식시키고 재배하는 문화와 지식을 유네스코가 인정한 것이다.

커피 재배지가 문화유산으로 주목받은 것은 2000년 쿠바의 시에라 마에스트라Sierra Maestra의 작은 언덕이 '쿠바 남동부 최초 커피 재배지 고고경관'으로 유네스코 세계유산에 등재되면서부터다. 이곳은 19세기 카리브해 섬들과 라틴아메리카 지역의 경제적·사회적 역사에 대해 많은 실마리를 제공한다. 특히 커피 농장의 유적들은 거친 토양을 개척해 커피를 경작한 선구적이며 독특한 농법을 보여준다.

2011년에는 콜롬비아의 안데스 산맥 서부와 중앙 구릉에 있는 18개 도시 지역을 포함한 6곳의 농경지가 '콜롬비아 커피 문화경관'으로 유네스코 세계유산에 등재되었다. 키 큰 나무들이 우거진 숲과 험준한 산악 환경에 조성된 작은 커피밭을 일궈온 100년 전통의 문화와 지식이 가치를 인정받았다. 이곳에서는 지금도 밧줄을 타고 계곡을 내려가 커피를 수확하는 모습을 볼 수 있다.

커피를 생산하는 나라만이 유네스코 유산의 대상이 되는 것은

아니다. 16세기 커피 음
용 문화를 간직한 '튀르
키예식 커피 문화와 전
통'이 2013년 무형문화
유산으로 등재되었다.
500여 년간 이어지고
있어 현존하는 가장 오
래된 커피 추출법으로
꼽히는 제즈베를 즐기
는 문화와 관혼상제에
커피가 활용되는 전통
이 예술적인 가치가 높
다는 평가를 받았다.

'튀르키예식 커피 문화와 전통'은 가장 오래된 커피 추출
법으로 꼽히는 제즈베를 즐기는 문화와 관혼상제의 전통
으로 예술적인 가치가 높다는 평가를 받았다.

　2015년에는 아랍에
미리트, 사우디아라비아, 오만, 카타르 등 4개국의 커피 문화가 '너
그러움의 상징, 아랍 커피'라는 명칭으로 무형문화유산에 등재되었
다. 아랍에서 커피는 곧 '환대'를 의미한다. 커피를 나누어 마시는
것을 마음속의 너그러움을 표현하는 의식으로 받아들인다. 모임
의 공간에서 공동체 지도자인 셰이크sheikh나 어른들이 직접 아랍
커피를 추출해 나누면서 상대를 배려하는 평화스러운 풍습을 젊은
세대에 전하는 것을 유네스코는 인류가 지켜야 할 문화유산으로
평가했다.

명칭에는 커피란 단어가 들어 있지 않지만, 커피와 관련 있는 이 채로운 유네스코 유산도 여럿 있다. '코스타리카의 목동과 소달구지 전통'(2008년, 무형문화유산)은 특히 커피 애호가들의 사랑을 받는다. 살이 없는 바퀴를 단 소달구지 카레타_{carreta}는 19세기 중엽부터 계곡에서 산을 넘어 태평양 연안까지 커피콩을 운반하는 데 사용되었다. 지금도 오지의 커피밭에서는 카레타가 유일한 운반 수단으로 쓰인다.

자메이카의 '블루 앤 존 크로우 마운틴스'(2015년)는 삼림지대로 자연경관이 뛰어나고 다양한 생물종의 서식지로 유명하다. 식민지 시대에 탈출한 노예들의 피난처였다는 점에서 유네스코 세계유산에 등재되었는데, 당시 노예들은 커피밭에 끌려가 혹독한 노동에 시달려야 했다. 세계적 명성을 지닌 자메이카 블루마운틴 커피가 이 산맥의 중턱에 펼쳐져 있다.

독일 함부르크에 있는 '슈파이허슈타트와 칠레하우스가 있는 콘토르하우스 지구'(2015년, 세계유산)에는 20세기 표현주의 건축 양식인 콘토르하우스 건물들이 밀집해 있다. 이곳의 저장 창고들은 한쪽 면은 물가에 닿고 한쪽 면은 육지의 도로에 접하고 있어 배에서 물건을 내리고 싣는 데 편리했다. 이들 창고에 주로 저장했던 무역 품목이 커피와 차, 향신료 등이었다. 제1차 세계대전 후 출현한 국제 양식의 대표적 건축물로서 산업화 시대를 상징하는 네덜란드의 '판넬레 공장'(2014년, 세계유산)도 커피와 차를 가공했던 곳이다.

이란의 '구연口演 극예술, 나칼리'(2011년, 무형문화유산)는 페르시아 제국 시절부터 전해졌는데, '나칼Naqqāl'이라고 불리는 인물이 운문 또는 산문의 형태로 설화나 민족 서사시 등을 연기하듯 구술하며, 몸동작이나 악기 연주를 동반하기도 한다. 이란에서 가장 오래된 연극으로, 주로 커피하우스나 유목민들의 텐트 등에서 이루어졌다. 1527년 초기 식민도시로 역사적 가치가 있는 건물이 600여 채 남아 있는 베네수엘라의 '코로 항구'(1993년, 세계유산)도 커피밭에 끌려갔던 노예들이 반란을 일으키고, 그들의 피땀이 서린 커피 생두를 서구로 실어나르던 곳이다.

이 밖에도 칠레의 '움베르스톤과 산타 라우라 초석 작업장'(2005년), 튀르키예의 '대중 이야기꾼 메다흐의 기예技藝'(2008년)와 '전통적인 소흐베트 모임'(2010년), 우간다의 '르웬조리 산지 국립공원'(1994년), 파푸아뉴기니의 '쿠크 초기 농경지'(2008년), 에티오피아의 '콘소 문화경관'(2011년)과 '하라르 요새, 주골'(2006년), 쿠바의 '비날레스 계곡'(1999년)과 '시엔푸에고스 역사 지구'(2005년), 멕시코의 '모렐리아 역사 지구'(1991년), 바하마의 '파쿠하슨의 일지日誌'(2009년) 등도 커피와 깊은 관련이 있는 유네스코 유산들이다.

한국도 커피 분야에서 미래의 세계유산을 키워갈 수 있다. 비닐하우스에서 생산하는 K-커피는 세계적으로 희귀하다. 1990년대부터 비닐하우스 커피를 재배했으니, 그 역사도 30년이 넘었다. 커피믹스 음용 문화 역시 인류애의 가치를 담는다면 세계가 아끼는 문화유산이 될 수 있다. 이제부터라도 K-커피의 유네스코 유산 등재를 위한 구체적이면서도 장기적인 준비를 시작했으면 좋겠다.

커피는 시다

제철 커피의 가치

커피가 지닌 진면목을 감상하려면 '철'을 가려 마셔야 한다. 모든 생명체에는 존재의 가치가 빛나는 때가 있다. 성장해 자손을 길러 내고, 독립된 개체들이 다시 교배해 세대를 잇는 억겁의 순환…… 이 고리는 생명체가 누릴 수 있는 최상의 순간들로 이루어져 있다. 매 순간 그 상황에 맞는 상태를 유지해야만 살아남고 대를 이을 수 있다. 자연의 섭리를 잘 파악해 철에 맞는 음식을 섭취하는 것은 인류의 본능이자 생존을 위한 경쟁력이다.

커피나무에도 꽃이 가장 아름다운 때가 있고, 열매가 잘 여물어 성분을 풍부하게 품는 시기가 따로 정해져 있다. 지능이 높은 인류는 제철을 알아보는 안목이 상대적으로 뛰어날 것 같지만 그렇지 못했다. 1만 년 전쯤 농경 생활을 시작하면서 혼란이 시작되었다. 계절에 맞게 먹을거리를 찾아다니던 인류가 한곳에 정착해 자연을 개척하기로 전략을 바꾼 뒤 새로운 세대들은 자연을 이해하는 감각이 무뎌질 수밖에 없었다.

기후와 환경에 맞서 싸우던 인류에게 계절을 미리 준비하고 대응하는 것은 생존하기 위한 중요한 과제가 되었다. 호모사피엔스는 시행착오를 거듭히면서 마침내 자연환경이 바뀌는 것을 예측하고, 그에 맞게 행동하는 지혜를 얻게 되었다. 대를 이어 전해지는 지혜를 체득하는 학습 과정을 통해 새로운 세대는 부족을 이끄는 어른으로 성장할 수 있었다. 철부지 아이가 어른스러워졌을 때 '철이 들었다'고 말하는 것은 "계절의 변화에 맞게 살아가는 지혜를 갖추게 되었다"는 의미다.

우리의 커피 문화는 과연 철이 들었을까? '제철 커피'라는 말이 보편화하지 않은 현실이 그렇지 못하다는 것을 방증한다. 커피는 농산물로서 수확철이 정해져 있기 때문에 맛이 좋고 건강에도 좋은 시기가 따로 있다. 하지만 이를 헤아려 커피를 선택해 즐기는

커피나무에도 꽃이 가장 아름다운 때가 있고, 열매가 잘 여물어 성분을 풍부하게 품는 시기가 정해져 있다. 콜롬비아 안티오키아에 있는 라루이사 농장에서 커피 열매를 수확하는 모습.

소비 형태는 아직 뚜렷하게 나타나지 못하고 있다.

커피는 꼭두서닛과에 속하는 쌍떡잎식물로 적도를 중심으로 남·북위 24도 범위 안에서만 자랄 수 있는 열대·아열대성 관목식물이다. 열매는 체리만 한 크기에 대부분 빨간색이어서 체리cherry 또는 베리berry라고 불린다. 열매에는 콩처럼 생긴 2개의 씨앗이 들어 있는데 겉면에 달라붙어 있는 점액질을 말리거나 물로 닦아 파치먼트를 벗겨내야 커피콩, 곧 커피 생두green bean가 된다.

커피 열매를 수확한 뒤 가공과 건조 과정을 거쳐 커피콩의 수분 함량이 12~13퍼센트로 줄어 포대에 담을 수 있는 상태가 될 때까지 약 2개월이 걸린다. 여기에 아프리카나 중남미의 커피 농장에서 항구까지 나가 배에 실린 뒤 부산항이나 인천항에 도착하기까지 2~3개월이 더 소요된다. 따라서 갓 수확한 커피 열매를 한국에서 만나려면 수확철에서 적어도 4~5개월을 기다려야 한다.

하지만 커피는 사과나 망고처럼 과육을 먹는 게 아니라 딱딱한 씨앗을 볶아 그 성분을 추출해 마시기 때문에 수확한 날에서 다음 해 수확 때까지 1년을 넘기지 않으면 신선하다고 인정해 '뉴 크롭new crop'이라고 부른다. 소비지에서 생두 상태로 보관되어 수확일에서 1년을 넘어서면 수분이 날아가고 향미 성분도 줄어들어 점점 맛이 없어진다. 수확일에서 1년 이상 2년 미만인 커피 생두는 '패스트 크롭past crop'으로 분류하고 품질이 떨어진 만큼 가격을 뉴 크롭보다 상당 부분 낮춰 거래한다.

수확일에서 2년을 넘긴 커피 생두는 '올드 크롭old crop'으로 분류해 음료로 만들어 섭취하는 용도로는 기대하지 말 것을 권고받는다. 생두 자체가 고약한 냄새를 풍기고 수분 함량도 8퍼센트 아래로 떨어진다. 간단하게 표현하면 '돌덩어리' 또는 '셀룰로스덩어리'가 되어 볶아도 커피 본연의 향미를 발휘하지 못한다. 일부 상인은 헐값에 올드 크롭을 사들인 뒤 고약한 냄새를 없애기 위해 기름이 배어날 정도로 진하게 볶아내서 판다. 이런 종류의 커피는 향미를 즐기기는커녕 건강에도 좋지 않으므로 아예 상대하지 않는 게 좋다.

하지만 소비자로서 난감한 것은 커피 생두나 볶은 원두를 파는 측이 커피 수확일을 표기하지 않아도 아무런 제재를 받지 않는다는 사실이다. 결국 신선한 생두인지 아닌지를 가려 마시는 것은 소비자들의 몫이다. 품질 좋은 커피를 선호하는 스페셜티 커피의 바람이 확산하면서 수확 시기와 농장을 표기하는 사례가 늘고 있는데, 소비자들이 이를 집중적으로 이용함으로써 커피 유통의 전반적인 수준이 높아질 수 있도록 이끌어야 한다.

제철 커피를 찾는 소비자가 점차 늘면서 일각에서는 '발효 커피', '숙성 커피', '빈티지 커피'라는 상술이 나타나고 있다. 커피 수확일을 명확히 밝히지 않은 채 "발효하거나 숙성을 거쳐 맛을 부드럽게 했다"고 주장하는 것은 오래 묵은 커피 생두를 판매하려는 수작일 가능성이 높다. "수확한 지 2~3년이 지났지만 보관을 잘해 뉴 크롭 못지않다"며 빈티지 커피라고 이름 붙여 판매하는 것은 더 나쁜 상술이다. 커피의 품질을 이야기할 때 보관 상태가 좋지 않은 것은 아예 논의의 축에 끼지 못한다. 수확일에 가까운 커피일수록 신선하고 향미가 좋다는 것은 진리다.

한국농촌경제연구원이 2011년 1월부터 2018년 12월까지 총 96개월간 커피 생두 수입을 분석해 2020년 9월 발표한 「커피 생두의 계절별 수요 분석」에 따르면, 제철 커피를 수입하는 양상이 뚜렷하게 나타나지 않았다. 이 기간에 국내 커피 수입은 산지의 수확철을 고

최근에 '발효 커피', '숙성 커피', '빈티지 커피'가 유행인데, 이는 오래 묵은 커피 생두를 판매하려는 상술일 가능성이 크다. 커피는 수확일에 가까울수록 신선하고 향미가 좋다.

려하기보다는 소비 형태에 맞춰진 것으로 드러났다.

아이스커피의 소비 비중이 높은 여름철에는 쓴맛이 있는 베트남산·브라질산 로부스타와 과일 향미가 강해 청량감을 주는 데 적합한 에티오피아산 아라비카 커피 생두의 수입이 주를 이루었다. 반면 겨울철에는 신맛이 적고 여러 가지 향미가 어우러진 콜롬비아산·과테말라산 커피 생두에 대한 고정적인 수요가 존재하는 것으로 확인되었다.

커피 수확 시기는 국가마다 다르다. 에티오피아, 예멘, 인도, 베

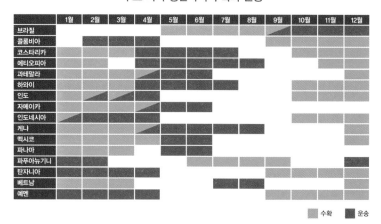

주요 커피 생산국의 수확과 운송

트남, 멕시코, 과테말라, 파나마 등 북반구의 나라는 대체로 10~2월에 수확이 이루어진다. 남반구에 있는 르완다, 부룬디, 파푸아뉴기니, 페루, 볼리비아, 마다가스카르 등은 수확 시기가 5~10월에 펼쳐져 있다. 따라서 인도 마이소르 지역에서 생산되는 커피는 12~1월에 수확이 활발하기 때문에 국내에서는 4~6월에 신선한 뉴 크롭을 만날 수 있다. 이는 1~3월에 국내에서 유통되는 인도 커피는 신선도가 떨어진 패스트 크롭이 대부분이라는 사실을 방증한다.

적도가 지나는 케냐, 콜롬비아, 에콰도르, 인도네시아는 1년에 2번 커피를 수확한다. 케냐는 12월과 1월에 주로 수확하지만 5~7월에도 커피를 수확할 수 있다. 커피 산지에서는 10월을 해가 바뀌는 시점으로 본다. 이에 따라 시기가 이른 5~7월에 수확한 커피는 '플라이 크롭fly crop'이라고 불린다. 주 수확철 커피에 비해 향미가 다소 떨어진다는 평가를 받는다. 제철이 아니기 때문이다.

　콜롬비아와 페루에서는 주 수확철이 아닌 시기에 생산하는 커피를 미타카mitaca라고 부른다. 주 수확철 사이에 수확하는 커피라는 의미다. 겨울을 지나 봄이 되면 10월에 수확한 사과는 단맛과 향미, 질감이 부족해지면서 상품 가치와 함께 영양가도 떨어진다. 커피도 이와 같다. 제철 커피를 음용하는 커피 문화가 꽃피어야 한다. 이를 상인들에게 기대할 수는 없다. 커피 애호가들이 제철 커피의 가치에 눈을 떠야 한다.

로스팅은 향미를 표현하는 과정이다

커피를 안전하면서도 건강하게 마시는 방법은 손수 볶는 것이다. 원재료를 눈으로 확인하고 손으로 만지며 신선한 생두를 선별할 수 있기 때문이다. 커피를 완성된 한 잔의 음료로 만나는 소비자들로서는 사실 원두의 품질이 좋은 것인지를 알기 힘들다. 커피는 볶고 갈아서 물로 성분을 추출하되, 전체 성분의 겨우 2퍼센트가량을 잔에 담아내는 것이기 때문에 원재료의 상태를 추정하기는 더욱 어렵다.

이것을 악용해 품질이 좋지 않은 커피를 근사하게 포장하거나 묵은 커피를 섞어 팔기도 하지만, 진실을 숨길 수는 없다. 입을 마르게 하거나 여운이 단절되는 양상으로, 또는 커피에서 나오지 말아야 할 향미가 퍼지는 식으로 결점은 드러나기 마련이다. 맛을 통해 커피의 품질을 가늠하는 것은 전문가만이 할 수 있는 영역이 아니다. 커피를 직접 볶으면 커피의 맛에 눈뜨기 훨씬 유리하다.

커피 로스팅은 '향미를 창조하는 영역이 아니라 표현하는 과정일 뿐'이다. 썩거나 묵은 커피라면, 제아무리 좋은 기술을 가진 사람이라도 좋은 맛을 이끌어낼 수 없다. 따라서 성분이 가득 차 있으면서도 신선한 제철의 생두를 골라야 한다.

산지가 국가 이름만 적혀 있는 커피는 피해야 한다. 케냐나 콜롬비아 등 국가명만 적혀 있고 지역이나 농장 이름이 없는 커피는 피하는 게 좋다. 그것은 이곳저곳에서 끌어모은 커피를 크기별로 나누어놓은 것이기 때문이다. 예를 들어 '케냐 AA 톱'이라고 적힌 채 더는 정보가 없는 커피보다 '케냐 키암부Kiambu 팅강가Tinganga'처럼 작은 단위의 정보를 공개한 커피가 좋다. '콜롬비아 수프리모', '에티오피아 1등급(G1)'만 적힌 것보다 '콜롬비아 안티오키아Antioquia 라루이사 농장', '에티오피아 구지Guji 함벨라 하루 농장'이라고 표기한 커피가 훨씬 좋다. 언제 수확한 것인지도 표기가 없다면 반드시 판매자에게 물어서 확인해야 한다.

집에서 로스팅을 한다면 프라이팬이나 냄비는 바닥이 두툼하고, 재질도 주철처럼 열을 많이 품을 수 있는 것이 좋다. 알루미늄이나 스테인리스는 열전도가 빨라 접촉되는 생두의 부분이 타거나, 내부까지 열을 전달하기 힘들어 속이 덜 익기 쉽다. 불기운에서 어느 정도 떨어져 도구를 계속 흔들면서 커피 생두를 움직이게 할 수 있도록 긴 손잡이가 있는 것을 선택한다. 다만 주철은 무겁기 때문에 들었다 놓았다 하는 데 힘이 든다. 그러나 커피콩을 덜 익히거나 태우지 않는 범위에서 열량이 가해지도록 불의 강약을 조절하면, 도구를 들어올리지 않고도 같은 효과를 거둘 수 있으므로 처음부터 묵직한 프라이팬이나 냄비를 준비할 것을 권한다.

뚜껑이 있으면 수증기까지 활용할 수 있다. 내부를 볼 수 있는 유리 뚜껑은 원두의 색상과 내부 수증기의 상태를 가늠할 수 있어 더 요긴하다. 수망(철망 소쿠리)은 미세먼지 발생이 심하고 불꽃이 생두에 직접 닿아 불 조절을 섬세하게 해야 하기 때문에 로스팅에 익숙해진 다음에 사용하는 게 좋다.

한꺼번에 생두를 너무 많이 볶으면 다루는 데 힘이 들고 미세먼지도 많이 날려 건강에 좋지 않다. 커피 생두는 실버스킨silver skin이라고 하는 얇은 막에 싸여 있다. 로스팅 과정에서 생두의 표면적이 커지면서 이 막이 갈라지고 벗겨져 공기 중에 날리게 된다. 따라서 한번에 생두 100그램 정도만 볶는다. 이 정도는 주방의 후드 아래에서 로스팅하거나 화력 주변에 물수건을 깔아두는 것으로 먼지를 통제할 수 있다. 소형 진공청소기를 준비하면 더욱 좋다. 화력을 '중불'로 해서 프라이팬을 3~4분 예열한다. 손바닥을 펼쳐 열기가 확실히 올라오면 생두를 표면 위에 펼쳐 놓는다.

열을 가한 뒤 처음 2~3분은 유리 뚜껑을 덮어 수증기를 모아둔다. 1분 정도가 지나 수증기가 내부에 차기 시작하면 '강불'로 화력을 높인다. 로스팅에서 수증기는 2가지 역할을 한다. 비유하자면, 커피콩이 스스로 타지 않도록 수증기 배출을 통해 열을 날려 보낸다. 뜨거운 곳에 들어갔을 때 우리가 체온을 유지하려고 땀을 내는 것과 같은 이치다. 수증기가 열에 '반항'하는 덕분에 로스팅 초기에는 열을 강하게 가할 수 있다. 수증기는 또 생두 내부에 열을 고르게 퍼트리는 역할을 한다. 열은 고체 분자의 진동과 뜨거워진 물 분자의 이동으로 전달된다. 로스팅 초기에 뜨거운 수증기가 생두

내부에 고르게 퍼
져 소위 '실핏줄과
같은 열의 미세한
통로'가 형성되면
후속되는 강한 열
에 커피가 타는 것
을 줄일 수 있다.

3분이 지날 즈
음 뚜껑을 열어 수
증기를 날리면서
나무 주걱으로 커

로스팅을 통해 수분 함량이 5~6퍼센트에 접근하면서 향미를 만
드는 메일라드 반응이 정점을 향하면, 녹색이던 생두에 멜라노이
드가 형성되면서 갈색을 띠게 된다.

피콩을 계속 짓는다. 이때 화력은 '강불'을 유지해준다. 소비지에
도착한 커피 생두의 수분 함량은 11퍼센트 안팎이다. 로스팅을 통
해 수분 함량이 5~6퍼센트에 접근하면서 향미를 만드는 메일라드
반응maillard reaction이 정점을 향하게 된다. 이 화학반응 덕분에 녹색
이던 생두에서 노란빛이 감돌고 점차 멜라노이드melanoid가 형성되
면서 갈색을 띠게 된다.

물 분자 외에 탄수화물과 아미노산, 지방 성분이 분해되고 또 결
합하는 과정에서 이산화탄소와 향기를 담은 다양한 기체 분자가
만들어진다. 색이 달라졌다는 것은 생두 내부의 이화학적 성격이
바뀌면서 반사하는 빛의 파장이 바뀌었음을 의미한다. 관능적인
의미에서는 향미 성분이 만들어졌음을 표시해주는 것이다.

커피 로스팅은 수학 공식이 아니기 때문에 덜 익거나 타지 않는 범위를 찾아본다는 마음으로 여유를 갖는 것이 좋다. 몇 차례 로스팅을 하다 보면 그 범위를 포착할 수 있다.

커피 생두에서 노란빛이 모두 사라지고 갈색이 우세한 상황에서 표면 곳곳에 검은 반점이 생겨나기 시작할 즈음 내부 세포의 압력은 15~20기압에 달하게 된다. 압력밥솥의 압력이 1기압보다 조금 높으니 생두 내부에 응집된 강렬한 압력 상태를 어느 정도 가늠할 수 있다. 압력을 가한 상태에서 생두 내부의 온도는 밖보다 훨씬 높아진다.

예를 들어, 수증기가 발산할 때 외부는 섭씨 100도지만 세포 내부는 섭씨 120도를 상회한다. 계속 열이 가해지면 수만 개의 미세한 세포에서는 폭발이 시작된다. 압력을 견디지 못한 세포벽이 일부 터지면서 내부의 수증기와 기체 물질이 동시에 빠져나오는 것이다. 이 지점에서 '틱틱' 소리가 난다. 이를 '1차 크랙crack' 또는 '1차 파핑popping'이라고 부른다. 압력밥솥에 비유하자면, 신호추(딸랑이)가 소리를 내며 움직이기 시작한 것이다. 이때 화력을 '중불'로 줄이며 마무리를 준비한다. '틱' 소리 한 번이 아니라 '틱틱' 연음이 들리기 시작한 뒤 1분 30초가 지나면 불을 끄고 볶은 생두를 재빨리 수망에 넣어 식힌다. 이론적으로는 4분 이내에 섭씨 40도 아래로 식혀야 커피의 단맛을 극대화할 수 있다.

볶는 시간이 길수록 공기 중으로 날아가는 향기 성분이 많아진다. 그만큼 커피 맛은 밋밋해지는 것이다. 따라서 커피가 덜 익거나 타지 않는 범위에서 화력을 높게 해서 로스팅 시간을 최대한 줄이는 노력을 기울이는 것이 좋다. 커피 로스팅을 수학 공식처럼 정답을 찾는 마음으로 접근하면 안 된다. 덜 익거나 타지 않는 범위를 찾아본다는 마음으로 여유를 갖는 것이 좋다. 참깨나 검은콩을 볶듯이 두세 차례 실수를 반복하다 보면 그 범위를 포착할 수 있다. 이런 방법으로 커피를 일관성 있게 볶을 수 있게 되면 알게 된다. 커피의 맛은 모두 생두 자체가 좌우한다는 사실을 말이다.

커피 맛을 좌우하는 것은 무엇일까?

"커피를 잘 추출해야 맛있다"는 말이 '손기술에 따라 맛이 좌우된다'는 뜻으로 이해되어서는 안 된다. 커피의 맛은 원재료인 생두 선택에서 이미 갈린다. 덜 익거나 벌레 먹은 열매에서 나온 커피, 묵거나 상한 커피를 맛 좋게 만들 수는 없다. 로스팅과 추출 방식에 따라 맛이 다르게 표현되는 것이지, 커피에 들어 있지 않은 맛을 만들어낼 수는 없다. 인간의 손은 단지 하늘이 커피 씨앗에 담아준 성분을 맛으로 표현할 뿐이다.

그러므로 좋은 커피의 맛을 즐기려면 신선하고 성분이 풍성하게 들어 있는 생두를 애초에 잘 골라야 한다. 이어지는 로스팅은 덜 익거나 타지 않도록 적절한 범위를 일관성 있게 반복할 줄 아는 것으로 족하다. 그래서 커피의 향미를 결정하는 영향력의 정도를 생두 70퍼센트, 로스팅 20퍼센트, 추출 방식 10퍼센트라고 말한다.

커피 추출도 마찬가지다. 성분이 과다하게 나오거나 너무 적게 나오지 않도록 '적정 수율收率'을 맞추는 동작을 거듭 재현할 수 있으면 된다. 적정 수율은 커피가 지닌 성분 중에 18~22퍼센트만 잔에 담기도록 추출 조건을 맞추면 달성할 수 있다. 1950년대 미국 커피협회National Coffee Association가 매사추세츠 공과대학에 의뢰해 만든 개념인데, 이를 기준으로 삼아 모든 커피 도구의 추출 조건이 정해졌다. 예를 들어 에스프레소를 제조할 때 커피 14그램을 담아 25초 동안 추출하거나, 드립 커피를 내릴 때 커피 10그램에 물 150그램을 3분간 나누어 붓는 방식은 모두 적정 수율에 따라 만들어진 레시피다.

똑같은 커피로 매번 같은 맛을 내려면 저울과 초시계를 사용해 커피와 물의 양, 둘이 접촉하는 시간을 정확히 재야 한다. '커피는 영혼으로 내리는 것'이라면서 무게와 시간을 재지 않고 오직 '감'으로 커피를 추출해서는 안 된다. '인간의 감각도 변수가 된다'는 사실을 겸허히 받아들이고 일관성을 준수해야 커피의 맛을 깨우칠 수 있다.

추출법이 항상 같아야 커피 맛이 변하는 것을 알 수 있다. 커피를 볶은 뒤 시간이 지날수록 신맛이 날카로워지고 향기 성분이 줄어들어 보디감이 떨어진다. 손재주를 아무리 부려도 커피 자체를 바꾸는 것만큼 인상적으로 맛을 바꿀 수 없다. 품질이 좋은 커피로 내리면 맛이 좋고, 결점이 있는 커피로 추출하면 맛이 나쁜 것이 순리다.

모카포트Mocha Pot, 사이펀syphon(압력 차이를 이용해 커피를 추출하는 기구), 제즈베(커피 주전자) 등 불을 사용해 위험이 따르는 추출법을 활용할 때는 그다지 요란하지 않다. 커피와 물의 비율을 맞추고 정해진 시간 동안 열을 가하는 방식이기 때문에 손재주를 탈 여지가 많지 않아 추출하는 사람의 실력에 따라 맛이 달라진다는 식의 말을 거의 하지 않는다.

　반면 주전자로 물을 부으며 성분을 추출하는 드립 커피는 잡음이 많이 나오기 마련이다. 감으로 커피를 추출하는 탓에 같은 사람이 내렸다고 해도 번번이 맛이 달라진다. 이런 경우 대개 권위를 가진 사람이 추출한 커피의 맛이 '정답'인 양 받아들여진다. 따라서 '선생님처럼 물줄기를 뿌려야 커피 맛이 좋아진다'는 식의 엉뚱한 말이 돌면서, 소위 '주전자 돌리기'가 실습의 대부분을 차지하게 된다.

　커피 추출은 사용하는 커피에 따라 맛이 어떻게 달라지는지를 포착함으로써 그 품질을 가늠할 수 있는 절차가 되어야 한다. 이런 과정을 거듭하면서 소비자들은 스스로 커피의 품질을 구별하는 자질을 갖추게 되는 것이다.

제1차 세계대전 이후 일본은 '핸드 드립' 여과법을 대중화했는데, 이 추출 도구를 '가라멜리타'라고 부르던 것이 점차 '칼리타'로 굳어졌다. '더가비' 물 붓기와 커피 추출.

"커피의 맛이 손기술에서 나온다"는 그릇된 신념은 어디에서부터 시작된 것일까? 드리퍼에 종이 필터를 장착하고, 커피를 담은 뒤 뜨거운 물을 통과시키는 여과법은 '핸드 드립'이라고 알려져 있다. 사실 영어사전에도 등재되지 않은 일본식 표현이다. 이 여과법은 1908년 독일의 멜리타 벤츠Melitta Bentz가 발명해 특허 등록한 것인데, 제1차 세계대전에 끝나자 1930년대에 일본이 발 빠르게 가져가 자신들이 원조인 양 보급하면서 대중화했다. 특허 시비를 피하기 위해 드리퍼의 모양을 살짝 바꿔 멜리타와 유사하다는 의미로 '가라 멜리타'라고 부르던 것이 점차 '칼리타Kalita'로 굳어졌다. 이 방식이 일제강점기에 우리에게 전해져 일본식 추출법으로 알려졌는데, 일본인 특유의 탐구력이 추출법을 섬세하게 만들기는 했지만 선을 넘은 측면이 있다.

커피가 귀하던 시절, 한 종류의 커피만을 종일 만지작거린 것이 커피 음용의 본질을 벗어나게 했다. 커피도 포도처럼 농산물이기 때문에 와인과 마찬가지로 테루아terroir(토양, 기후, 지형 등 맛에 영향을 주는 자연환경)의 가치를 추구한다. 커피 맛은 나무가 자란 땅과 기후, 재배자의 전통과 열정이 결정한다는 믿음이 커피에서도 통한다.

커피 한 잔에는 한 줄기 바람, 햇살, 빗방울 등 그해 나무가 겪었던 자연환경이 고스란히 담겨 있다. 따라서 같은 농장의 커피라도 해마다 맛이 다르다. 커피 맛을 통해 변하지 않는 커피의 본성과 달라진 면모를 파악하면서 자연의 위대한 힘을 감상할 수 있다. 이

우리는 현란한 손재주에 의지해 커피를 추출하는 데에서 벗어나 오로지 커피의 본성과 본질에 관심을 가져야 한다.

것이 '커피 테이스팅의 진수'다. 그러므로 커피를 추출할 때는 모든 동작을 일관되게 해서 오로지 커피 자체만이 변수가 되도록 해야 한다.

과학기술이 발달하면서 소비지에서 만나는 커피 생두도 하루가 다르게 바뀌고 있다. 운송과 보관의 여건이 개선되면서 소비지에서도 신선한 커피가 많아졌고, 스페셜티 커피 바람이 일면서 품질 좋은 커피를 자주 만날 수 있게 되었다. 이에 발맞춰 로스팅 정도도 달라졌다. 묵은 커피가 많았던 시절 좋지 않은 냄새를 없애기 위해 진하게 볶았던 관습에서 벗어나고 있다. 살짝 볶아도 묵은 내가 나지 않기 때문에 되도록 옅게 볶아 풍성한 향을 머금게 하는 기법이 널리 퍼지고 있다. 볶아진 원두의 물리적 상태가 달라짐에 따라 커피 추출도 변화와 개선이 불가피해졌다.

이와 함께 커피가 건강에 좋다는 다양한 연구 결과가 전해지면서, 클로로젠산이나 폴리페놀 등 생리활성물질을 되도록 많이 잔에 담기게 하는 추출법이 보급되었다. 예를 들어 '픽의 확산 법칙 Fick's law of diffusion'에 따라 성분 추출과 추출수의 투입 속도를 조절해 유효 성분들이 잘 추출되도록 온도, 접촉 시간, 커피와 물의 비율을 조정한 새로운 접근이 시도되고 있다.

또 커피 가루와 물 사이에 형성되는 네른스트층nernst layer을 얇게 하기 위해 가루를 더 가늘게 갈고, 물을 천천히 닿게 하는 한편 추출 시간을 길게 하는 추출법이 주목을 끌고 있다. 네른스트층이 두꺼울수록 추출 속도가 느려지고 맛이 약해진다. 물리적인 양상이 바뀌면 추출 성분이 바뀌고 맛도 달라진다.

한마디로 커피 맛에 영향을 주는 변수는 커피 생두의 품질, 로스팅 정도, 추출 방법, 커피와 물의 비율, 커피 가루의 굵기, 추출수 온도와 질, 추출 시간과 방법, 압력 등 9가지라고 할 수 있다. 현란한 손재주에 의지해 커피를 추출하는 데에서 벗어나야 한다. 커피 생두의 성격을 올바로 드러내기 위해 첨단 과학이 동원되는 세상에서 우리가 관심을 가져야 할 것은 오로지 커피의 본성과 본질이다.

세상에서 가장 비싼 커피가 탄생했다

　좋은 커피는 비싸다. 그러나 정도껏 비싸야 가치를 인정받는다. 상식을 벗어날 정도로 값이 과하다면, 장삿속이라는 비난을 받게 된다. 이런 커피들에 대해서는 2가지 해결책이 있다. 파는 사람이 민망해서 스스로 값을 내릴 때까지 기다리거나 소비자들이 구매하지 않아 시장에서 사라지게 만드는 것이다.

　2022년 9월 "세상에서 가장 비싼 커피가 탄생했다"는 뉴스가 외신을 타고 퍼졌다. 센시블 커피Sensible Coffee가 주최한 경매에서 파나마 보케테Boquete 지역의 엘리다 에스테이트Elida Estate 농장이 재배한 게이샤 아구아카티요Geisha Aguacatillo가 1파운드당 6,034달러에 낙찰되었다는 소식이다. 경매 당일 환율로 따지면 우리 돈으로 약 834만 5,000원이다. 1파운드가 453그램이므로, 1킬로그램 단가로 환산하면 1,842만 원에 달한다. 생두 1킬로그램을 볶으면 수분 증발 등으로 무게가 줄어 860그램 정도가 된다. 드립 커피 한 잔을 만드는 데 원두 20그램을 사용할 경우, 커피 한 잔의 값이 42만 8,000원이다. 이 농장은 2021년에도 게이샤 품종 1킬로그램을 1,075만 원에 팔아 눈길을 끌었다.

세상에서 가장 비싼 커피는 파나마의 게이샤 아구아카티요로, 커피 한 잔의 값이 42만 8,000원이다. 파나마 게이샤 원두 라벨과 생두.

한 돈짜리 돌 반지보다 비싼 커피 한 잔을 단숨에 마셔버리는 기분이 어떨까 싶지만, 사실 이런 커피는 마시기 위한 것이 아니라 마케팅 측면이 강하다. 혈연과 지연으로 맺어진 일군의 세력이 커피를 서로 구매해주는 방식으로 낙찰 가격을 높였다는 눈총이 그들에게 쏠리고 있다.

연이어 '명품 마케팅'이 커피에서 극성을 부리는 조짐이 곳곳에서 포착되고 있다. 커피 낙찰 가격이 1킬로그램당 100만 원을 넘는 수준은 이제는 애교로 보일 정도다. 파나마 에스메랄다 농장의 게이샤 아구아카티요가 처음 국제무대에서 회자된 2004년의 낙찰 가격은 1킬로그램에 46달러(약 5만 5,000원)였다. 당시 우수하다고 평가받는 커피들보다 5배 이상 높은 가격이었다. 이후 해마다 옥션이 진행될 때 누가 얼마에 낙찰받았는지를 외신들이 세계에 타전하면서 게이샤 이구이카티요의 몸값은 계속 치솟았다. 커피를 구매하지 않는 사람들도 게이샤 가격이 얼마까지 치솟을지 관심 있게 지켜보며 소식을 즐겼다.

가격이 이쯤 되면, 사실 구체적으로 맛이 어떤지는 그리 중요하지 않다. 대회에서 1등을 하고, 낙찰 가격이 상상 밖의 고액일수록 '그만한 가치가 있겠지'라는 집단 최면 증세를 유도하게 된다. 1킬로그램에 수백만 원에 달하는 커피가 실상 그 가격에 판매되는 것도 아니다. 특정 경매에서 낙찰된 일부의 커피가 그렇다는 것이고, 일반인은 돈을 주고도 구하기 힘들다. 그 대신 해당 농장이 판매하는 다른 커피들이 덩달아 고가에 팔리게 된다. 생두 1킬로그램의 값이 20~30만 원이면 매우 비싼 것인데, 1킬로그램에 수백만 원에 달하는 커피를 생산한 농장의 것이라는 스토리텔링과 함께 큰 거부감 없이 소비되는 현상이 벌어진다.

커피 생두 시장의 극히 일부에서 일어나는 '명품 마케팅'의 현실이 이렇다. 이쯤 되면 명품이 아니라 '사치품'이라고 해야 옳다. 커피는 농작물이다. 해마다 새로운 커피들이 나온다. 어머니가 사용하다가 딸에게 물려주는 가방이

일부 고가 커피들은 커피 문화에 사치를 부추기는 잡음이 되고 있다. 그러나 좋은 커피는 산지마다 반드시 있다.

나 아버지가 착용하던 시계를 아들이 이어받는 것과는 결이 다른 이야기다. 명품이란 오랜 세월 사용되면서 소비자들 사이에서 제품의 품질을 인정받는 과정을 거쳐 브랜드에 대한 신뢰가 쌓인 상품이다. 점차 찾는 사람이 많아져 희소가치가 높아지면서 가격도 함께 오르게 된다. 이런 메커니즘 속에서 명품을 모방하는 모조품 시장이 형성된다. 일각에서는 명품과 단지 값만 비싼 사치품을 구별하는 지표 중 하나로 모조품이 있는지를 따지기도 한다.

커피 생두 스토리텔링을 기막히게 활용하는 판매상으로 일본 상인들이 손꼽힌다. 최근에는 중국 상인들이 세계 유수의 옥션에서 1등을 한 고가 커피를 싹쓸이한다는 말이 나오고 있어 두 나라의 경쟁이 커피 애호가들에게는 관전 포인트이기도 하다. 그래서 '세계 3대 명품 커피'라는 용어가 특히 우리에게는 일본이 펼친 커피 마케팅의 상징적인 사례로 꼽힌다.

커피에 담긴 스토리를 함께 소비하는 것은 커피를 마시는 행복을 더욱 풍성하게 만들어준다. 하지만 커피값이 통념을 깨고 너무 비쌀 때는 의심해도 좋다. 좋은 커피는 산지마다 반드시 있다. 잘 익은 커피 열매만을 수확해 제때 가공하고 보관하면 소비지의 커피 애호가들을 감동시킬 충분한 맛을 발휘한다.

일부 고가 커피들이 전반적으로 커피 품질을 높이는 긍정적인 역할을 하는 측면이 있기는 하지만, 그런 현상이 커피 문화에 사치를 부추기는 잡음이 되어서는 곤란하다. 제값을 주고 커피를 마시는 운동은 형편이 어려운 나라의 공정무역 커피뿐만 아니라 '사치

세계에서 가장 비싼 커피 톱 10

품종	생두 1kg 단가
태국 블랙 아이보리Black Ivory	3,300달러(약 424만 원)
콜롬비아 오스피나Ospina	3,080달러(약 396만 원)
인도네시아 코피 루왁Kopi Luwak	1,320달러(약 169만 원)
과테말라 엘 인헤르토El Injerto	1,100달러(약 141만 원)
파나마 에스메랄다 게이샤Esmeralda Geisha	770달러(약 99만 원)
영국 세인트 헬레나Saint Helena	319달러(약 41만 원)
자메이카 블루마운틴Blue Mountain	308달러(약 39만 원)
하와이안 코나 엑스트라 팬시Kona Extra Fancy	165달러(약 21만 원)
하와이안 코나 몰로카이 프라임Kona Molokai Prime	132달러(약 17만 원)
브라질 산타 이네스Santa Ines	110달러(약 14만 원)

품 커피'에도 마땅히 적용되어야 한다.

　지역마다 유통되는 커피들이 다르기 때문에 아시아의 소비자가 접하는 비싼 커피들은 다른 대륙과 차이가 있다. 방글라데시의『연합뉴스United News of Bangladesh』가 2023년 1월에 집계한 '세계에서 가장 비싼 커피 톱 10'은 대체적으로 한국의 소비자들에게도 수긍이 가는 내용이다. 이들 가격은 평소 유통되는 가격일 뿐만 아니라 일부는 특정 경매의 최고가 기록이기도 해서 현실에서 접하는 가격과 다소 다를 수 있다.

에스프레소와 모카포트

커피를 집에서 직접 추출해 즐기는 홈카페 문화가 확산될수록 주목받는 도구가 '모카포트'다. 카페에 가야 마실 수 있는 진한 '에스프레소 커피'를 손수 만들어 우유나 초콜릿을 섞어 근사한 메뉴를 만들 수 있으니 커피 애호가들에게는 가히 필수 아이템이라고 할 만하다.

이탈리아에서는 "모카포트를 가지고 있지 않으면 우리나라 사람이 아니다"는 신념이 퍼질 정도로, 모카포트는 '이탈리아의 정체성'으로 일컬어진다. 2010년 중국 상하이엑스포에서는 핵에너지, 라디오, MP3, 전화, 건전지, 연소엔진, 스쿠터, 헬리콥터, 플라스틱과 함께 세계를 바꾼 10대 이탈리아 발명품 중 하나로 모카포트가 선정되기도 했다.

그들에게 모카포트와 에스프레소 중 어느 것이 더 이탈리아를 상징하는 것이냐고 물으면, 대부분 선택하지 않으려고 한다. "모카포트는 '가정의 에스프레소'이고, 에스프레소는 카페를 위한 커피로서, 우리에게 둘은 같은 것이다"고 말한다. 그리고 덧붙인다. 이탈리아인의 핏줄에는 에스프레소가 흐른다고……

모카포트는 크레마를 갖춘 정통 에스프레소가 1940년 대에 등장하기 전인 1933년 이탈리아 북부의 작은 마을 에서 탄생했다. 알루미늄을 취급하는 금속 공장을 운영 하던 알폰소 비알레티Alfonso Bialetti가 당시 유행하던 세탁 기 리시부즈lisciveuse에서 영 감을 받아 발명했다. 양철통 처럼 보이는 이 세탁기를 스 토브(난방 기구)에 올려놓으면 내부 바닥에 있는 비눗물이

1933년 이탈리아 북부의 작은 마을에서 알 폰소 비알레티가 세탁기 리시부즈에서 영 감을 받아 모카포트를 발명했다.

끓으면서 중심의 봉을 타고 위로 치솟아 빙 둘러 있는 세탁물을 적 시며 내려왔다가 다시 올라가기를 반복하며 때를 뺐다.

그는 아랍인들이 사용하는 구리 주전자인 달라Dallah의 모양새를 참조해 모카포트를 만들었다. 틀을 만들어 고온의 알루미늄을 부 어 만드는 방식이어서 제작이 비교적 손쉬웠고 재질도 가벼우며, 무엇보다 열 전달이 빨라 커피 추출 속도를 높일 수 있었다. 달라 는 커피 가루를 물에 넣고 끓이는 바람에 생기는 침전물이 잔에 담 기지 않도록 중앙 부위가 허리처럼 잘록했으며, 주둥이도 새의 부 리처럼 뾰족했다. 아래의 물통은 점차 팔각 형태를 띠게 되었는데,

이탈리아 사람들은 "치마 입은 여자같이 생겼다"며 반겼다.

비알레티는 모카포트를 '모카 익스프레스Moka Express'라는 별칭을 붙여 광고했고, 사람들 사이에서도 그렇게 불렀다. 1901년 루이지 베제라Luigi Bezzera가 발명한 초기 형태의 에스프레소 머신인 '카페 익스프레스Cafe Express'에서 따온 용어였다. 모카는 커피를 수출하던 예멘의 항구 이름으로 커피를 은유한다. 당시 유럽인들은 커피가 아라비아반도에서 시작되었다고 믿어 품종명도 거기에서 따서 아라비카로 지은 터였다. 따라서 모카포트는 '커피포트'를 뜻한다.

제2차 세계대전이 끝난 뒤 모카포트는 이탈리아를 넘어 세계로 급속히 퍼져 나가며 유명인들을 매료시켰다. 도구의 생김새와 추출 양상이 이채로운 데다 추출액도 진하고 향기도 강해 우유를 넣어 마시는 모닝커피로는 제격이었던 덕분이다. 영화 〈007〉 시리즈의 원작 소설인 이안 플레밍Ian Fleming의 『러시아로부터 사랑을 담아From Russia with love』에서 제임스 본드James Bond는 모카포트 애용가로 묘사된다. 어니스트 헤밍웨이는 모카포트로 커피를 추출하며 영감을 받기를 소망했는데, 거친 커피 가루로 길게 추출하는 방식을 선호했다.

카페 마니아로 소문난 장 폴 사르트르Jean Paul Sartre가 모카포트에 매달리는 바람에 그가 나오는 사진의 배경에서 자주 목격되자 "모카포트는 철학자의 커피"라고 입소문을 타기 시작했다. 프리다 칼로Frida Kahlo는 공공연하게 에스프레소보다 모카포트가 더 맛있다고 고백했다. 미국 백악관도 모카포트의 향기로 가득했던 시절이

프랑스의 실존주의 철학자 장 폴 사르트르는 카페를 집필실로 삼기도 했다. 카페에 앉아 있는 장 폴 사르트르와 시몬 드 보부아르.

있었다. 재클린 케네디Jacqueline Kennedy는 1962년 백악관에서 진행된 언론 인터뷰에서 남편을 위해 모카포트로 모닝커피를 준비한다고 말했고, 버락 오바마Barack Obama는 백악관에 사는 동안 모카포트로 커피를 내려 마셨다고 2015년 CBS와 한 인터뷰에서 밝혔다.

에스프레소는 섭씨 95도가량의 뜨거운 물이 9기압의 압력으로 커피 가루층을 통과하며 성분을 빼낸다. 불용성 오일 성분들도 다량 추출되어 묵직한 보디감을 형성한다. 에스프레소임을 확인해주는 크레마도 형성된다. 모카포트에서 크레마처럼 보이는 것은 거품이라고 표현한다.

크레마는 커피가 추출될 때 9기압이 가해지는 바람에 이산화탄소와 휘발성 향기 분자들이 다량 추출되어 잔에 담긴 뒤 압력이 풀려 추출액 위로 치솟아 오르면서 만들어지는 미세한 거품이다. 크레마의 기준은 1990년대 이탈리아국립에스프레소협회Istituto Nazionale Espresso Italiano에 의해 만들어졌다. 이탈리아 정통 에스프레소라면 크레마가 3~5밀리미터 두께가 되어야 하며 황금빛 갈색을 띠고 2~3분 동안 모양을 유지해야 한다. 또 스푼을 올렸을 때 쉽게 가라앉지 않도록 받쳐주는 정도의 점성을 지녀야 한다는 등의 내용이다.

모카포트는 아래쪽 포트에 담긴 물이 끓으면서 생성하는 수증기 압력이 가해져 에스프레소와 유사한 물리적 힘이 작용한다. 하지만 압력이 1기압 정도이고, 추출수도 섭씨 80도 정도여서 크레마가 형성되지 않는다. 포트의 유체역학적 구조에 따른 대류현상으로 인해 물이 섭씨 100도를 넘기 전에 가운데 봉을 타고 올라 커피 가루를 만나게 된다.

그러나 물과 커피 가루가 작용하는 시간이 1분 정도로 에스프레소 추출 시간(통상 25초)보다 4배가량 길어지는 바람에 한 잔에 담기는 고형분固形粉의 함량이 더 많다. 카페인과 폴리페놀의 함량도 모카포트 추출 커피가 에스프레소보다 많다. 항산화 물질인 클로로젠산은 열에 약하기 때문에 같은 양의 커피를 사용했다면 모카포트 커피보다 에스프레소에 더 많이 담기게 된다. 그러나 모카포트는 드립drip이나 에어로프레스aeropress(공기압 추출 방식 기구), 사이편 등 다른 방식보다 훨씬 더 에스프레소에 가까운 맛을 내는 것으로 평가된다.

알루미늄으로 된 모카포트는 변색되고 부식된 곳이 자주 관찰된다. 유해 논란이 있지만 오랜 기간 사용되고 있는 것으로 미루어 유해성이 심하지 않다고 보아도 좋다. 그러나 스테인리스나 도자기 재질보다 건강에 좋지 않을 우려가 큰 것은 분명하다. 커피 전문가들은 가격과 파손 위험을 감수할 수 있다면 알루미늄이 아닌 재질을 사용하기를 권한다. 알루미늄 모카포트를 사용하고 있다면 다음의 내용을 준수하면 유익하다.

첫째, 커피에서 산성 성분이 상대적으로 덜 추출되도록 정수한 물을 사용한다. 미네랄이 많은 물을 사용하면 커피에 스며드는 알루미늄 미세 성분이 더 많아진다. 둘째, 과열될수록 알루미늄 성분이 더 많이 커피에 침출되므로 필요 이상으로 가열하지 않는다. 처음부터 찬물을 끓이지 말고 따뜻한 물을 사용하는 대신 커피 가루의 굵기와 탬핑tamping 강도를 조절하면 가열 시간을 줄이면서도 수율과 농도를 맞출 수 있다. 셋째, 사용한 뒤에는 따뜻한 비눗물로 닦고 잔여물이 없도록 깨끗이 헹구며 반드시 물기를 완전히 제거한 뒤 보관한다. 소다나 탄산 성분으로 청소하면 재질의 부식을 재촉하게 된다. 넷째, 구입한 지 오래되면 과감하게 교체한다. 노화하면서 부식되는 곳이 너무 많아지면 커피에 더 많은 알루미늄 성분이 스며들게 된다.

아울러 모카포트로 추출한 커피를 나누어 마실 때는 도자기나

내열유리로 만든 잔에 따르는 것이 예의를 갖추는 것이다. 플라스틱이나 금속 컵에 담으면 알루미늄과 다른 미세 성분들이 침출되기 쉬운 까닭이다. 커피의 수많은 에티켓은 대부분 음용자의 건강을 위한 심성에서 시작된다.

커피와 우유가 만났을 때

커피에 우유를 넣으면 단맛이 나면서 고소해지고 촉감도 부드러워져 마시기 편해진다. 최근에 커피와 우유를 섞어 마시면 건강에 더 좋다는 연구 결과까지 나와 카페라테, 카푸치노, 플랫화이트 등 관련 메뉴들을 찾는 사람이 부쩍 늘어났다.

커피와 우유를 섞으면 일단 '카페라테'라고 부른다. '카페'는 커피를, '라테'는 우유를 의미하므로 '커피 우유'라는 뜻이다. 하지만 제조 방법과 모양, 나라에 따라 명칭이 다르다. 커피에 우유를 넣어 마시기 시작한 것은 청나라 제3대 항제인 순치제順治帝 때인 것으로 전해진다. 1660년 네덜란드의 요한 니외호프Johan Nieuhof 대사가 중국을 방문한 자리에서 사람들이 차에 우유를 넣어 마시는 것을 보고 커피에 적용했다. 커피와 우유가 어우러져 선사하는 감미로움을 우리는 360년이 넘도록 즐기고 있다.

커피를 우유와 섞어 마시면 건강에 더 유익하다. 덴마크 코펜하겐대학 연구팀이 2023년 1월 『농업과 식품화학 저널Journal of Agricultural and Food Chemistry』에 "커피에 우유를 넣어 마시면 그냥 마시는 것보다 항염증抗炎症 효과를 더 높일 수 있다"는 내용의 논문을 발표했다. 연구팀은 "면역세포에 염증을 유발한 뒤 커피만 넣은 경우와 커피와 우유 칵테일을 넣은 경우를 비교해보니 후자가 염증을 이겨내는 효과가 2배 정도 더 높게 나타났다"고 밝혔다.

커피에는 노화 방지와 항산화 효능을 내는 클로로젠산·카페인산과 같은 폴리페놀이 풍부한데, 아쉽게도 체내에서 잘 흡수되지 않는다. 하지만 우유와 섞으면 체내 효능이 좋아진다. 게다가 우유도 비타민D와 락토페린 같은 면역력 증강 물질이 있어 항균 능력이 더 강해진다.

우유는 커피의 결점을 보완해준다. 카페인이 소장에서 칼슘 흡수를 방해하고 신장의 이뇨 작용을 촉진해 소변으로 칼슘을 배출하는 것을 부추기기 때문에 골다공증을 유발한다는 견해가 있다. 통상 아메리카노 한 잔에 칼슘 6밀리그램이 손실되는데, 커피로 인한 이 정도의 손실은 우유 세 숟가락만으로 보충할 수 있는 것으로 보고되었다.

'카푸치노'는 에스프레소 머신의 수증기를 이용해 거품을 낸 우유를 커피잔 위로 수북하게 올라오도록 만든 커피다. 1950년대 이탈리아에서 에스프레소 머신이 개발된 뒤 대중화된 것이니 역사가 70년 정도밖에 안 되었다. 카푸치노의 기원을 이야기할 때 중세의 카푸친Capuchine 수도회에서 따왔다고 하는 것은 그 시절부터 카푸치노를 마셨다는 뜻이 아니라 수도사들이 입는 옷 색깔이나 볼록한 모자에서 착안해 이름을 붙였다는 의미다. 카푸치노의 탄생은 1950년대로 보는 게 타당하다.

카푸치노는 에스프레소 머신의 수증기를 이용해 거품을 낸 우유를 커피잔 위로 수북하게
올라오도록 만든 커피다.

카푸치노의 탄생지가 오스만튀르크와 합스부르크 왕가가 충돌
한 1683년 비엔나전투 직후의 오스트리아라는 주장도 적지 않다.
전쟁 중 카푸친 수도회의 다미아노ᴅᵃᵐⁱᵃⁿᵒ 수도사가 커피에 우유
를 섞는 방법으로 쓴맛을 해결해주었다는 내용이다. 하지만 이때
는 수증기압을 활용할 수 있는 에스프레소 머신이 탄생하지 않았
기 때문에 제즈베처럼 커피 가루를 가늘게 갈아 물에 넣어 끓인 커
피에 우유를 섞은 것이다. 따라서 큰 범위에서 카페라테라고 부르
는 게 적절하다.

제2차 세계대전이 끝난 뒤 카푸치노는 세계로 뻗어 나가기 시작
했다. 1960년대부터 미국에서도 이탈리아 스타일로 머신을 갖추고

에스프레소를 제공하는 커피 전문점이 생기기 시작했다. 미국인들은 '카푸치노'라는 용어를 발음하기도, 기억하기도 힘들어 '카페라테'라고 불렀다.

에스프레소 머신을 잘 다루지 못하면 우유 거품의 온도가 섭씨 70도를 넘어가 비린내가 나는 경우가 적지 않다. 이런 이유로 카푸치노에 시나몬 가루를 살짝 뿌려 비린내를 없애는 게 관례로 굳어지게 되었다. 시간이 흐르면서 카푸치노를 만드는 방식이 지역마다 달라지자 2007년 이탈리아국립에스프레소협회는 정통 카푸치노에 대한 기준을 선언했다. "우유 100밀리리터를 가지고 25밀리리터가량 거품을 낸 우유 125밀리리터를 에스프레소(25밀리리터)에 부어 용량 150밀리리터 잔에 담아낸다. 이때 잔의 재질은 도자기이면 더욱 좋다." 이렇게 하면 우유 거품이 산타클로스의 흰 수염처럼 풍성한 게 아니라 미국식 카페라테와 비슷한 모양을 하게 된다.

카페라테가 1980년대 호주와 뉴질랜드에서는 '플랫화이트'로 변신했다. 플랫flat은 '평편하다', 화이트는 '하얀빛 우유'를 의미하는데 에스프레소에 스팀으로 데운 우유를 섞어 만드는 방식은 카푸치노나 카페라테와 비슷하다. 다만 거품을 거의 내지 않아 잔의 윗면이 카페라테보다 더 평편하다.

플랫화이트를 만들 때 사용하는 에스프레소 양은 카푸치노·카페라테와 같은 25~30밀리리터다. 하지만 잔의 크기가 120밀리리터 정도로 카푸치노·카페라테의 절반 정도이기 때문에 우유의 양이 적다. 따라서 자연스레 에스프레소 맛이 더 강하게 부각된다. 카푸치노와 카페라테를 8온스(약 240밀리리터)짜리 잔에 제공하는 커피 전문점이 많은데, 플랫화이트는 통상 5.5온스(약 163밀리리터) 짜리 잔에 담아낸다.

플랫화이트의 기원과 관련해 뉴질랜드에서는 재미있는 이야기가 전해진다. 한 바리스타가 카푸치노를 만들려고 했는데 우유 거품이 풍성하게 만들어지지 않아 손님에게 내놓지 못했다. 이것을 버리기가 아까워 자신이 마셨더니 에스프레소 맛이 강하게 드러나고 질감도 더 매력적이었다. 이 맛을 재현해 손님들에게 주었더니 반응이 더욱 좋았다. '실패한 카푸치노'에서 플랫화이트가 탄생한 셈이다.

미국의 '브리브Breve'는 우유의 양을 절반으로 줄이고 지방 함량이 15퍼센트 정도인 싱글 크림으로 나머지를 채워 더 달콤하고 부드럽기 때문에 디저트 음료로 사랑받고 있다. 한국의 '라테 마키아토'는 에스프레소에 우유를 넣는 마키아토의 제조법을 뒤집어 우유에 에스프레소를 부어 하얀 바탕에 갈색 점을 만들어낸다. 커피 전문점에 따라 우유층을 만들기도 하고, 담아내는 잔도 달리하면서 다양한 모양으로 분화했다.

프랑스어로 우유를 뜻하는 '오레au Lait'를 붙인 '카페오레'는 1900년대부터 서유럽 국가들에서 자주 언급되었다. 하지만 프랑스인들은 커피에 우유나 크림을 넣은 음료를 '카페크렘Cafe Creme'이라고 부른다. 이탈리아의 '마키아토'는 에스프레소에 2배 정도 되는 분량의 우유를 조심스럽게 따라 윗면에 흰색 점을 남기는 음료다. 마키아토는 '얼룩진' 또는 '점을 찍다'는 뜻이다. 찬 우유를 넣으면 '마키아토 프레도Freddo', 따뜻한 우유를 첨가하면 '마키아토 칼도Caldo'라고 부른다.

커피와 우유의 만남에서 '라테 아트'를 빼놓을 수 없다. 라테 아트는 1980년대 중반 미국 시애틀에서 유래했다는 시각이 우세하다. 카푸치노를 만들 때의 풍성한 거품으로는 문양을 나타내기 힘들다 보니 이탈리아에서는 라테 아트가 탄생하지 못했다. 미국의 한 바리

에스프레소 위에 문양을 그리기 위해서는 거품을 매우 정교하게 만들어야 한다. 그래서 라테 아트는 바리스타의 숙련도를 가늠하는 지표로 인정을 받는다.

스타가 에스프레소에 거품 우유를 붓다가 비중 차이로 우유가 위로 뜨면서 문양이 만들어지는 것을 보고 수많은 연습 끝에 하트 모양을 그려냈다. 예쁜 모양을 따라 하는 바리스타가 늘어났고 손기술도 발전하면서 튤립·로제타 같은 더 복잡한 모양도 만들 수 있

게 되었다.

우유로 에스프레소 위에 문양을 그리기 위해서는 거품을 매우 정교하게 만들어야 하고, 이는 에스프레소 머신을 잘 다루어야 가능하다. 따라서 라테 아트는 바리스타의 숙련도를 가늠하는 지표로 인정받고 있다. 우유 거품이 농밀해야 문양이 잘 그려지고, 카페라테 맛도 혀에 감기듯 쫄깃해 좋다. 카페라테의 진화와 분화는 지금도 세계 곳곳에서 이루어지고 있다.

커피와 술이 만났을 때

커피에 술을 섞어 마셔도 괜찮을까? 카페인과 알코올을 동시에 몸에 들이면 왠지 좋지 않은 현상이 빚어질 것만 같아 꺼리기 마련이다. 정신을 바짝 차리게 하는 커피와 나른하고 몽롱하게 만드는 술이 한 몸에 머물 때, 과연 어떤 일이 벌어질까?

일단 의학적으로는 긍정적이지 않다. 미국 질병통제예방센터는 "카페인이 '알코올의 신체 기능 억제 효과depressant effects of alcohol'를 잘 드러나지 않도록 할 수 있다"면서 커피와 술을 섞어 마시는 것에 대해 경고했다. 카페인이 인체에서 알코올을 분해하지는 못하면서도 정신적으로만 깨어난 듯한 착각을 일으키게 해서 음용자가 술을 더 많이 마시거나 심지어 음주운전을 하도록 부추길 수 있는 위험성이 크기 때문이다.

카페인과 알코올을 함께 섭취하는 것은 '완벽한 폭풍perfect storm'에 비유된다. 뇌를 자극하는 두 성분이 신체에 미칠 수 있는 잠재적인 영향 때문이다. 미국 애리조나주립대학의 모나 바팻Mona Bapat 임상심리학 박사는 '완벽한 폭풍'이 초래할 부작용을 7가지로 세분했다. 첫째, 실제보다 술에 덜 취한 것처럼 느끼게 된다. 둘째, 더 많이 마셔도 될 것 같은 기분이 든다. 셋째, 알코올 중독에 빠질 위험이 더 커진다. 넷째, 알코올 남용의 위험이 증가한다. 다섯째, 알코올 의존증에 걸릴 위험이 높아진다. 여섯째, 실수할 위험성이 많아져 작업 수행이 어려워진다. 일곱째, 알코올로 인한 사건을 자주 경험하게 된다.

사정이 이런데도, 최근에는 이를 비웃기라도 하듯 커피와 술을 섞은 '커피 칵테일' 상품이 잇따라 출시되고 있다. 흑맥주와 콜드브루를 섞은 '커피 맥주'가 나왔고, 중국에서는 독한 고량주와 카페라테가 한데 어우러진 '마오타이 라테'가 탄생했다. 술도 파는 이른바 '술카페'에서는 하이볼 에스프레소, 보드카 드립 커피, 스카치위스키 콜드브루 등 다양한 커피 칵테일 메뉴가 등장하고 있다.

마시는 순간에 정서적으로나 신체적으로 짜릿함을 더 강하게 하는 커피 칵테일의 유행에 대한 시선은 크게 엇살린다. 일각에서는 '세상이 미쳐가고 있다'는 극단적인 표현과 함께 한

최근 흑맥주와 콜드브루를 섞은 '커피 맥주'가 나왔고, 고량주와 카페라테를 섞은 '마오타이 라테'가 탄생했다. 이외에도 다양한 커피 칵테일 메뉴가 등장하고 있다. 기네스의 커피 맥주.

커피 칵테일의 종류

종류	술
아이스크림 럼 레이진Ice cream Rum Raisin	럼
에스토니아 모카Estonian Mocha	럼
코레토 알라 그라파Corretto alla Grappa	그라파 또는 코냑
에스프레소 마티니Espresso Martini	진
민트 카루소Mint Caruso	진
에스프레소 보드카Espresso Vodka	보드카
화이트 러시안White Russian	보드카
키스 오브 파이어Kiss of Fire	보드카
로마노 사우어Romano Sour	보드카

탄을 하는가 하면, 변증법적 발전을 추구하는 인간 속성의 한 단면인 '시대 정신' 정도로 받아들여야 한다는 관용론도 있다.

커피와 술은 흔히 아폴론과 디오니소스만큼이나 다르다고 말한다. 논리적이고 합리적인 아폴론적 성향은 각성 효과를 발휘하는 커피를 은유한다. 반면 즉흥적이며 열정적인 디오니소스는 이름 자체가 술을 의미할 정도다. 커피와 술의 상반된 속성 탓에 역사의 장면 중에는 위정자들이 이들을 차별해 하나만을 선택하도록 강요하는 모습도 여럿 포착된다.

술이 만연하는 가운데 출현한 커피는 탄생부터 비극적이었다는 평가도 나온다. 초기에 커피 음용은 와인에 비유되기도 했다. 이슬람 마울라위야Mawlawiyah 종단을 창시한 수피이자 시인인 잘랄 앗 딘 알 루미Jalāl al-Dīn al-Rūmī의 「입술 없는 꽃」에서 '아침의 포도주'는 커피를 상징한다. '아침의 포도주를 마신다'는 것은 수피들이 종교 의식을 행하기 전 잠에서 깨는 각성 작용을 하는 커피를 마시는 모습을 묘사한 것이다.

아랍어에서 커피의 어원은 '까흐와Qahwa'인데, 이는 포도주인 동시에 커피를 의미한다. 커피의 의미가 포도주에서 비롯되었다는 관점은 커피 칵테일을 바라보는 시선을 관대하게 만들어줄 만하다. 사실 유럽에서도 17세기 전까지 커피를 '아라비아의 와인The Wine of Arabia'이라고 불렀다. 술과 커피가 겉으로는 '모순된 관계'인 것으로 보이지만, 세계 문화사를 파고들어갈수록 어울림의 가능성을 엿보게 된다.

카페인과 알코올이 작용하는 방향이 대립·충돌하는 것을 프리드리히 빌헬름 니체Friedrich Wilhelm Nietzsche가 『비극의 탄생』에서 언급한 것을 빌려 표현한다면, "커피 칵테일은 그리스 비극적이다"고 할 수 있다. 아폴론적 꿈과 디오니소스적 도취가 소용돌이치는 커피 칵테일이 카타르시스로 향하는 이미지가 그려지기도 한다.

그렇다면, 커피 칵테일에 관한 은유는 아폴론과 디오니소스 사이의 어디쯤에서 찾아야 한다. 독일의 철학자 하인리히 롬바흐Heinrich Rombach는 죽음과 삶의 세계를 연결하는 헤르메스Hermes를 인간에게 가장 호의적인 신이라고 했다. 헤르메스는 신과 인간의 이질적인 영역들을 매개하기 때문이다. 아폴론의 냉철함과 디오니

커피 칵테일은 아폴론적 꿈과 디오니소스적 도취가 소용돌이치는 카타르시스로 향하는 이미지를 갖는다.

소스의 광란은 헤르메스를 만나 차분해진다. 과연 카페인과 알코올이 어우러지는 커피 칵테일도 인류를 향한 모종의 역할을 찾을 수 있을까?

　커피 칵테일은 마리 앙투아네트Marie Antoinette의 어머니이자 오스트리아 최초의 여왕인 마리아 테레지아Maria Theresia가 1740년대에 낸 '술수'였다. 계몽군주로서 개혁안을 추진하면서 스트레스가 심했던 그는 술을 가까이했다. 거의 중독에 가까웠다고 전해지는데, 업무 중에 술을 마시는 것이 눈치가 보였던지 커피에 술을 넣어오도록 한 것이 커피 칵테일의 기원으로 전해진다.

　18세기 나폴레옹 시대에 이르러서는 화염을 동반한 커피 칵테

오스트리아 최초의 여왕인 마리아 테레지아는 알코올 중독에 가까웠다고 하는데, 그는 업무 중에 커피에 술을 넣어 마시기도 했다.

일까지 등장한다. 프랑스에서 유행힌 '카페 로얄Cafe Royal'은 커피에 알코올 20도짜리 브랜디가 들어가는데, 여기에 불을 붙여 각설탕을 커피에 녹아들게 만든다. 이 명칭은 직역하면 '왕족의 커피'인데, 파랗게 타오르는 불꽃이 범접하기 어려운 존재인 듯 보이기도

하거니와 고급스럽기도 해서 붙여졌다. 나폴레옹이 즐겨 마셨다고 전해지는데 정확한 출처를 알 수 없으니 소문쯤으로 여기는 게 좋겠다.

아이리시 커피Irish Coffee는 알코올을 담은 사연이 따스하다. 제2차 세계대전이 끝난 뒤 아일랜드 국제공항에 사람이 몰리며 대기 시간이 길어지자 레스토랑 주인인 조지프 셰리든Joseph Sheridan이 추위에 떠는 사람들의 몸을 따뜻하게 해주기 위해 커피에 위스키를 넣으면서 탄생했다. 커피 칵테일의 역사가 제법 길고 의미 있는 스토리텔링이 배어 있다는 점에서 최근 인기는 한때의 유행이 아니라 커피의 한 장르로서 깊이 뿌리내릴 가능성이 높다.

세계가 코나 커피를 주목한다

세계의 커피 애호가들은 하와이 빅아일랜드에서 열리는 '코나 커피 문화 페스티벌Kona Coffee Cultural Festival'을 주목한다. 매년 11월 커피 수확철을 맞아 진행하는 이 행사를 통해 그해 최고의 하와이 코나 커피가 선정되기 때문이다. 2022년에는 달러 강세와 초인플레이션 현상으로 인해 가뜩이나 비싼 '하와이안 코나 엑스트라 팬시'의 가격이 역대 최고치를 경신했다.

하와이 커피는 1960년대 미군을 통해 전해져 우리나라에서 제일 먼저 재배된 커피나무라는 점에서도 우리와 인연이 깊다. 특히 코나 커피는 굳이 농장이나 품종을 따질 필요가 없이 눈을 감고 골라도 최고 수준이라는 소문이 퍼져 있다. 품질 관리에 대한 신뢰가 깊고, 좋은 커피를 생산하는 토양과 기후 등 테루아를 인정해준다는 말이다.

자극적이지 않으면서도 기분을 경쾌하게 만들어주는 산미, 잘 익은 과일의 농축미는 잼처럼 입에 감기고 꽃향기를 길게 남긴다. 목을 넘긴 뒤에는 근사한 홍차처럼 입을 개운하게 닦아주는 마무리도 일품으로 꼽힌다. 그렇다면 무엇이 하와이 코나 커피를 세계 최고의 반열에 올린 것인가?

흔히 "하와이 커피는 미국인들이 브라질에서 옮겨 심은 것"이라고 말하지만, 이는 잘못된 견해다. 하와이 왕국의 초대 국왕인 카메하메하Kamehameha 시대, 국왕의 고문으로 있던 스페인 의사 돈 프란시스코 마린Don Francisco Marin이 1813년 오아후섬에 커피나무 묘목을 심었다는 기록이 있다.

이어 12년 후인 1825년 카메하메하 2세 국왕 부부가 영국 방문 중에 홍역으로 사망하는데, 시신을 운구해오던 오아후섬의 행정관인 보키Boki가 중간 기착지인 브라질의 리우데자네이루에서 커피나무 묘목을 구해 오아후섬에 심었다. 당시 영국에서부터 동행한 원예학자인 존 윌킨슨John Wilkinson이 커피나무의 가치를 알고 묘목을 구해 보키에게 재배를 권한 것으로 전해진다.

하와이제도의 8개 큰 섬들 가운데 남쪽 끝에 있는, 크기가 가장 커서 '빅아일랜드'로 불리는 하와이섬에 '코나'로 불리는 지역이 있다. 후알랄라이Hualalai산과 마우나로아Mauna Loa산이 이루는 서쪽 해안 경사지를 따라 가로 3.2킬로미터, 세로 32킬로미터만 한 땅이 코나이고, 여기서 생산되는 커피만이 '하와이안 코나 커피'로 불린다.

코나 커피의 기원은 오아후섬에서 자란 커피나무에서 비롯된다. 미국 코네티컷 출신의 선교사 새뮤얼 러글스Samuel Ruggles가 1828년 오아후섬의 커피나무를 코나로 가져가 성공적으로 키워냈다. 품종은 에티오피아의 고산지대에서 유래한 것인데, 하와이 사람들은

하와이 코나 커피는 품질 관리에 대한 신뢰가 깊고, 좋은 커피를 생산하는 토양과 기후 등이 우수하기 때문에 세계 최고의 반열에 오를 수 있었다. 하와이 코나 커피 전문점과 코나 커피.

'카나카 코페_{Kanaka Koppe}'라고 불렀다. 카나카는 폴리네시아어로 '사람'을 뜻하는 것으로, '하와이 사람의 커피'를 뜻한다.

1830년대에는 하와이제도의 최북단인 카우아이섬에서도 커피 재배가 이루어져 전체 섬에서 커피를 생산하게 되었다. 코나에는 또 과테말라에서 들어온 품종이 있다. 이 품종은 하와이 왕국의 마지막 해인 1893년 독일 출신으로 하와이 왕국의 입법관을 지낸 헤르만 와이드만Hermann Widemann이 들어온 것으로 '코나 티피카Typica'로 불리고 있다. 지금도 코나에서는 카니카 코페와 함께 티피카 원종原種이 자라고 있다.

현재 코나에는 약 2만 제곱미터(약 6,000평) 안팎의 작은 커피 농장이 600여 개 있으며, 연간 생산량이 500톤 수준에 불과하다. 코나 커피가 귀하다 보니 10퍼센트만 섞여 있어도 상품명에 '코나'라고 표기할 수 있도록 허용된다. 따라서 코나 커피를 구입할 때는 몇 퍼센트가 섞여 있는지를 확인해야 한다. 많은 커피 포장지 중에 '100퍼센트'라는 표기가 코나 커피에 유난히 많은 것이 이런 사연 때문이다.

코나 커피가 특별한 대우를 받는 것은 토양과 기후 덕분이다. 아울러 수확률을 높이거나 병충해에 강하도록 개량한 품종이 아니라 원종을 재배하기 때문에 기본적으로 커피 생두 자체의 향미가 뛰어나다. 토양은 화산재가 넉넉하게 쌓인 화산토로 미네랄이 풍부하고 물 빠짐이 좋아 커피나무가 자라는 데 최적이라는 평가를 받는다. 하와이에는 주기적으로 거대한 회오리인 토네이도가 발생하지만, 코나는 두 화산 사이의 완만한 경사지에 걸쳐 있는 특이한 지형 덕분에 안전하다.

커피는 고산지대에서 수확한 것이 향미가 깨끗하고 좋은 것으로 평가받는데, 코나의 커피 벨트는 사실 해발고도 250~900미터에 형성되어 있다. 그러나 햇볕이 강한 날에도 오후 1~2시가 되면 구름이 생겨 커피나무에 그늘을 드리우는 '프리세이드Free Shade'라는 특별한 현상이 나타난다. 이 덕분에 평균기온이 낮아지고 고산지대에서 수확한 커피와 같은 면모를 갖춘다. 여기에 하와이대학과 미국 정부의 연구기관들이 지원하는 과학적 재배법과 신기술 덕분에, 병충해에 약한 원종을 재배하지만 세계 각지의 아라비카 원종 경작지 중에서 단위 면적당 최대의 수확량을 과시한다.

코나 커피의 명성이 재배 초기부터 널리 퍼진 데에는 사연이 있다. 미국의 골드러시gold rush로 인해 1850년대 하와이에서 생산되는 사탕수수와 커피 등 농산물은 수요량을 댈 수 없을 정도로 팔려 나갔다. 이로 인해 하와이 왕국은 1852년부터 중국인, 1868년부터 일본인 이민을 받기 시작했다. 한국인은 하와이가 미국령이 된 이후인 1902년부터 이민 노동자들로 상륙했다.

사람들은 커피보다 노동이 덜 고된 사탕수수 농장으로 몰렸다. 이에 따라 농장주들도 커피보다는 사탕수수밭을 선호했다. 여기에 1860년 대가뭄과 병충해로 인해 하와이제도의 커피밭이 거의 사탕수수밭으로 바뀌었다. 그러나 코나 지역에서는 커피나무가 병충해를 입지 않았으며, 여건이 사탕수수 재배에는 적합하지도 않아 커피 농장이 대를 이어갈 수 있었다.

1890년대에 사탕수수와 커피는 그 처지가 바뀌었다. 추운 북유럽에서도 키울 수 있는 사탕무가 엄청난 설탕의 수요를 충당하면서 사탕수수의 가격이 급락했다. 반면 카페인 효과는 더욱 사람들을 파고들면서 유럽과 미국에 큰 커피 소비시장이 형성되었다. 하와이제도에서 유일하게 남다시피 한 코나의 커피 농장에 주문이

쇄도하면서 코나 커피의 몸값은 치솟게 되었다.

코나 커피는 특히 '미국 문학의 링컨'으로 불리는 『톰 소여의 모험』의 작가 마크 트웨인Mark Twain이 찬사를 보내면서 '마크 트웨인이 사랑한 커피'로 더욱 유명세를 탔다. 세계 곳곳을 여행했던 그는 1866년 하와이에서 4개월 동안 머물며 쓴 『하와이에서 보낸 편지Letters From Hawaii』에 "코나 커피는 그 어느 곳에서 재배되는 커피보다 향미가 풍성하다. 코나 커피는 최고의 커

마크 트웨인은 "코나 커피는 그 어느 곳에서 재배되는 커피보다 향미가 풍성하다"며 극찬을 아끼지 않았다. 그래서 코나 커피는 '마크 트웨인이 사랑한 커피'로 더욱 유명세를 탔다.

피가 자라야 할 곳에서 재배되고 있으며, 당신의 찬사를 받을 자격이 충분히 있다"고 적었다.

커피 애호가들은 이에 대한 감사의 의미를 담아 코나 커피를 마실 때면 별을 보며 건배한다. 마크 트웨인은 핼리혜성이 지구에 다가온 1835년에 태어나 75년 만인 1910년 다시 지구에 근접했다가 멀어지기 시작한 날 심장마비로 세상을 떠났다. 이런 사연 때문에 그를 두고 "핼리혜성을 타고 지구에 왔다가 다시 핼리혜성을 타고

우주로 가서 별이 된 사나이"라는 비유가 붙었다. 커피 애호가라면 밤이고 낮이고 하와이안 코나 커피를 마실 때는 하늘을 향해 건배할 일이다.

한편 이승만 대통령도 '하와이 코나 커피'와 인연이 있다. 1913년 2월 하와이에 정착한 이승만은 한국기독교동지회의 기관지 『태평양주보太平洋週報』를 창간했다. 『태평양주보』에는 코나에서 살아가는 교포들의 소식이 꽤 많이 게재되었다. "하와이 코나에서 커피 농사를 하던 홍진표 씨가 호항湖港으로 이주"(1938년 3월 19일) 했다, "최극삼, 리광연, 정상원 씨가 코나 커피를 동포 사업"(1938년 12월 17일)으로 하고 있다, "커피 농사를 짓는 리상옥 씨의 자녀들이 리씨를 위해 잔치를 열다"(1941년 6월 21일)는 등 구체적인 내용을 담으며 교포들을 결집시켰음을 알 수 있다.

디카페인 커피는 어떻게 발명되었을까?

디카페인 커피Decaffeinated Coffee에 관한 이야기는 1819년 10월 3일 독일 중부의 도시 예나Jena에서 시작된다. 어느덧 70세에 접어든 괴테는 24세의 젊은 화학자의 실험을 보고 놀랐다. 독을 다룰 줄 알기로 유명했던 함부르크 출신의 프리들리프 룽게Friedlieb Runge가 고양이의 동공에 벨라도나belladonna라는 식물의 추출물을 떨어뜨렸더니 동공이 확장된 상태로 한동안 유지되었다. 이 물질을 정제해 응용하면 밤길이 어두운 사람들에게 새로운 세상을 선물할 수 있었던 것이다.

벨라도나는 가짓과에 속하는 여러해살이풀로 고대 로마시대부터 마취에 쓰인 독초다. 그 명칭은 이탈리아어로 '아름다운 여자'를 뜻하는데, 사람의 목숨을 빼앗아가는 '팜파탈femme fatale'을 은유하기도 한다. 클레오파트라Cleopatra가 벨라도나의 즙을 눈에 떨어뜨려 동공을 마비시켜 확장하는 기법으로 눈을 커 보이게 만드느라 나중에 시력이 나빠졌다는 구전이 있다. 또 이 식물의 열매를 블루베리로 착각하고 먹었다가 사망한 것으로 추정되는 미국의 탐험가 크리스토퍼 매캔드리스Christopher McCandless의 이야기는 1992년 미국 전역을 떠들썩하게 했다.

롱게의 고양이 실험 뒤 괴테는 몇 해 전부터 자신의 숙면을 빼앗
아갔지만 떨칠 수 없던 커피를 떠올렸다. 수많은 젊은이를 습관적
으로 카페로 끌어들이는 시커먼 액체에는 반드시 '인간을 유혹하는
독이 섞여 있을 것이다'고 직관하고, 프리들리프 룽게에게 그 물질
의 정체를 밝힐 것을 요구했다.

당대 '최고의 지성'이 안겨준 과제를 영광으로 받든 룽게는 만사
를 제쳐두고 연구에 매달려 커피에서 흰색 결정체를 추출했다. 그
리고 커피에 들어 있는 알칼로이드라는 의미로 카페인_{Caffeine}이라

괴테는 커피에는 숙면을 빼앗아갈 정도로 '인간을 유혹하는 독'이 섞여 있을 것이라고 생
각했다.

고 명명했다. 이것은 특히 인간의 정신에 침입하는 물질로, 농축될 경우 순식간에 생명을 앗아가는 독성까지 지녔다. 괴테의 직관대로 '검은 커피 속에 악마'가 들어 있었던 것이다.

카페인은 메틸크산틴 계열에 속하는 알칼로이드로서, 한 분자에 질소 원자를 4개나 가지고 있는 흰색 결정체다. 카페인이 검은색일 것이라고 착각하는 것은 커피의 색깔 때문이다. 커피를 볶는 과정에서 검은빛을 내는 멜라노이드가 생성된다. 간장이 커피와 비슷한 색상을 띠는 것 역시 숙성되는 과정에서 이 색소가 생성되기 때문이다.

카페인이 인체에서 어떤 역할을 하는지에 대해서는 괴테의 시대에는 알 수 없었다. 인간의 영혼에 작용해 위험해 보이면서도 집중력을 높여주고 활력도 넘치게 하는 장점도 지녔다는 것은 분명해 보였다. 카페인이 발견된 뒤 60여 년이 지난 1884년에야 카페인의 화학구조는 독일의 헤르만 에밀 피서Hermann Emil Fischer에 의해 규명되었다. 카페인이 신경전달물질인 아데노신과 모양이 비슷한 덕분에 뇌에 직접 작용할 수 있다는 사실이 밝혀진 것이 이때였다.

이 무렵부터 디카페인 생두가 움트기 시작한다. 카페인이라고 하는 명확한 대상과 그것을 제거할 수 있는 구조가 밝혀졌기 때문이다. 문제는 커피에서 카페인을 제거할 필요성이었는데, 독일 브레멘 태생의 루트비히 로셀리우스Ludwig Roselius에게는 간절한 과제였다. 커피 판매업을 하던 아버지가 커피를 많이 마셔 숨졌다고 생각했던 그에게 카페인은 반드시 제거해야 하는 대상으로서 일종

drink Sanka Coffee and sleep!

SANKA COFFEE
REAL COFFEE · 97% CAFFEIN-FREE

루트비히 로셀리우스는 1906년 커피 생두를 쪄서 유기
용매로 처리하는 방법으로 디카페인 커피를 만들어 특허
를 취득했다. 최초의 상업용 디카페인 커피인 산카Sanka
광고(1932년).

의 복수심을 들끓게 했다. 상인이었던 그는 대학원에 등록해 카페
인 제거 방법을 찾는 데 몰두한 끝에, 1906년 커피 생두를 쪄서 유
기 용매로 처리하는 방법으로 '디카페인 커피'를 만들어 특허를 취
득했다. 이후 100년간 '스위스 워터 프로세스Swiss Water Process', '초
임계Super Critical Condition 이산화탄소 활용법', '마운틴 워터 프로세
스Mountain Water Process', '슈가케인 프로세스Sugarcane Process' 등 화학

물질을 사용하지 않아 건강에 유익한 방식으로 카페인을 제거하는 기술이 발전을 거듭했다.

디카페인 커피 생두의 출현은 카페인에 민감한 사람들을 커피의 공포에서 해방시켰다. 동시에 커피를 마시고자 하는 사람들에게는 친절한 안내자의 역할을 했다. 커피와 섞는 방식으로 카페인의 섭취량을 조절할 수 있고, 디카페인 커피를 섭취하면서 차차 카페인에 적응해 나갈 수 있었기 때문이다.

커피에는 카페인 외에도 클로로젠산이나 트리고넬린 등 항산화 물질이 풍부하기 때문에 디카페인 커피도 건강 관리에 유용하게 쓰인다. 아울러 카페인을 제거한다고 해도 커피의 향미는 큰 영향을 받지 않는다. 예를 들어, 커피 특유의 쓴맛은 카페인보다는 폴리페놀과 다른 알칼로이드 성분이 더 영향을 끼치기 때문이다.

맛을 추구하는 소비자들의 욕구 덕분에 디카페인 커피도 단지 기능뿐만 아니라 관능적으로도 경쟁력을 갖추기 위해 점점 품질이 좋은 생두를 원료로 사용하고 있다. 따라서 디카페인 커피도 산지와 품종, 건조법에 따라 맛이 다양하다. 디카페인 커피의 향미적 특징을 한 단어로 압축하면 단연 몰트malt다. 보리에 습기를 가해 발아시킨 뒤 말린 이것은 우리말로는 '엿기름'이다. 여기서 기름은 '기르다'는 순우리말에서 비롯된 것으로 기름기와는 무관하고, 관능적으로는 구운 탄수화물의 느낌을 준다. 진한 누룽지 맛이 떠오르기도 한다. 스카치위스키의 몰트 향, 샴페인에서 감지되는 잔류 효모 향, 비스킷의 토스트 뉘앙스가 디카페인 커피의 관능미와 통한다.

디카페인 커피를 선택할 때는 카페인의 함량도 확인해야 한다. 일반 커피에서 카페인을 어느 정도 제거해야 디카페인 커피로 판매될 수 있는지는 국가마다 다르다. 우리나라는 2021년 식품의약품안전처의 고시에 따라 카페인 함량을 90퍼센트 이상 제거하면 '디카페인(탈카페인)'으로 표기해 판매할 수 있다. 국제적으로는 97퍼센트를 제거해야 상품으로 유통할 수 있기 때문에 국내 상품들도 대체로 이 기준을 맞추고 있다.

유럽연합은 99퍼센트를 제거해야 디카페인이라고 명명할 수 있도록 까다롭게 관리하고 있다. '카페인 제로'라는 표기는 카페인이 전혀 없다는 게 아니다. 보통 커피 100밀리리터에 카페인이 1밀리그램 이하 들어 있는 경우에 '제로'라고 표시할 수 있다.

커피를 건강하게 즐기려면, 입에 담기 전에 반드시 산지와 가공법, 함량 등 여러 정보를 꼼꼼하게 확인해야 한다. 넘핀올 감수할수록 좋은 커피를 만날 기회가 높아진다.

커피에서 카페인을 어떻게 제거할까?

커피를 자주 마시게 되면서 카페인 과다 섭취로 건강을 잃을까 하는 근심도 깊어질 수 있다. 카페인 과다 섭취는 긴장, 불안, 배탈, 빠른 심장박동, 근육 떨림, 불면증, 피로감 등 여러 부작용을 부를 수 있다는 연구논문이 발표되고 있다. 그렇다면 디카페인 커피 소비량 급증에 발맞춰 품질도 향상되고 있을까? 안타깝게도 그렇지 않다. "디카페인 커피에는 스페셜티 커피가 없다"는 말이 원재료 품질 관리에 소홀한 현실을 단적으로 보여준다. 카페인을 제거하는 공정에서 좋은 맛을 내는 향미 성분이 상당량 사라지기 때문에 굳이 좋은 생두를 쓸 필요가 없다는 인식이 여전한 탓이다.

국내에서 등급이 좋은 생두를 사용한 디카페인 커피가 등장하고 있어 소비자들로서는 구체적인 정보를 따져가며 까다롭게 선택해야 할 필요성이 생겼다. 카페인을 제거하는 공법에 따라 디카페인 커피의 맛과 품질이 큰 차이가 날 듯하지만, 여러 연구논문이 실상 그 차이가 크지 않음을 보여준다. 한 잔에 담긴 커피를 마시고 맛만으로 어떤 공법을 거친 디카페인 커피인지는커녕 일반 커피와도 맛으로 구별하기가 녹록지 않다.

현재 세계적으로 커피 생두에서 카페인을 제거하기 위해 사용하는 추출 용매로는 디클로로메탄, 에틸아세테이트, 물, 초임계 이산화탄소 등이 있는데 이 가운데 무엇을 쓰느냐에 따라 크게 3가지 공법으로 나뉜다. 공법마다 원료인 커피 생두가 처하는 환경이 다르다. 추출 용매를 침투시키기 위해 생두를 수증기로 찌거나 뜨거운 물에 불리기도 한다. 생두의 수분 함량이 높아지면 카페인이 클로로젠산 구조에서 떨어져 나간다. 높은 압력을 가하면서 통상 10시간 이상 물에 담가두는 환경을 거치기 때문에 생두에 들어 있는 향미 성분들이 일부 소실되거나 변하기도 한다.

커피 생두를 초기의 수분 상태로 돌리기 위해 건조하는 방법과 소요 시간에 따라서도 맛과 품질이 차이를 나타내게 된다. 이처럼 공정 중 가해지는 여러 요인의 작용 정도에 따라 디카페인 커피의 맛도 달라질 수 있다. 하지만 그 정도는 커피 생두 자체의 품질이 주는 영향보다는 작다.

화학물질을 추출 용매로 사용하는 경우 커피 생두에 잔존하는 성분이 건강에 해를 끼친다고 알려져 논란이 일기도 했다. 디카페인 커피를 처음 생산하던 20세기 초반 벤젠, 트라이클로로에틸렌, 클로로폼 같은 독성이 강한 물질을 사용했기 때문이다. 하지만 점차 많은 임상실험과 잔류 물질 농도 검사를 통해 디클로로메탄과 에틸아세테이트를 인체에 무해한 수준에서 활용하고 있다.

디클로로메탄을 사용한 디카페인 커피에는 '염화메틸렌'이라고 표기되어 있는 것을 종종 볼 수 있는데, 같은 물질이다. 연소성이

커피 생두를 건조하는 방법과 소요 시간에 따라 맛과 품질에 차이가 난다. 그만큼 디카페인 커피의 맛도 달라질 수 있다.

없어 공정에서 폭발 방지 설비를 할 필요가 없기에 비용을 줄일 수 있지만, 독성이 있는 만큼 잔류 물질 허용량 기준이 엄격하다.

에틸아세테이트는 잘 익은 과일에 들어 있거나 사탕수수를 정제할 때 얻을 수 있는 '자연 물질'이기 때문에 거부감이 덜하고, 상대적으로 잔류 물질이 수월하게 제거된다. 에틸아세테이트를 추출 용매로 사용하는 공정을 '슈가케인 프로세스'나 '에틸아세테이트 Ethyl Acetate 프로세스'라고 부르고, 일각에서는 사탕수수 정제에서 얻어진 물질을 사용하므로 '친환경 공정'이라거나 '자연적인 디카페인 프로세스'라고 칭하기도 한다.

슈가케인 프로세스 공법의 가장 큰 특징은 바로 '사탕수수Sugar

Cane'다. 슈가케인 프로세스 공법에서는 단순히 물로 커피 생두의 카페인을 거르지 않는다. 사탕수수를 발효시킨 당밀에 아세트산 (식초나 과일에서 볼 수 있는 성분)을 섞은 에틸아세트산 용액에 생두를 넣는다. 이때 용액이 생두 안의 엽록소의 염분과 결합되어 카페인을 추출한다. 사탕수수를 많이 재배하는 콜롬비아에서 발달한 공법이다. 약 8시간 후에 맛있는 슈가케인 디카페인 커피를 만날 수 있다.

화학물질을 일절 사용하지 않고 물만으로 카페인을 제거하는 '워터 프로세스'는 친환경적 공법으로 유기농 커피 생두에서 카페인을 제거할 때 활용하기에 적합하다. 그러나 생두를 불려 카페인이 빠져나올 틈을 만드는 과정에서 뜨거운 물을 사용하기 때문에 당과 같은 향미 성분들이 상당량 함께 추출되므로 상대적으로 맛이 떨어진다는 평가를 받는다.

압력을 높인 상태에서 이산화탄소는 액체의 성격도 갖는 초임계 유체 형태가 된다. 이산화탄소는 다른 추출 용매에 비해 카페인을 녹여내는 정도가 약하지만, 다른 성분을 손상시키지 않고 선택적으로 카페인만을 빼내는 능력이 우수하다. 통상 25기압과 섭씨 100도인 환경에서 카페인을 제거하는데, 생물학적으로 무해하며 연소성이 없다는 장점이 있다. 7기압과 섭씨 25도 환경에서도 카페인을 제거할 수 있는데, 이때에는 카페인의 용해도가 떨어져 시간이 오래 걸리지만 열 스트레스를 줄여 향미 성분을 더 많이 품을 수 있다.

카페인을 제거했다고 커피의 향미가 크게 달라지는 것은 아니다. 카페인을 제거하면 생두에 들어 있는 향미 물질 중 피라진pyrazine이 눈에 띄게 줄어든다. 이에 따라 견과류, 구운 것 같은 뉘앙스, 초콜릿, 흙 향이 부족해진다. 대체로 향미 성분이 줄어 일반 커피에 비해 밋밋하고 여운이 짧은 듯한 느낌을 준다. 카페인이 쓴맛을 내는 물질이기는 하지만 커피에서 쓴맛을 주도하는 성분은 아니다. 카페인을 제거했다고

커피 생두의 품질이 좋아야 카페인을 제거한 뒤에도 더 풍성하고 좋은 맛을 낼 수 있기 때문에 생두의 등급을 헤아리는 게 유익하다.

쓴맛이 줄어들면서 단맛이 더 부각되는 것도 아니다. 관능적으로 공법마다 장단점이 있어 어떤 방식을 거친 디카페인 커피의 맛이 더 좋다고 말하기 힘들다. 다만 품질이 좋은 커피를 사용하면 디카페인 커피 맛도 우수해진다는 점에서는 이견이 없다.

디카페인 커피를 구입할 때는 공법보다는 사용된 생두의 등급을 헤아리는 게 유익하다. 생두의 품질이 좋아야 카페인을 제거한 뒤에도 더 풍성하고 좋은 맛을 낼 수 있기 때문이다. 예를 들어 에티

오피아 G2 등급인 생두와 G4 등급인 생두는 품질에 큰 차이가 난다. 가격도 산지에서 G2 등급이 1킬로그램에 2달러가량 더 비싸게 거래된다. 카페인을 제거한 커피도 국내 판매가가 에티오피아 G2 등급이 G4 등급에 비해 1킬로그램에 적어도 4,000원가량 더 비싸게 팔린다. '에틸아세테이트 프로세스'를 한 디카페인 커피 생두가 이런데, 공법이 다르다고 소비자 가격이 큰 차이가 나는 것도 아니다. 시설비가 많이 든다고 해도 같은 시간에 대량생산할 수 있으면 상품 가격을 낮출 수 있기 때문이다.

한 잔에 담기는 커피의 품질은 모두 원재료가 좌우한다. 로스팅이든, 핸드 드립이든, 카페인 제거 공정이든 기술은 일관성과 재현성을 갖추는 수준이 되면 더는 커피의 맛을 좌우하는 결정적인 변수가 되지 못한다. 디카페인 커피를 구매할 때도 공법에 앞서 어떤 등급의 커피 생두를 사용했는지를 파는 사람에게 묻고 따져보아야 한다.

커피는 경기력을 향상시킨다

"커피를 다스릴 줄 아는 자가 축구를 지배한다"는 말이 커피 애호가들을 미소 짓게 한다. 커피가 세계적인 스포츠 이벤트에서 요긴하게 활용되는 것은 커피의 가치를 드높이는 또 하나의 사건이기 때문이다. 커피에 들어 있는 카페인과 항산화 물질 등을 활용해 경기력을 높이는 이른바 '에르고제닉 에이드ergogenic aid 활용'이 2022년 카타르 월드컵에서 관심을 끌었다. 에르고제닉은 '근육의 힘과 사이즈, 능력을 향상시킨다'는 의미로 '경기력 향상 보조 수단'으로 풀이된다.

'축구의 종가' 영국에서는 커피, 더 정확히 말하면 카페인이 경기에 이미 긴요하게 활용되고 있다. 영국 코번트리대학 연구팀은 2021년 1월 『스포츠 생물학Sports Biology』에 게재한 논문에서 축구 경기에 필요한 선수의 신체뿐만 아니라 기술적 성과 요소에도 카페인이 효과를 발휘한다고 밝혔다. 연구팀이 잉글랜드 프로축구 상위 4개 그룹 가운데 40퍼센트인 36개 구단을 표본 추출해 조사한 결과 97퍼센트가 경기력 향상 보조 수단으로 선수들에게 카페인을 제공하는 것으로 나타났다. 선수들이 카페인을 섭취하는 시점은 '경기 전'이 94퍼센트였으며, 전·후반전 사이 '휴식 시간'에도 카페인을 제공하는 구단이 48퍼센트에 달했다. 카페인 제공 방식은 커피였지만, 최근 운동 전용 카페인 제품이 출시되어 이를 활용하는 팀이 늘고 있다.

영국 토트넘 홋스퍼의 손흥민과 멋진 호흡을 보여주었던 해리 케인Harry Cain을 광고 모델로 영입한 브랜드의 제품 중에도 축구인을 위한 카페인 젤이 있었다. 주변에서 흔히 찾을 수 있는 커피를 두고 카페인 에너지 전문 제품들이 등장한 것은 간편함과 함께 중요한 이유가 있다. 섭취하는 카페인 함량을 정확하게 통제할 수 있어서다. 카페인 섭취량이 권장량을 넘기면 되레 부작용을 겪을 수

커피에 들어 있는 카페인과 항산화 물질 등은 축구 선수들의 근육의 힘과 사이즈, 능력을 높일 수 있어 '경기력 향상 보조 수단'으로 활용된다. 2022년 카타르 월드컵 당시 미국과 웨일스의 경기 장면.

있기 때문이다.

예를 들어 아메리카노 한 잔이라도 커피 전문점에 따라 카페인 함량이 다르다는 사실을 밝힌 보고서가 즐비하다. 커피 전문점 20곳에서 파는 아메리카노 한 잔(480밀리리터)을 기준으로 할 때 카페인 함량이 60~260밀리그램까지 다양했다. 어느 커피 전문점의 커피를 마셨느냐에 따라 카페인 섭취량이 4배 이상 차이가 난다는 의미다.

더욱이 한 커피 전문점이 제공하는 커피도 카페인 함량이 들쭉날쭉했다. 세계적인 커피 브랜드 전문점의 아메리카노를 6일 연속 같은 장소에서 구입해 카페인 함량을 분석했더니 한 잔(480밀리리터)에 260~565밀리그램까지 최대 2배의 차이를 보였다. 체력이 좋은 운동선수들이라도 카페인을 기준치 이상 섭취할 경우 과다한 심장박동, 불안감, 위장 장애, 불면증 등의 부작용을 겪을 수 있다. 성인의 카페인 권장 섭취량은 체중 1킬로그램당 3밀리그램(하루 400밀리그램 이하)이다. 몸무게에 따라 아메리카노 한 잔만으로도 카페인 섭취 하루 권장량을 넘을 수 있다.

격렬한 축구 경기를 할 때 카페인을 활용하기에는 조심스러운 면이 있다. 그럼에도 영국 토트넘 홋스퍼와 아일랜드 국가대표팀에서 '경기력 향상 영양사'로 활동하는 리암 홈스Liam Holmes는 축구 선수들에게 "경기 시작 45분에서 1시간 전에는 반드시 카페인을 섭취하라"며 "다만 수면에 방해되지 않도록 카페인에 민감한 체질이라면 오후 2시 이후에는 커피를 마시지 마라"고 조언했다. 카페인을 경기력 향상에 적극적으로 사용하는 팀들은 "카페인이 가장 많이 연구된 경기력 향상 물질"이라는 믿음이 있다.

19세기 국제 스포츠에서는 선수들이 지구력 향상을 위해 아편까지 복용했다. 20세기 들어서면서 의학기술의 발달로 경기력을 높이기 위한 스테로이드 계열의 많은 약물이 개발되었다. 경기에 이기기 위해 여러 약물이 남용되다가 1960년 로마올림픽에서 덴마크 사이클 선수 크누드 에네마르크 옌센Knud Enemark Jensen이 경기 중 사망했고, 그 원인이 약물 과다 복용인 것으로 확인되면서 1966년 유럽사이클선수권대회에 처음 도핑 검사가 실시되었다. 이때 커피와 차에 들어 있는 카페인도 각성제라는 이유로 관찰 대상에 올랐다가 1984년 국제올림픽위원회IOC에 의해 금지약물로 지정되었다. 1999년에는 세계반도핑기구WADA가 출범했는데, 카페인은 여전히 도핑 대상 약물로 관리되었다.

디에고 마라도나Diego Maradona가 1994년 미국 월드컵 예선 경기를 앞두고 아르헨티나 선수들이 금지약물을 복용했다고 폭로해 파문이 일었는데, 이때 문제의 약물이 카페인이었다. 경기 전 선수들은 커피를 마신 게 전부였는데, 당시 카페인이 금지약물인 데다 이를 아르헨티나축구협회장이 지시했다는 사실이 알려져 논란이 더 커졌다. 지금의 기준에서 보면 커피 음용 자체는 그다지 문제가 될 일은 아니었다.

2004년 세계반도핑기구가 "실효가 없다"는 이유 등으로 카페인을 금지약물에서 제외하고 모니터링 대상 약물로 편입시켰다. 카

1994년 미국 월드컵 예선 경기를 앞두고 마라도나는 아르헨티나 축구선수들이 금지약물을 복용했다고 폭로해 파문이 일었다. 그러나 경기 전 선수들은 커피를 마신 게 전부였다.

페인이 경기력을 증진하는 효과가 없어서가 아니라 기준치보다 함량이 훨씬 낮은데도 효과가 나타나기 때문이다. 다른 약물들처럼 고농도의 기준치를 설정하는 게 실효가 없다고 판단한 것이다. 당시 메달이 박탈되는 카페인 검출 농도는 소변 1밀리리터당 12마이크로그램(커피 수십 잔을 한번에 마셨을 때 검출되는 양)이었다.

여러 연구를 종합해 통계적으로 관련성을 밝힌 한 메타 분석에서 카페인은 운동 수행 능력을 3퍼센트 높이는 것으로 나타났다. 이는 10킬로미터를 40분에 달리는 선수가 카페인을 섭취하면 72초 나 기록을 단축할 수 있다는 것을 의미한다. 오스트레일리아의 스포츠 영양학자인 루이스 버크Louis Burke는 『스포츠 경기력을 위 한 카페인Caffeine for Sports Performance』에서 카페인이 지구력을 최대 3.5퍼센트가량 향상시킨다고 밝혔다.

카페인은 혈액 속을 순환하는 지방세포 수를 늘려준다. 근육이 이를 흡수해 태우기 때문에 기존에 저장된 탄수화물을 아껴 운동 을 오래 할 수 있게 된다. 전·후반 90분 동안 그라운드를 뛰어다니 는 축구 경기를 효과적으로 할 수 있는 이유다. 카페인은 체력뿐만 아니라 정신적으로 느슨해지는 것을 또렷하게 만들어준다는 점에 서도 유익하다. 축구 경기에서 집중력은 결정적 순간에 어디로 패 스할지, 누구를 막아야 할지를 판단하는 능력인데 피로가 누적되 면 정신도 혼미해지기 쉽다. 카페인이 체력 저하로 정신줄을 놓게 되는 선수들을 꽉 붙잡아주는 것 역시 카페인의 역할이라고 할 수 있다.

카페인을 미리 섭취하고 축구를 했을 때 근육 사이 체액 속 칼륨 이 훨씬 적게 축적되었다는 연구 보고도 있다. 칼륨은 축구와 근육 운동 같은 무산소·저산소 운동을 할 때 피로도와 관련이 있다. 커 피 음용이 피로 속도를 늦춰주는 효과가 있는 것으로 추정되는 대 목이다. 이와 더불어 카페인이 중추신경계나 경기 중의 기분, 세밀 한 동작 조절과 관련된 뇌 영역에도 영향을 미친다는 연구 결과가 있다.

　『영국 스포츠 의학 저널British Journal of Sports Medicine』에 실린 논문
에 따르면 카페인을 섭취한 축구선수들이 드리블, 헤딩, 프리킥 등
에서 좀더 세밀한 기술을 발휘한 것으로 평가되었다. 축구 기술이
평준화하고 있다는 평가가 나온 지 오래다. 결국 체력과 집중력이
승패를 가르는 중요한 요인으로 부상했는데, 커피와 카페인의 위
력이 갈수록 커지고 있다는 의미다.

모든 커피는 스페셜티 커피다

　'좋은 커피의 대명사'인 스페셜티 커피Specialty Coffee가 제멋대로 쓰이며 소비자들을 현혹하고 있다. 용어에 대한 명확한 규정이나 합의가 없어 가격을 올리는 수단으로 악용되어도 법적으로 제재할 근거가 없는 탓이다. 스페셜티 커피는 '스페셜 커피Special Coffee'와 다르다. 특별하게 대우하거나 꾸민다고 해서 스페셜티(지역 특산품)가 될 수 없다.

　스페셜티 커피란 '특정 지역의 잠재력을 타고난 특별한 커피'를 뜻한다. 에티오피아 구지, 하와이 코나, 자메이카 블루마운틴, 파나마 보케테 등과 같은 소위 명품 커피 산지만이 스페셜티 커피를 생산하는 것이 아니다. 커피 생산국마다 다른 나라의 것과 비교할 수 없는 '존엄함'을 지닌 스페셜티 커피를 갖고 있다. 와인으로 치면 '테루아 와인'이 곧 스페셜티 커피다. 그런데 "커피 품종이 지닌 잠재력을 잘 이끌어낸 특정 지역의 좋은 커피"라는 보편적 가치를 가진 스페셜티 커피가 '상술의 도구'로 전락하고 있다.

　커피를 구입하는 사람이 따지지 않는다면 별다른 검증 없이 스페셜티 커피라고 상표를 붙여 팔아도 처벌은커녕 제재할 방법조

차 없다. 미국 스페셜티커피협회가 품질을 100점 만점으로 평가해 80점 이상 주면 자격을 갖는다는 말도 사실이 아니다. 그 협회 회원들이나 그들을 신뢰하는 사람들이 삼는 기준일 뿐이다. 커피 생산국 단체가 평가하는 컵오브엑셀런스Cup of Excellence 점수가 85점을 넘으면 스페셜티 커피가 된다는 주장도 마찬가지다.

특정 국가의 평가를 맹종하는 것은 자존심을 버리는 사대주의에 불과하다. 커피 애호가들이 앞장서 퇴치해야 할 나쁜 관습이다. 커피 애호가들은 입에 맞는 커피를 가려내 주도적으로 평가해야 한다. 커피 맛마저 문화가 다른 외부에 의존하는 것은 좋지 않을뿐더러 옳지 않다. 그런 의미에서 2023년 10월 '경기도 세계 커피콩 축제'에서 한국의 커피 전문가들이 생두 품질을 평가해 점수와 순위를 매기는 'K-커피 어워드'를 신설한 것은 참으로 반길 일이다.

저렴한 커피 생두를 구입해 겉보기에 그럴싸하도록 결점두를 골라내고, 알이 굵은 생두만 골라 스페셜티 커피라고 내다 팔아도 잡혀갈 일이 없다. 맛을 보고 품질을 구별하는 일은 처음에는 쉽지 않다. "커피는 기호음료이기 때문에 마시는 사람의 기호에 따라 좋고 나쁨이 다를 수 있다"는 상술이 퍼진 탓에 맛이 시원치 않은 커피라도 판매한 사람에게 따지는 것이 망설여지게 마련이다.

그런데 '무늬만 스페셜티 커피'를 가려내기는 사실 어렵지 않다. 우선 커피 산지를 마을이나 농장 단위까지 알려줄 것을 파는 사람에게 요구한다. 명칭을 꼭 집어 말하지 않은 채 국가명만 대고 귀해 보이게 하는 용어를 붙여 요란하게 설명한다면 그것은 값싼 커

스페셜티 커피는 자라난 땅의 특성과 재배자의 손길을 품기 때문에 다른 나라의 것과 비교할 수 없는 '존엄함'을 갖는다. 2023년 10월 '경기도 세계 커피콩 축제'를 찾은 시민들과 축제 포스터.

피다. 구체적인 생산지를 밝히지 않고 국가명만 적어 내다 파는 커피가 '스페셜티'할 리가 없다.

다음으로 수확한 날짜를 확인한다. 수확한 지 1년이 넘었으면 파는 사람이 제아무리 우겨도 스페셜티 커피라고 인정하기 힘들다. "보관을 잘하면 2년이 지나도 스페셜하다"고 주장한다면 "해가 바뀌었으니 새로 수확한 커피를 달라"고 거듭 요구해야 한다. 제철 커피가 나오면 이전의 커피는 스페셜티 커피라는 딱지를 떼야 한다.

마지막 단계는 맛을 보고 확인하는 것인데, 연습이 필요하다. 굳이 큰돈을 내고 향기를 맡는 전문 프로그램에 매달리는 것은 바람직하지 않다. 커피 향미를 자신의 관능에 새겨두는 게 중요하지, 여러 향을 눈 감고 알아맞히는 훈련을 반복하는 것은 단지 '개코 인간'을 만드는 잘못된 방식이다. 출처가 명확한 제철 커피를 구입해 시음하면서 향미적 특성을 몸과 마음에 새겨두는 게 스페셜티 커피에 대한 안목을 높이는 지름길이다.

세상의 모든 커피를 맛만 보고 산지를 알아맞히려고 욕심내서는 안 된다. 10가지 정도의 커피를 맛으로 기억한다면, 커피의 맛에 눈뜨게 된다. 스페셜티 커피는 자라난 땅의 특성과 재배자의 손길을 품는다. 스페셜티 커피의 향미는 자연이 바뀌지 않는 한 변하지 않는다. 특정 지역에서 생산된 커피의 향미는 언제나 일정한 면모가 있다. 그것을 커피의 본성이라고 말한다.

커피 한 잔을 마주하고 "라벤더 향이 나고 입에 닿는 첫인상은 잘 익은 망고 같다"거나 "메이플시럽처럼 부드럽고 솜사탕 같은 이미지가 스친다"고 표현하는 것은 결코 과시를 위한 치장이 아니다. 일종의 간절함이다. 관능에 스며들어 환희에 차게 만든 소중한 커피를 다양한 속성에 비유해서라도 기억하고 싶은 절절한 바람이다.

잊힌 사람처럼 슬픈 존재가 없듯이 기억되지 못하는 커피만큼 부질없는 게 없다. 속성으로 기억된 커피는 저 멀리서도 단번에 알아채는 사랑하는 이처럼 찰나의 향미만으로도 정체성을 포착할 수 있다. 감각된 커피의 향미가 속성으로 지각되면 비로소 정서의 영역에 들어갈 수 있다.

커피에서 체리 향이 느껴질 때, 차가운 귀를 양손으로 감싸며 품어주셨던 어머니의 빨간 스웨터가 떠오를 수 있다. 스웨터에 남은 어머니의 체취가 커피에서 느껴지는 순간, 까마득히 잊고 살았던 과거의 한 시절에 생각이 닿는다. 이렇게 기억된 커피는 잊힐 수 없다. 한 잔의 커피로 인해 어머니가 사무치도록 그리워지는 고운 정서가 만들어지는 단계다. '아, 보고 싶다'는 심성이 생기는 그 지점에서 우리는 치유된다. 향미가 명확한 스페셜티 커피만으로 경험할 수 있는 일이다.

커피에서 나는 단맛이 '달고나' 같을 때 어린 시절 운동회에서 쌈짓돈을 내주시던 할머니가 떠오르고, 건빵 같은 기분이 들어 논산 훈련소의 내무반이 생각난다면 잠시나마 그들을 그리워할 일이다. 향기로운 커피는 '프루스트의 마들렌'보다 더 강력하게 우리를 '잃어버린 시간'으로 데려다준다.

오지에서 작은 커피밭을 일구는 농부에게 스페셜티 커피의 오남용은 '폭력'이다. 말보다 커피 수확법을 먼저 깨쳤다는 콜롬비아 킨디오의 청년, 다섯 자녀와 함께 커피 재배로 생계를 이어가는 에티오피아 구지의 늙은 농부는 스페셜티 커피가 지닐 수 있는 횡포를 알지 못한다. 온 가족이 커피에 매달려 대를 이어 커피나무를 키우며 잘 익은 열매만을 가려내 생두를 생산할 뿐이다. 농부는 오로지 신神만이 커피 맛을 결정한다고 믿는다. 자신들은 하늘과 땅, 빛과 바람이 이끄는 대로 따를 뿐이라고 말한다. 이들의 소중한 커피가 바다 건너 저 멀리 있는 특정 협회의 점수를 받지 못했다고 해서 스페셜티 커피로 대우받지 못하는 것은 정의롭지 못하다.

품질 좋은 커피가 생산자와 소비자 모두에게 해를 입히는 '양날의 검'이 되어서는 안 된다. 스페셜티 커피의 개념이 탄생할 때, 그

단어에 담긴 커피 애호가들의 신념과 다짐을 되살려야 한다. 에르나 크누첸 Erna Knutsen이 1978년 국제커피회의에서 "산지의 지정학적인 미세한 기후 조건이 커피에 특별한 향미를 부여한다"고 연설했을 때 스페셜티 커피의 개념이 비로소 싹을 틔웠다. 커피 패러다임이 음료에

1978년 국제커피회의에서 에르나 크누첸은 "산지의 지정학적인 미세한 기후 조건이 커피에 특별한 향미를 부여한다"고 말해 스페셜티 커피의 개념을 싹틔웠다.

서 문화로 바뀐 순간이었다.

'자연을 담은 커피'라는 정신은 간곳없고 요행이 판치고 있다. 커피를 파는 사람들에게 스스로 이를 바로잡기를 기대할 수 없다. 내 돈을 주고 커피를 사는 사람들이 출처와 수확일이 명확한 커피를 가려 마시는 행동에 나서 빛바랜 스페셜티 커피의 가치를 되살려야 한다.

COFFEE HISTORY

제4장

커피는 짜다

커피와 다이어트

커피를 마시면 살이 빠질까? 반드시 그렇지는 않다. 커피만으로 다이어트 효과를 발휘하기는 힘들다. 다만 카페인이 식욕을 억제하고 체내 신진대사를 증가시키므로 체중 증가를 방지하는 데 도움이 될 수 있다. 하지만 불어난 체중을 줄이는 것은 성격이 다른 문제다. 커피는 운동을 해서 적극적으로 체중을 줄이고자 하는 사람들을 도와주는 보조 역할을 할 뿐이다. 따라서 체중을 줄이려면 커피보다는 운동을 우선시해야 한다.

모든 커피가 체중 감소를 도와줄 수 있는 것도 아니다. 설탕과 갖가지 시럽을 넣은 커피는 되레 건강을 해칠 수 있다. 커피를 마시는 양과 시점도 중요하다. 카페인 섭취량이 과도하면 다이어트 효과를 누리기에 앞서 혈압 상승, 구토, 불안감, 불면증 등 심각한 문제를 초래할 위험이 있다. 무분별하게 커피를 섭취하기보다는 균형적인 식사와 규칙적인 운동을 통해 체중을 감량하는 것이 바람직하면서도 효과적이다.

운동에 앞서 커피를 마시는 시점도 지방을 태우는 데 영향을 주는 요인이다. 카페인이 체내에 흡수되어 온몸으로 퍼져 지방을 태울 준비를 할 수 있도록 시간을 준 뒤에 운동을 해야 제대로 효과를 거둘 수 있다. 많은 연구가 나이가 들면 조금씩 체중이 불어나는 것으로 보고하고 있다. 이러한 점진적인 체중 증가를 막기 위해 블랙커피가 도움이 된다는 연구 결과도 이어지고 있으므로 중장년층의 체중 관리에도 커피가 요긴하다.

카페인은 운동 효율을 높이고 근육 피로도를 줄이는 대신 열량 소모율을 높이는 방식으로 다이어트 효과를 발휘한다. 같은 시간 운동을 해도 카페인을 섭취하면 에너지를 더 많이 소모하게 함으로써 더 많은 지방을 태우게 하는 것이다. 카페인이 운동에 미치는 영향을 조사한 연구에서 커피를 마셨을 때, 같은 거리를 사이클로 주파하는 데 걸리는 시간을 평균 2퍼센트 단축시키는 것으로 나타났다. 또 근력 운동에서도 카페인을 섭취하면 한번에 들 수 있는 최대 무게가 2~3퍼센트 증가하는 것으로 보고되었다.

운동 효율을 높이고 근육 피로도를 줄이기 위해서는 운동하기 30~90분 전에 커피를 마시되 카페인을 210~420밀리그램 섭취해야 한다는 연구 결과도 있다.

한 연구에 따르면 이러한 효과를 보려면 몸무게 70킬로그램의 성인 남성을 기준으로 할 때, 운동을 하기 30~90분 전에 커피를 마시되 카페인을 적어도 210~420밀리그램 섭취해야 한다. 커피에 들어 있는 카페인이 흡수되어 혈중 농도가 최대치에 도달할 때까지 체질에 따라 30~90분이 걸리기 때문이다. 이 정도의 카페인을 섭취하려면 통상 아메리카노 2~3잔을 마셔야 한다.

운동하기 전에 커피를 마시면 다음과 같은 장점이 있다. 첫째, 카페인이 중추신경계를 자극해 체내 호르몬 농도를 높여 운동 기능을 향상한다. 둘째, 카페인이 근육 경련을 줄이고 지구력을 향상하며, 미세한 근육 손상을 방지해준다. 셋째, 카페인이 지방 분해를 촉진해 운동할 때 지방 연소 효과를 높일 수 있다. 넷째, 폴리페놀 성분이 운동으로 인한 산화 스트레스를 줄여주어 근육 손상 예방에 도움을 준다. 반면 운동한 후에 커피를 마시면 다음과 같은 장단점이 있다. 첫째, 카페인이 식욕을 떨어뜨리고 체지방 분해에 좋은 영향을 준다. 둘째, 혈중 글리코겐이 높아져 운동 효과를 더욱 높일 수 있다. 셋째, 카페인의 이뇨 작용으로 이미 땀을 흘린 몸에 탈수를 부추길 수 있다. 넷째, 스트레스 호르몬인 코르티솔 과다로 염증이 증가하고 심혈관계나 면역력에 문제가 생길 수 있다.

그러나 살을 빼려고 운동할 때마다 카페인을 장기간 섭취하는 것은 내성이 생기기 때문에 유익하지 않다는 점을 주의해야 한다. 몸이 피곤할 때 분비되는 아데노신이 카페인 섭취로 인해 오랫동안 수용체에 결합하지 못하면 체내에 아데노신 수용체가 증가한다. 이에 따라 이전과 같은 효과를 얻으려면 더 많은 카페인을 섭취해야 하기 때문에 불면증, 불안감, 심장박동 증가, 위장 장애, 두통 등 다양한 부작용을 초래할 수 있다. 이런 상태에 접어들어 카페인을 갑자기 끊는 것도 문제가 된다. 이미 숫자가 늘어난 아데노신 수용체의 기능으로 인해 두통과 무기력 등이 발생할 수 있기 때문이다. 따라서 언제나 커피에 의존한 다이어트 효과를 거둘 수 있는 것은 아니다.

커피가 다이어트에 도움을 주는 것은 카페인 성분이 신진대사를 증진해 체지방을 태우도록 하기 때문이다. 커피 이외에 아무것도 넣지 않은 블랙커피여야만 이러한 효과를 극대화할 수 있다. 칼로리를 높이는 설탕이나 우유 등을 커피와 함께 섭취하면 체중 감소를 기대하기 힘들다. 블랙커피 한 잔(240~300밀리리터)은 5칼로리로 열량이 낮지만, 설탕과 우유가 첨가되면 열량·당·지방 함량이 높이지기 쉽다. 과잉된 열량은 체내에 지방으로 축적된다.

카페인은 휴식을 취할 때도 칼로리를 연소하는 비율인 '기초대사율'을 증가시킬 수 있는 드문 물질 중의 하나다. 그러나 식욕이 왕성해짐에 따라 먹는 양이 늘어나면 커피의 도움을 받아도 살을 빼기 어렵다. 이런 측면에서 허기를 느끼지 않도록 도와주는 카페인의 효능이 가치가 있다. 카페인이 배고픔을 조절하는 호르몬인 그렐린Ghrelin의 수치를 떨어뜨리는 방식으로 식욕을 억제하는 것으로 추정된다. 매일 커피를 마시면 4주 이내에 포만감을 증가시켜 음식 섭취량이 줄어들도록 했다는 연구 보고가 있다.

설탕과 크리머를 넣은 커피는 건강을 해칠 수 있다. 또한 카페인 섭취량이 과도하면 다이어트 효과를 누리기에 앞서 심각한 문제를 초래할 수 있다.

카페인으로 인한 수면 부족은 '다이어트의 적'이다. 수면 부족은 식욕 증가와 배고픔, 특히 고열량 음식과 관련이 있다. 여러 연구를 통해 수면 부족이 그렐린의 분비를 증가시키고, 이로 인한 칼로리 섭취가 체중 증가로 이어질 수 있다는 사실이 드러났다. 커피가 주는 건강상 이점을 얻는 동시에 체중 감량 효과를 거두려면 커피를 240밀리리터 컵으로 하루에 4잔 이하(카페인 400밀리그램)로 마실 것이 권장된다.

로스팅하지 않은 커피 생두는 녹색이기 때문에 일반적으로 '그린 커피 빈green coffee bean'이라고 불린다. 여기에는 체지방 감소에 핵심 작용을 하는 클로로젠산이 온전히 담겨 있다. 클로로젠산은 열에 약하기 때문에 로스팅 과정 중 쉽게 파괴되어 소실된다. 또 로스팅 과정에서 생성되는 '하이드록시 하이드로퀴논hydroxy hydroquinone'이 클로로젠산의 흡수를 차단하기 때문에 볶지 않는 것이 체지방을 제거하는 데 유익하다.

클로로젠산은 지방대사를 촉진하는 '아데노신 일인산 활성화 단백질 인산화효소AMPK'를 활성화한다. 체내 AMPK가 활성화되면 간에서 지방산 합성 과정으로 가는 경로를 막아 지방산 합성을 감소시키며, 지방산의 산화를 촉진한다. 더불어 콜레스테롤 합성 경로도 막는다. 그린 커피 빈 추출물은 동물 실험과 인체 적용 시험을 통해 체중, 체질량 지수, 체지방 감소 효과가 확인되어 도움을 줄 수 있다는 기능성을 인정받았다. 하지만 커피 생두를 직접 끓여 추출물을 마시는 것은 금물이다. 생두를 섭씨 100도로 끓여서는 박테리아나 곰팡이 감염에 따른 독소 물질이 제거되지 않으므로 몸에 해로울 수 있다.

커피와 낮잠

    피곤을 풀어주는 꿀잠과 각성을 유발하는 커피가 만나 '원기 회복'과 '에너지 발산'이라는 두 마리 토끼를 잡을 수 있을까? 커피와 잠은 서로 어우러지기 어려운 것처럼 보이지만, '커피 냅coffee nap'으로 연결되어 뜻밖의 효과를 만들어낸다. '냅'은 짧게 자는 잠을 의미한다. 특히 낮잠을 뜻하므로, 커피 냅은 '커피 낮잠'으로 풀이된다.

    커피 낮잠의 목적은 자고 난 뒤 에너지와 집중력을 더욱 강화하는 데 있다. 따라서 피곤이 쌓이기 시작하는 오후에 일의 효율을 높여야 하는 직장인이나 불침번을 서야 하는 근로자, 벼락치기에 몰린 수험생에게 요긴하다. 커피 낮잠의 방법은 간단하다. 커피를 마신 뒤에 낮잠을 자면 된다. 커피를 마시고 잠들 수 있겠나 싶겠지만, 카페인이 뇌에 들어가 각성을 유발하는 데에는 15~20분이 걸린다. 이러한 시간 차를 이용해 커피를 마시고 20분가량 자고 일어나는 것이 요령이다.

    영국 러프버러대학 연구팀이 1997년 진행한 실험은 '커피 낮잠 연구의 고전'으로 통한다. 연구팀은 성인들을 15~20분 낮잠만 재운 팀, 커피만 마시게 한 팀, 커피를 한 잔(카페인 200밀리그램) 마시

커피를 마시고 20분가량 자고 일어나면, 에너지와 집중력을 더욱 강화할 수 있다. 시종이 피곤한 나폴레옹을 위해 커피를 건네주고 있다.

고 낮잠을 자게 한 팀 등 세 그룹으로 나누었다. 이들을 2시간 동안 자동차 시뮬레이터simulator에서 단조로운 운전을 해서 졸리고 피곤한 상태로 만든 뒤 각각 3개 과정을 거쳤다. 그 결과, 커피와 낮잠을 병행한 그룹이 운전에서 실수가 가장 적었으며, 뇌파 촬영 자료 분석을 통해 기억력과 주의력이 가장 높아진 것으로 판명되었다.

이 논문이 세계적 권위의 『국제 정신생리학 저널International Journal of Psychophysiology』에 「운전자의 졸음 억제: 짧은 잠과 카페인의 조합」이라는 제목으로 게재된 뒤 미국, 호주, 일본 등지에서 유사한 연구가 이어져 커피 냅 또는 '카페인 냅caffeine nap'은 어엿한 학술용어가 되었다.

'커피 냅의 함수'를 풀기 위해서는, 인간이 활동을 많이 하면 왜 나른해지고 잠이 오는지를 이해해야 한다. 에너지 소모가 많아지면 뇌는 체력이 떨어진 몸과 정신을 보호하고 기력을 회복하기 위해 아데노신이라고 하는 신경전달물질을 분비한다. 피곤할수록 아데노신이 뇌에 축적된다는 설명도 옳다. 뇌가 활동하기 위해 생체 에너지를 소모하면, 아데노신이 생성되고 농도가 높아지기 때문이다.

아데노신이 특정 수용체(아데노신 수용체)에 결합하는 숫자가 많아질수록 졸린 느낌이 강해져 잠들게 된다. 잠을 자는 동안 자연스럽게 아데노신 농도가 낮아지기 때문에 잠에서 깨면 개운한 각성 상태가 되고, 이런 과정이 24시간을 주기로 반복되어 취침과 기상의 사이클을 돌게 된다. 커피가 잠을 쫓는 이유는 카페인 덕분이다.

카페인의 화학구조는 아데노신이 특정 수용체와 결합하는 부위와 비슷하게 생겼다. 따라서 카페인의 농도가 높아지면 아데노신이 결합해야 할 수용체를 카페인이 꿰차고 들어앉기 때문에 잠을 유발하는 신호가 발생하지 않는다. 신경 신호를 유발하는 같은 수용체라고 하더라도 아데노신이 붙으면 신경세포의 활동을 둔화시켜 졸리게 하고, 잠자는 동안에 산소 공급을 위해 혈관을 팽창시켜 기운을 차리게 만들어준다. 하지만 카페인이 붙으면 이런 신호가 사라지고, 혈관을 수축시켜 혈압을 높이는 동시에 간에서 혈당을 분비하게 함으로써 근육으로 하여금 운동할 준비를 시키는 것이다.

잠을 자는 동안 피곤을 유발하는 아데노신의 농도가 낮아지는 상태에서 카페인을 도착시켜 각성 효과를 극대화하는 것이 곧 커피 냅의 전략인 것이다. 커피를 통해 섭취한 카페인은 소장을 거쳐 혈류로 들어가 뇌로 넘어가는 데 20분 정도 걸린다. 따라서 커피를 마시고 20분가량 잔 뒤 일어나야 제대로 효과를 볼 수 있다.

커피를 마시고 긴 잠에 빠지면 각성 효과는 크게 떨어진다. 이 대목은 자다가 일어난 뒤 한동안 잠에 취해 깨어나지 못하는 현상을 지칭하는 '수면 관성sleep inertia'으로 풀이할 수 있다. 움직이는 물체가 계속 움직이려 하는 것처럼 잠에서 깨어나더라도 수면 상태를 지속하려는 성질 때문에 졸린 상태가 짧게는 1분에서 길게는 2시간 이어진다.

커피 냅을 실행할 때, 알람을 맞춰 '20분 룰'을 잘 지켜야 한다. 알람을 여러 차례 맞춰 깨어나고 잠들기를 반복하면 수면 관성 시간이 길어져 되레 피곤해진다. 신체가 잠에서 깨어날 때, 뇌가 도파민과 코르티솔과 같은 각성 호르몬을 분비하고, 더욱이 20분 전에 몸에 들어온 카페인이 뇌에 도착해 각성을 촉진할 준비를 끝냈는데, 알람을 끄고 다시 자면 모든 준비는 수포로 돌아가고 졸음을 유발하는 아데노신이 다시 분비될 뿐이다.

커피가 잠을 쫓아줄 것이라고 믿고 계획성 없이 커피를 마시면 수면의 질을 떨어뜨려 건강을 해칠 수 있다. 교대 근무가 잦은 간호사와 경찰공무원, 산업장 근로자를 상대로 한 국내의 여러 논문을 보면, 교대 근무자들의 카페인 섭취량이 비非교대 근무자들에 비해 대체로 1.5배가량 많았다. 이로 인해 수면의 질이 떨어져 근무시간에 졸림 현상이 이어지고 주의 집중도가 떨어지는 등 적잖은 후유증을 겪는 것으로 나타났다.

야간 경계근무와 야간 훈련이 반복되는 군인들도 요즘 커피를 많이 마시고 있는 상황에서 카페인 섭취량과 수면 후유증을 조사한다면 앞선 조사들과 비슷한 결과가 나올 것으로 예측된다. 따라서 국가와 국민을 지키는 군인들의 건강과 근무 효율을 높이기 위해 '지혜로운 커피 음용법'에 대한 관심이 필요하다.

무엇보다 출처가 정확한 품질 좋은 커피를 제공하는 것은 당장 할 수 있는 일이다. 보급품으로 제공하는 인스턴트커피뿐만 아니라 군인들이 근무 중에 접하게 되는 모든 커피의 품질을 높여야 한다. 커피는 농작물이기 때문에 해마다 새로운 커피가 생산된다. 햅쌀과 같은 이치다. 국내에는 묵은쌀처럼 질이 좋지 않은 묵은 커피가 많이 유통되고 있다.

아울러 카페인의 하루 섭취량이 국제적인 권장량인 400밀리그

커피가 잠을 쫓아줄 것이라고 믿고 계획성 없이 커피를 마시면 수면의 질을 떨어뜨려 건강을 해칠 수 있다.

램(아메리카노 3~4잔 분량)을 넘지 않도록 해야 한다. 커피 냅 프로그램을 군대에 도입한다면 사용할 커피의 품질을 깐깐하게 따지는 것이 선행되어야 한다.

기원전 10세기경 다윗왕에게서 시작되어 아들 솔로몬을 거쳐 오스만제국의 술레이만 1세Suleiman I와 프로이센의 프리드리히Friedrich 대왕, 프랑스의 나폴레옹Napoléon, 미국 남북전쟁의 에이브러햄 링컨, 6·25전쟁의 더글러스 맥아더Douglas MacArthur 장군에 이르기까지 커피는 전장의 군인을 깨워 스스로 목숨을 지키도록 도와주었다. 지금 이 순간 우크라이나 전선에서도 제즈베에 에스프레소 더블 샷을 섞은 진한 커피가 병사들로 하여금 공포에 찬 밤을 견디게 해주고 있다. 한 국가가 제공할 수 있는 최선의 커피는 마땅히 군인에게 먼저 가야 한다. 문제는 커피를 어떻게 활용하느냐에 따라 가치와 효과가 달라진다는 점이다.

커피와 탈모

커피가 건강에 좋다는 인식이 확산되고 있지만, 일부 질환이나 증상에 대한 효용성은 견해가 엇갈리기도 해서 혼란스럽다. 특히 당뇨병·고혈압·탈모에 커피를 마시는 게 유익한지를 두고 검증되지 않은 말이 많이 나돈다. 여러 연구 결과를 자세히 따지지 않으면 커피의 기능이 상반된 것처럼 보이는 탓이다. 문제는 '커피 자체가 지닌 효능의 진위'가 아니라 '쓰임새'에 있다. 결국 커피는 '건강하게 마셔야' 몸에 좋다.

커피를 당뇨병 관리에 활용할 수 있다는 희망은 2022년 6월 일본 국립암센터의 연구 발표로 더욱 커졌다. 9,855명(남자 3,852명 평균 62세, 여자 6,003명 평균 61세)을 추적 조사한 결과 남녀 모두 커피를 하루 120~240밀리리터나 240밀리리터 이상 마신 사람이 커피를 전혀 마시지 않은 사람에 비해 공복 시 혈당 수치가 통계적으로 유의미하게 낮았다(남자는 1.8~1.9mg/dL, 여자는 1.1~1.4mg/dL). 조사 대상인 녹차, 우롱차, 홍차, 과일 주스(과즙 100퍼센트 사과와 오렌지 주스), 청량음료(콜라와 에너지 음료), 물을 마신 경우와 비교해 커피를 마신 경우만 남녀 모두 공복 혈당 저하 현상이 나타났다.

2023년 4월 네덜란드 에라스무스 MC 대학병원이 15만여 명을 평균 10여 년간 추적 조사해 발표한 역학조사 결과에서도 "커피 한 잔을 추가로 마실 때마다 제2형 당뇨병 위험을 4~6퍼센트 낮출 수 있다"고 나왔다. 연구팀은 "인슐린 저항성을 나타내는 지표와 체내 염증 지표도 낮아졌다"며, "커피를 즐기면 당뇨병 위험이 낮아지는 것은 C-반응성 단백질CRP(체내 염증이 생길 때 간에서 혈액으로 내보내는 단백질)이 줄어든 영향일 수 있다"고 추정했다. CRP 감소로 인한 당뇨병 예방 효과는 물 이외에는 아무것도 넣지 않은 블랙커피와 금연자에게서 뚜렷했다.

포르투갈 코임브라대학 연구팀은 2023년 1월 커피에 들어 있는 카페인과 폴리페놀 성분이 과체중과 제2형 당뇨병을 앓고 있는 사람들의 비알코올성 지방간 질환 발생을 억제한다고 밝혔다. 커피에 들어 있는 카페인, 폴리페놀 등 생리활성물질들이 간의 산화 스트레스에 대항해 비알코올성 지방간 억제에 도움을 주기 때문이다. 비알코올성 지방간과 제2형 당뇨병은 과체중, 인슐린 저항성, 간·지방 조직의 염증 등과 같은 매우 유사한 위험 인자들을 공유한다. 이런 효과는 하루에 커피 3잔 정도를 마시면 볼 수 있는데, 반드시 블랙커피여야만 한다고 연구팀은 조언했다.

당뇨병은 췌장의 인슐린 분비에 문제가 생겨 몸 안의 포도당이 분해되지 않고 소변으로 빠져나가는 질환이다. 주요 발병 원인으로 불규칙한 식습관과 비만, 운동 부족과 과도한 스트레스, 가족력 등이 꼽힌다. 특별한 증상 없이 뇌졸중, 심근경색 등 합병증까지 일으켜 '침묵의 암살자'로도 불린다.

고혈압은 당뇨병, 동맥경화증, 뇌졸중, 알코올성 간질환, 퇴행성 관절염 등과 함께 '생활습관병'으로 불리기도 한다. 식음료 섭취, 운동, 흡연, 음주 등의 생활습관으로 인해 발생하는 병이기 때문이다. '습관'이 만들어낸 병은 '습관'을 올바르게 고쳐야 다스릴 수 있다. 여기에는 커피를 마시는 습관도 포함된다. 이화여자대학교 의과대학팀이 2023년 8월 국내에 사는 19세 이상 1만 2,133명(남자 5,303명, 여자 6,830명)의 의료 자료를 분석한 결과 커피를 하루에 2잔 넘게 마신 사람이 2잔 이하로 마신 사람보다 고혈압에 걸릴 위험성이 최대 24퍼센트까지 낮은 것으로 나타났다고 밝혔다.

하루에 커피를 2잔 넘게 마신 사람이 2잔 이하로 마신 사람보다 고혈압에 걸릴 위험성이 낮다는 연구 결과가 발표되었다.

이탈리아에서는 커피 자체에 혈압을 낮춰주는 칼륨, 마그네슘, 산화방지제가 풍부하게 들어 있어 고혈압에 유익하다는 연구 보고가 나왔다. 대한고혈압학회에 따르면, 고혈압은 수축기 혈압이 140수은주밀리리터mmHg 이상이거나 이완기 혈압이 90수은주밀리리터 이상인 경우다. 단, 심혈관 질환 고위험 고혈압 환자는 130/80수은주밀리리터 미만으로 조절하도록 권고를 받는다. 항간에는 "커피를 마시면 혈압이 오른다"는 그릇된 인식이 제법 널리 퍼져 있다. 2022년 일본에서 커피를 2잔 이상 마시면 중증 고혈압 환자의 사망률이 2배로 높아진다는 연구 결과가 발표되는 등 커피가 고혈압에 좋지 않다는 내용을 담은 연구가 적지 않았다.

그러나 최근 국제학술지에 게재된 논문 13건을 분석한 결과에서는 커피와 고혈압의 상관관계가 없다는 결론이 나왔다. 커피를 계속 마시면 혈압이 오른다고 밝힌 논문 중 통계적으로 유효한 것은 하나밖에 없었다. 그것도 커피를 하루 4잔 이상 마셔 카페인 하루 섭취량을 넘겼을 경우다. 커피를 마시면서 혈압을 관리하려면 카페인 하루 섭취량을 지켜야 한다.

커피를 마신 뒤 혈압이 상승하는 것은 일시적 현상이라는 분석에 무게가 실리고 있다. 장기적으로는 커피에 들어 있는 풍부한 섬유질과 폴리페놀 등의 주요 성분이 카페인으로 유발된 승압 작용에 대한 내성, 항염증 작용 등을 통해 유익한 효과를 낸다는 견해가 우세하다. 카페인은 혈관을 수축해 즉각적인 혈압 상승 효과를 내지만, 클로로젠산은 항산화 작용을 통해 활성산소에 기인한 혈압 상승을 억제하고 항고혈압 효과를 낼 수 있다.

"커피를 많이 마시면 머리카락이 빠진다"는 말은 '커피의 탈수 작용' 때문에 생긴 오해다. 아메리카노 5~6잔을 마시면 카페인의 이뇨 작용으로 몸에서 2.6퍼센트가량의 수분이 배출되는 것으로 보고

커피를 하루에 40~50잔을 마셔야 탈모 예방 효과를 볼 수 있다. 따라서 커피 음용보다는 카페인 함유 샴푸를 꾸준히 사용하는 방법 등이 오히려 현실적이다.

되었다. 수분이 1퍼센트 정도 빠져나가면 갈증을 느끼고 5~6퍼센트가 빠져나가면 체온 조절이 어렵다. 수분이 11퍼센트 이상 빠져나가면 목숨이 위태로워지는 지경이 된다. 신체에서 수분이 2.6퍼센트 빠지면 두피뿐만 아니라 피부가 건조해지는데, 모발 성장에 악영향을 끼친다.

카페인이 중추신경을 흥분시키면 남성 호르몬인 테스토스테론의 변형체인 디하이드로테스토스테론DHT이 증가하고, DHT가 모낭을 공격해 탈모를 부추긴다는 주장이 있다. 그러나 카페인 하루 섭취량을 넘지 않으면 큰 문제가 되지 않는다. 커피가 인슐린 분비

를 촉진하고, 과도하게 분비된 인슐린이 혈당의 일정 부분을 지방으로 만들어 혈관에 부담을 줌으로써 머리카락을 쉽게 빠지게 만든다는 견해도 있다. 또 커피가 혈액 부족을 유발해 모발 생성을 억제한다는 시각도 있지만 과학적으로 입증되지 않은 주장들이다.

반면 커피가 탈모에 유익하다는 주장도 있다. 탈모는 대부분 남성 호르몬인 테스토스테론의 과다 분비로 유발된다. 테스토스테론이 지나치게 많으면 모근이 약해지고 모낭의 대사 활동이 원활하지 않게 되어 탈모가 생긴다. 이 테스토스테론의 영향을 억제하는 물질이 카페인이다. 그러나 커피를 마시면 카페인 성분이 모근에만 집중적으로 작용하는 게 아니라 온몸에 퍼지므로 하루에 40~50잔을 마셔야 논문에서 보고된 탈모 예방 효과를 볼 수 있다. 따라서 커피를 마시기보다는 카페인 함유 샴푸를 꾸준히 사용하는 방법 등이 오히려 현실적이다. 그렇다고 커피를 머리에 바르는 것은 바람직하지 않다. 커피에 들어 있는 다른 성분이 두피를 자극할 수 있다.

카페인의 유혹

아침 이슬이 채 마르기 전에 꽃밭에 나가 꿀을 따고 있는 벌은 보기에 참 좋다. 부지런한 모습이 장하기도 하거니와 맛있는 꿀을 잔뜩 모으고 있으니 얼마나 행복할까 싶다. 그런데 그 꽃이 커피꽃이라면 이야기가 달라진다. 커피꽃에 연이어 날아드는 꿀벌들을 보면 연민마저 느껴진다.

영국 뉴캐슬대학 신경과학연구소 제럴딘 라이트Geraldine Wright 박사가 "꿀벌이 커피꽃을 다른 꽃들보다 3배나 더 잘 기억한다"는 연구 결과를 발표한 지 어느새 10여 년이 지났다. 『사이언스』에서 "커피나무가 꿀에 카페인을 넣어 벌을 중독시킴으로써 다른 꽃들보다 자신을 먼저 찾아오게 한다"는 사실이 2013년 밝혀진 뒤 벌을 보는 커피 애호가들의 표정은 애틋하다.

카페인 금단 증상으로 인해 '카페인 꿀'을 찾아 커피꽃으로 떼를 지어 몰려가는 벌들의 모습에 현대인의 고단한 삶이 비친다. 우리가 잠에서 깨어 비몽사몽한 상태에서도 커피부터 찾아 몸을 일깨우려 애를 쓰는 습관도 카페인에서 비롯되었다. 하루의 첫 커피에 대한 강한 집착은 '지그시 눈을 감게 만드는 향미의 매력'이 아니라

영국 뉴캐슬대학의 제럴딘 라이트의 연구에 의하면 "커피나무가 꿀에 카페인을 넣어 벌을 중독시킴으로써 다른 꽃들보다 자신을 먼저 찾아오게 한다"고 한다.

'뿌리칠 수 없는 카페인의 유혹'에서 초래되었다.

　인류민이 거피 열매에 들어 있는 씨앗에서 유익한 성분을 추출해 요긴하게 사용하는 지혜를 깨우쳤다. 숨겨진 자연의 본성을 찾아내는 인간의 면모들은 가히 '만물의 영장'다운 행동이라고 하겠다. 그러나 '인간은 고등하고, 식물은 하등하다'는 통념은 커피나무를 생각할수록 고개를 갸우뚱하게 만든다. 카페인을 '생명 현상의 요긴한 도구'로 활용하는 전략의 진정한 주체는 인간일까, 커피나무일까?

　카메룬의 깊은 산속에서 치자나무의 모습으로 태어난 커피나무가 카페인을 장착해 꼭두서닛과 코페아속Coffea屬의 자격을 갖춘 뒤에는 인류를 유혹하며 급속하게 전 세계로 퍼져 나갔다. 카페인에 취해 꽃가루를 묻혀 이곳저곳 옮겨주는 꿀벌이나 한 잔의 커피를 위해서라면 산꼭대기까지 개간해 커피나무를 심는 우리는, 사실 커피나무에는 '번식을 위한 도구'쯤이 아닐까 싶다. 창조론에 따르면 모든 생물을 다스리고 관리해야 할 인간이니 '커피의 포로'가 되지 않도록 카페인 중독을 피해 '인간답게' 커피를 즐길 일이다.

카페인 하루 섭취량을 고려하지 않고 커피를 마구 마셔대는 마니아를 향한 강력한 경고는 2013년 미국정신의학회에서 나왔다. '카페인 중독'만을 정신질환으로 관리하던 미국정신의학회가 '카페인 금단' 역시 정신질환 리스트에 올렸다. 중독과 금단은 카페인에 빠진 정도가 아니라 당사자가 처한 상황에 따라 다르다. 카페인 중독은 카페인을 지나치게 많이 섭취할 때 발생한다. 카페인을 지속적으로 복용하면서 겪는 증상인데, 의존도가 높을수록 더 자주 더 많은 양의 카페인을 갈망하게 된다. 수면 장애, 불안감, 심장박동 증가와 같은 신체적·정신적 증상을 겪으면서도 카페인 섭취를 멈추지 못한다. 금단은 일반적으로 중독자가 중독 물질을 갑자기 중단하거나 줄이는 과정에서 겪는 물리적·정신적 증상을 의미한다. 증상은 중독 물질에 따라 나타나는 양상이 다르다.

카페인 금단은 중독될 정도로 카페인에 젖어 있는 상태가 아니더라도 겪게 된다. 카페인을 일상적으로 섭취하던 사람이 카페인을 중단해도 증상이 나타난다. 두통, 피로감, 집중력 감소, 우울감 등이 대표적이다. 미국정신의학회가 카페인 섭취를 중단하거나 줄인 후 24시간 이내에 발생할 수 있는 '금단 증상 12가지'를 지정해 관찰하고 있다. 다음 12가지 증상, 즉 두서없는 사고와 언어, 근육 경련, 소화 불량 등 위장 장애, 안절부절못함, 신경질적이거나 예민함, 흥분, 불면, 얼굴 홍조, 잦은 소변이나 소변량 과다, 주의 산만, 무기력, 빠르고 불규칙한 맥박 등에서 5가지 이상의 증상을 보인다면, '카페인 중독'을 의심해야 한다.

카페인 하루 섭취량이 있기는 하지만 체질이나 식이 습관에 따라 증상은 다르게 나타날 수 있다. 따라서 각자 커피를 많이 마셨다 싶을 때 나타나는 신체의 변화를 올바르게 감지할 줄 알아야 한다. 가장 먼저 확인해야 할 것은 혈압 상승 여부다. 커피를 하루에 4잔 이상 마시면 혈압이 급상승할 수 있는 것으로 보고되었다. 졸음을 유발해 신체를 쉴 수 있게 하는 아데노신 수용체를 카페인이 차단해 에너지를 증가시키기 때문이다. 카페인이 들어 있는 음료를 마시면 30분 이내에 혈압이 상승하며, 상황

근육 경련, 소화 불량, 흥분, 불면, 얼굴 홍조 등의 증상을 보인다면, '카페인 중독'을 의심해야 한다.

에 따라서는 약 4시간 후에도 혈압 상승 현상이 나타날 수 있다.

소변이 마려워 화장실을 자주 찾게 되는 것도 카페인 과다 섭취에 대한 신호일 수 있다. 카페인은 신장으로 가는 혈류를 증가시키고 신체에 흡수되는 수분과 나트륨의 양을 감소시켜 소변을 자주보게 만든다. 잦은 화장실 방문은 탈수를 유발해 두통이 생길 수 있다는 점에서도 경계해야 한다.

커피 마니아는 복통도 가볍게 여겨서는 안 된다. 커피와 차를 마시는 것은 과민성대장증후군 증상, 위산 역류, 묽은 변과 관련이 있다. 카페인이 위산 분비를 증가시킨 탓이다. 카페인이 소화기관에서도 각성 효과를 나타내 배탈을 유발할 수 있는 것이다. 불안하고 초조한 기분이 드는 것도 카페인 과다 섭취에 따른 부작용이다. 카페인이 심장박동과 심장에서 나오는 혈액의 양을 증가시켜 장기를 자극할 수 있다. 카페인이 뇌 활동을 증가시키고 수면을 방해하는 것도 불안감을 유발하는 원인으로 작용한다.

커피를 건강하게 마시려면 하루 카페인 섭취량인 400밀리그램을 넘지 않도록 해야 한다. 임신부는 종전 300밀리그램에서 200밀리그램 이하로 하루 섭취 권장량이 까다로워졌다. 카페인 섭취량이 많으면 아이의 저체중을 초래하는 것으로 드러났다. 커피 음료에 따라 한 잔에 담긴 카페인의 양이 다른데, 일반적으로 하루 4잔 이하로 제한하는 것이 바람직하다. 하루에 600밀리그램 이상의 커피를 마시면 부작용을 감수해야 한다.

인스턴트커피 한 잔에는 약 100밀리그램의 카페인이 들어 있고,

에너지 음료는 250밀리리터 캔에 80밀리그램의 카페인을 함유할 수 있다. 카페인이 걱정된다면 추출법이나 음료의 유형을 따지지 말고 '디카페인 커피'를 즐기는 것이 안전하다.

미각도 늙는다

세상에 변하지 않는 것은 없다. 커피 맛을 다르게 하는 요인은 수없이 많다. 커피 가루의 굵기가 같더라도 입자 형상形狀에 따라 추출 양상이 달라진다. 같은 온도의 물을 쓴다고 하더라도 경도輕度에 따라 추출되는 성분이 차이가 난다.

한 잔에 담긴 같은 커피라도 시간의 흐름에 따라 향기 성분이 증발되고, 온도가 낮아지면서 일부 성분은 분해되거나 결합하기 때문에 향미의 속성이 다르게 발휘된다. "같은 강물에 발을 두 번 담글 수 없다"는 헤라클레이토스Hērakleitos의 혜안은 커피 테이스팅에도 적용된다.

커피 추출을 둘러싼 이화학적 요소들을 첨단 장치로 통제한다고 해도 커피 맛은 결국 매번 달라지게 마련이다. 마시는 사람의 몸과 마음도 변수이기 때문이다. 첫 모금과 두 번째 모금의 커피 맛은 다르다. 사실 커피잔을 비울 때까지 맛이 미세하게나마 다르게 감지된다.

그러므로 커피도 마시는 사람과 함께 나이 들어간다. 커피를 오랜 친구처럼 사귀면 정서적인 도움을 받는 것뿐만 아니라 건강 관리에도 유익하다. 늘 마시던 커피가 어느 날부터 다르게 느껴지기 시작했다면, '커피의 변심'을 의심하지 말고 '내 몸에 변화가 있지 않나' 하고 생각할 일이다. 맛으로 노화를 자각할 수 있는 것은 '커피라는 오랜 친구의 선물'이다.

입맛이 떨어지는 것은 단지 날씨 탓만이 아니다. 특히 노인의 미각 변화는 주변 사람들이 함께 관찰해주면 좋다. 맛을 느끼는 세포는 젊고 건강할 때는 1만 개가량이 된다. 청력과 시력이 점점 떨어지는 것처럼 대체로 40~50대부터 미각세포 숫자가 줄어들고, 기능도 떨어져 맛 감각이 둔감해진다.

60대로 접어들면 후각과 미각 능력이 저하되는 속도가 더욱 빨라진다. 늘 마시던 커피가 더 시고 쓰다고 느껴지는 등 예전과 다르게 감지되기 시작했다면 노화나 다른 신체적 변화에 따른 것일 수 있다는 점을 자각해야 한다. 이런 신호를 무시하면 다른 음식들의 맛을 예전처럼 즐기기 위해 설탕을 많이 넣거나 소금을 치는 일이 잦아져 건강에 위험을 초래할 수 있다.

오래 묵지 않거나 벌레 먹지 않은 정상적인 커피에서 감지되는 신맛은 단맛이 함께 우러나는 과일 맛을 일컫는 것이다. 단맛이 감돌지 않는 신맛은 식초와 같은 날카로운 자극일 뿐이다. 쓴맛 역시 탕약이나 녹즙, 탄 누룽지와 같은 맛이 아니라 차의 타닌·레몬제스트lemon zeste나 다크초콜릿의 뉘앙스처럼 입안의 잔존물을 싹 닦아주는 말끔함을 느끼게 한다.

그런데 어느 날부터 커피의 이런 면모가 잘 보이지 않고 시고 쓰

오래 묵지 않거나 벌레 먹지 않은 정상적인 커피에서 감지되는 신맛은 단맛이 함께 우러나는 과일 맛을 일컫는다.

기만 한 자극으로 느껴진다면, 커피보다 자주 접하는 음식들을 지나치게 달거나 짜게 먹는다는 지표일 수 있다. 미각은 단지 혀에서 맛을 포착하는 물리적인 능력뿐만 아니라 뉴런을 통해 정보를 뇌에 보내 기존 정보들과 비교하는 능력에 따라서도 영향을 받는다. 따라서 커피와 음식을 섭취할 때마다 맛의 속성을 기억하는 것이 미각 능력을 유지하는 데 도움이 된다.

커피를 매일 즐기는 애호가들에게 커피의 향미는 몸 상태를 가늠하는 리트머스와 같다. 전체적으로 향미가 떨어진 것처럼 느껴진다면, '침샘 기능의 저하'가 원인일 수 있다. 침샘에 염증이 생긴다면 맛 구별에 장애가 생겨 여러 문제를 일으킬 수 있다. 만성질환 치료를 위해 처방된 약물도 미각 기능을 떨어뜨리고, 특히 퇴행성 뇌질환은 후각을 감퇴시킴으로써 미각에도 영향을 준다. 폐경기 여성도 호르몬 변화 때문에 침이 마르게 된다.

미각 능력이 떨어지면 먹는 기쁨을 쇠퇴시켜 정신건강에도 악영향을 끼칠 수 있다. 단맛에 대한 민감도가 저하되는 당뇨병 환자는 커피에 넣는 설탕의 양을 조절하지 못해 건강을 크게 해칠 수 있다. 아이스 아메리카노에 시럽을 넣는 횟수와 양이 늘어나거나 설탕과 크림이 들어간 커피믹스를 찾는 빈도가 잦아진다면, 우선 혈당을 체크해보는 게 좋다.

비만도 맛 감지에 좋지 않은 영향을 준다. 비만인 사람이 정상 체중인 사람과 같은 맛을 느끼기 위해서는 설탕은 2배, 소금은 1.8배가 더 필요한 것으로 보고되었다. 쓴맛을 위한 염화수소퀴닌은 3배, 신맛을 위한 시트르산은 1.2배 더 많아야 감지할 수 있다.

중년 이후에 복용하는 약물 종류가 많아지는 것도 미각 둔화를 초래한다. 진통제를 자주 먹어도 감각 신경에 내성이 생겨 미각이 감퇴할 수 있다는 연구 보고가 있으니 주의해야 한다. 신맛과 쓴맛에 대한 인지능력이 저하되면 덜 익거나 상한 음식, 또는 몸에 독이 되는 음식을 제대로 구분하지 못해 식중독 등 건강상의 문제가 발생할 위험이 있다.

후각에 대한 민감도를 유지하는 것이 맛을 지키는 비결이다. 향은 미각보다 민감하며, 맛에 더 큰 영향을 주기 때문에 '건강 예측 지표'로서 더 많은 연구가 진행되었다. 미국 존스홉킨스대학 연구

나이가 들면 후각과 미각 능력이 떨어진다. 특히 향은 미각보다 민감하기 때문에 '건강 예측 지표'로서 더 많은 연구가 진행되었다.

팀은 '후각을 노화의 지표'로 삼아야 한다고 제안했다. 후각에 대한 식별 능력과 민감도의 손상 정도를 파악하면 노화와 그로 인해 인체가 허약해질 수 있는 징후를 미리 파악할 수 있다는 것이다. 연구팀은 또 고령층이 치료받을 정도로 인지 장애를 겪고 있는지 확인하기 위해서 노인에 대한 주기적인 후각 검사를 제도적으로 도입하는 방안을 추진하고 있다.

후각 능력을 회복하는 데는 약물치료 외에도 일상 중에 실천할 수 있는 훈련 방법이 있다. 특정 냄새를 가진 다양한 물질을 반복적으로 맡으면 후각 능력을 회복할 수 있는 것으로 보고되었다. 특히 유칼립투스, 레몬, 장미, 정향 등 4가지 향은 각각 뇌의 서로 다른 후각 관련 부위를 자극하기 때문에 이들을 반복적으로 맡고 기억하는 것이 유익하다. 박하, 귤, 오렌지 등 감귤류 과일, 제라늄이나 일랑일랑, 계피 등도 각각 이들과 유사한 효과를 낼 수 있다. 다양한 물질의 향을 반복적으로 접해서 뇌에 각인시키면, 향이 미약하더라도 기억 능력에 의해 감지할 수 있다. 매번 향을 기억해내는 노력으로 후각 능력을 회복할 수 있다.

따라서 커피 한 잔을 마실 때마다 어떤 향미가 감지되는지를 구체적인 속성으로 기억하는 것은 몸과 마음을 건강하게 유지하는 비결이다. 후각 훈련에 활용되는 이 4가지 향은 모두 정상 품질의 커피에서 발휘되는 향미다. 커피의 향미를 찾아 즐기는 사람들이 신체적으로나 정신적으로 더욱 건강하고 행복하게 살아갈 수 있는 이유다.

커피는 역경을 이겨내게 한다

커피의 존재 가치는 무엇일까? 창조론적 관점에서 본다면 커피는 인류가 생육하고 번성하는 데 쓰임새가 있어야 한다. 각성 효과뿐만 아니라 각종 질병 예방과 치료에 요긴한 생리활성물질이 속속 커피에서 발견되는 것을 보면, 애초 본성이 그렇게 설정되었을 성싶기도 하다.

진화론적으로도 커피가 '인간을 위한 존재'라는 사실만큼은 분명해 보인다. 신화와 구약시대부터 인간이 위기에 빠졌을 때 커피는 비로소 존재를 드러냈다. 사냥에서 지쳐 돌아온 에서가 장자권을 야곱에게 주면서까지 목 뒤로 삼킨 붉콩죽과 다윗이 어려움을 겪고 있을 때 아비게일에게서 받은 볶은 곡식이 각각 커피였다는 주장이 17세기에 제기되었다.

기원전 10세기 무렵 시바의 여왕은 부족이 위기에 빠지는 것을 막기 위해 커피 향을 풍겨 솔로몬왕을 침실로 유혹한 끝에 장차 에티오피아 국왕이 될 아들을 얻을 수 있었다. 스파르타 전사들이 강건한 신체를 만들기 위해 어릴 때부터 집단 급식을 통해 섭취한 블랙 수프가 커피라는 주장은 청교도혁명 당시 헨리 블런트 경Sir

Henry Blount의 입에서 나왔다.

이런 이야기들이 실제 일어났는지를 증명할 방법은 없다. 그렇다고 부인할 만한 물증도 없다. 커피에 관한 비유와 은유로 가득 찬 스토리텔링에는 공통적으로 "커피가 인류에게 요긴하다"는 메시지가 담겨 있다.

기원후 벌어진 사건에서도 커피의 가치는 드라마틱하게 묘사된다. 커피의 기원과 관련해 '목동 칼디Kaldi와 염소 이야기'와 함께 회자되는 '오마르Omar의 전설'에서 커피는 산속에서 길을 잃은 수도승을 살려낸 열매로 묘사된다. 커피를 '이슬람의 음료'라고 부른 배경에는 마호메트를 살려냈다는 믿음이 깔려 있다. 페르시아 시대 설화로 전승되는 이 이야기에는 가브리엘 천사가 등장한다. 천사는 마호메트의 원죄를 없애주는 역할을 했다. 무슬림들은 가브리엘 천사가 잠자는 마호메트의 가슴을 열고 잠잠Zamzam 우물물로 심장을 씻은 뒤 믿음과 지혜를 넣고 봉했다고 믿는다.

독일의 언론인 하인리히 에두아르트 야콥Heinrich Eduard Jacob은 『커피의 역사』에 "동굴 수행을 하다가 과도한 수면 욕구에 빠지는 중병에 걸린 마호메트가 가브리엘 천사가 준 검은색 음료를 마시고 살아났다"고 적었다. 무슬림들은 뜨겁게 우려낸 이 음료를 '자극하는 것'이란 뜻을 가진 '카베'라고 불렀다. 카베가 17세기 유럽으로 전해지면서 '커피'로 불리게 된 것이다.

커피의 소중함을 강조하는 여러 화법 덕분에 중세를 거치면서 커피는 병을 치료하는 약으로 자리를 잡는다. 커피를 글자로 적은

인류 최초로 남극점에 도달한 아문센은 "아무리 졸리고 짜증이 나더라도 한 모금의 뜨거운 커피는 금세 사람을 기분 좋게 만들어준다"고 말했다. 남극점에 노르웨이 깃발을 꽂은 아문센과 대원들.

최초의 기록물은 기원후 10세기 위장병을 치료하기 위한 처방전이었다. 17세기 비엔나전투에서는 커피가 군인들을 졸지 않도록 각성시킴으로써 생명을 지키도록 도와주는 존재로 명성을 떨쳤다.

근현대사에서도 커피가 인류에게 고독의 친구, 상념의 친구, 구원의 존재가 된 사례를 여럿 발견할 수 있다. 1911년 노르웨이의 로알 아문센Roald Amundsen이 인류 최초로 남극점에 도달하는 과정에서 커피는 탐험대의 몸과 마음을 지켜주었다. 영하 70도에 달하는 극한의 환경에서는 통조림 캔도 부서지고, 치즈도 가루가 된다. 불을 때기 어려운 상황이 겹치면서 홍차마저 생잎으로 씹어야 했다. 그런 혹독한 상황에서도 아문센은 커피만은 챙기지 않을 수 없었다. 아문센은 자서전 『남극The South Pole』에서 "아무리 졸리고 짜증이 나더라도 한 모금의 뜨거운 커피는 금세 사람을 기분 좋게 만들어준다. 밤샘 근무를 하는 사람들에게 커피만큼은 항상 제공했다"고 적었다.

1914년 남극에서 조난되었으면서도 대원 27명을 모두 살려 귀환한 것으로 유명한 어니스트 섀클턴Ernest Shackleton도 커피에 찬사를 보냈다. 그가 남극 탐험의 경험을 적은 『어니스트 섀클턴 자서전South』을 보면, 어려운 환경에서도 커피는 대원들에게 일상이 되어주었다. 섀클턴은 "커피는 에너지를 주었고, 추위를 견디게 해주었다. 커피는 정신적 위안이 되었고, 우리는 커피를 마시면서 희망을 이야기했다"고 말했다.

인류가 예기치 못한 상황에서만 한계에 도전하는 것은 아니다. 스포츠에서도 커피가 절실하게 쓰인다. 아마도 이러한 사실을 경험으로 터득한 최초의 한국인은 남승룡이었을 것이다. 1936년 베를린올림픽은 손기정이 마라톤 금메달을 딴 것으로 유명하다. 당시 일본 메이지대학 재학생으로 마라톤에 출전한 남승룡은 대회장에 일찍 도착해 다양한 소식을 기사로 타전했다. 그는 연습 과정뿐만 아니라 경기 당일에도 출전 선수들에게 커피를 제공하는 것을 보고, 커피가 피로 해소와 경기력 향상에 도움이 된다는 사실을 간파했다.

한계에 도전하는 것은 인간의 본성인지도 모른다. 기네스북

스코틀랜드 사이클 선수 제니 그레이엄은 커피가 없었다면 지구를 한 바퀴 돌 수 없었을 것이라고 고백했다.

에 오른 수많은 기록을 보면 커피가 영광의 순간을 함께한 경우도 많다. 예를 들어 자전거로 가장 빠르게 세계를 일주한 여성으로 2018년 기네스북에 이름을 올린 스코틀랜드 사이클 선수 제니 그레이엄Jenny Graham은 아예 『커피 먼저, 세계는 그다음Coffee First, Then the World』이라는 제목으로 책을 출간해 눈길을 끌었다. 그는 커피가 없었다면 지구를 한 바퀴 돌 수 없었을 것이라고 고백하면서 기록의 영광을 커피에 돌렸다. 우리가 역경에 처힐 때 커피가 함께한다는 믿음은 적어도 커피 애호가들에게는 큰 위로가 된다.

인류가 생존을 위해 커피를 비축해야 하는 10가지 이유가 있다.

첫째, 커피가 수질을 개선한다. 둘째, 커피가 콜레라를 극복하도록 도와준다. 셋째, 커피가 정신적 경각심을 증가시킨다. 넷째, 커피가 에너지를 준다. 다섯째, 커피는 포만감을 준다. 여섯째, 군인들에게 커피를 마시도록 권장한다. 일곱째, 커피는 물물교환하기 쉽다. 여덟째, 커피는 사기를 향상시킨다. 아홉째, 커피는 암 환자를 도와준다. 열째, 커피는 건강하다.

커피와 차, 어느 것이 몸에 좋을까?

커피 애호가는 그다지 차를 즐기지 않고, 다객茶客은 되도록 커피를 멀리한다. 커피와 차는 왜 우리에게 진영을 갈라놓는 존재가 되었을까? 일상에서 커피와 차를 선택해야 하는 상황에 종종 처하는 것도 원인이 될 수 있다. 우유는 언급할 필요도 없고 주스와 탄산음료, 심지어 알코올류를 커피 혹은 차와 섞은 메뉴를 쉽게 접할 수 있다. 차에 위스키를 섞어 만드는 '얼그레이 하이볼'이 그렇다.

반면, 커피와 차를 섞은 음료는 찾기 힘들다. 그러다 보니 대접할 때나 받을 때 둘 중 하나를 고르라는 압박을 받기 마련이다. 누군가 호기심에 둘을 혼합해 마시는 것을 시도했을지 몰라도, 대중의 호응을 이끌어내 어엿한 메뉴로 승화하지는 못했다. 한때 미국에서 '커피 버블티bubble tea'가 나왔다고 해서 양 진영의 주목을 끌기도 했지만, 열대식물인 카사바로 만든 타피오카 펄tapioca pearl을 커피에 넣은 것으로 확인되어 커피와 차 사이의 이질감을 거듭 각인시켜주었을 뿐이다.

커피와 차를 섞어 맛을 내기란 상상하는 것만으로도 진저리를 칠 만하다. 커피의 카페인과 녹차의 타닌은 그야말로 '어우러질 수 없는 관계의 상징'인 양 비치기도 한다. 그런데 최근 커피와 차를 함께 즐길 때 각각 마시는 것보다 건강에 더 유익하다는 연구 결과가 이어지면서 커피와 차가 어깨동무를 할 것 같은 분위기가 조성되고 있다.

특히 '커피와 차의 어울림'은 군인과 경찰 등 총기를 사용하는 전술 요원들에게 유익하다. 미국 사우스캐롤라이나대학 연구팀이 2022년 8월 『국제 스포츠영양학회 저널Journal of the International Society of Sports Nutrition』에 게재한 논문이 제목부터 시선을 사로잡는다. 전문용어를 풀어 의역하면, '커피의 카페인과 녹차의 성분을 함께 마셨을 때 전술 요원의 경계심과 사격술, 혈류역학(반응 속도)에 미치는 영향'이다.

연구팀은 군인이나 경찰로 근무 중이거나 복무를 마친 지 18개월 이내에 있는 퇴역 군인과 경찰 등 49명을 대상으로 임상실험을 했다. 참가자들은 18~63세였고 몸무게는 60킬로그램 이상이었다. 참가자들은 포도당 300밀리그램을 투입한 위약 그룹, 카페인 300밀리그램을 투입한 카페인 그룹, 카페인 150밀리그램과 메틸리베린methylliberine 100밀리그램과 테아크린theacrine 50밀리그램을 투입한 복합 그룹 등 세 그룹으로 나뉘었다. 메틸리베린과 테아크린은 찻잎에 들어 있는 성분인데, 카페인과 비슷한 화학구조를 하고 있어 신경전달물질을 활성화함으로써 집중력과 활동력을 높여준다.

참가자들은 기상한 뒤 2시간 이내에 그룹에 따라 지정된 대로 이들 보충제를 섭취하고 경계 과제vigilance task, 동작 과제movement

전술 요원에게 2시간마다 카페인을 100~200밀리그램을 투입하면 사격의 정확도를 효과적으로 향상시킬 수 있다.

task, 사격술 과제marksmanship task를 150분간 수행했다. 분석 결과, 카페인이 지속적인 작전을 수행하는 동안 전술 요원의 경계심을 유지하는 데 유의미하게 효과가 있는 것으로 나타났다. 그러나 사격 정확도에서는 앞선 연구 보고와 다른 양상이 포착되었다.

　2019년 미국 센트럴미시간대학 연구팀은 "2시간마다 카페인을 100~200밀리그램을 투입하면 전술 요원이 피곤한 상태에서도 사격의 정확도를 효과적으로 향상시킬 수 있다"는 내용의 논문을 발표했다. 군인과 경찰은 스트레스에 지친 상태에서도 비상 상황이 벌어지면 연장근무를 해야 하고, 그때 특히 사격의 정확도와 빠른 대응력이 요구되기 마련이다. 따라서 카페인이 이런 능력을 높일 수 있다는 주장은 더 철저한 검증이 필요하다.

연장근무에 피곤을 호소하는 전술 요원에게 카페인 투입량을 300밀리그램으로 높이면 더 큰 효과를 거둘 수 있을 것으로 기대되었지만, 그 결과는 그렇지 않았다. 앞서 2003년 예비군의 사격술을 측정한 연구에서도 "수면 부족을 유발한 뒤 카페인 300밀리그램을 투입했지만, 사격 정확도가 위약 그룹과 별 차이가 나지 않는다"고 보고된 바 있다.

카페인 투입량을 높일 때 경계심이 유지되고 반응 속도가 빨라진다고 해도 사격의 정확도가 개선되지 않는 것은 심각한 문제다. 상황에 따라 군인과 경찰의 생명과 직결되기 때문이다. 미국 사우스캐롤라이나대학 연구팀이 카페인 300밀리그램을 투입한 그룹과 달리, 복합 그룹에 카페인 양을 절반인 150밀리그램으로 줄이고 대신 차에 들어 있는 각성 성분들을 채워 투입한 것도 이에 대한 해결책을 찾기 위한 것이었다.

연구팀은 카페인 투입량인 300밀리그램이 사격술을 향상시키는 데 과도하다고 보았는데, 이번에 그 가설이 맞는 것으로 검증되었다. 카페인만 투입했을 때보다 차의 성분을 섞은 경우가 '이완기 혈압'을 안정적으로 유지시킴으로써 사격술 향상에 더 긍정적인 효과를 보였다. 연구팀은 이를 토대로 "카페인만 투입함으로써 유도되는 심장박동 증가나 손가락 떨림 등 부작용을 피하면서 각성 효과를 거두기 위해서는 커피와 차를 함께 마시는 것이 유리하다"는 내용의 의견을 냈다.

중국 텐진의과대학 연구팀이 국제학술지 『BMC 메디신BMC Medicine』 최근호에 게재한 연구도 흥미롭다. 커피나 차를 한 가지만 계속 마시는 것보다 두 음료의 성분들이 상호 작용하도록 하는 것이 건강에 더 좋은 효과를 내는 사실을 입증한 논문이다. 연구팀은 영국 바이오뱅크가 보유한 약 50만 명(37~73세)에 관한 생체의학 데이터 12년치를 분석해 우선 커피와 차를 마신 사람들은 질병으로 사망할 위험성이 두 음료를 즐겨 마시지 않는 사람들보다 유의미하게 작다는 것을 발견했다. 커피나 차 중 한 가지만을 골라 마신 경우 커피는 하루에 1잔, 차는 하루에 3잔 정도를 마실 때 사망 위험성이 가장 낮은 것으로 나타났다.

그런데 커피도 마시고 차도 함께 즐기는 사람들은 건강이 좋다는 지표가 많이 도출되었다. 가령 하루에 커피 2잔과 차 2~4잔을

커피는 식이섬유 함량과 장내 유익한 미생물 조성과 제2형 당뇨병 예방에 좋고, 차는 정신 집중력 향상과 스트레스 완화에 좋다.

함께 마신 사람들은 다른 대조군(커피나 차를 마시지 않거나 둘 중 하나만 마신 사람들)에 비해 평균수명이 긴 것으로 나타났다. 이들은 사망 위험이 22퍼센트 낮았다. 이는 커피와 차를 함께 마신 이들의 경우 심혈관 질환과 호흡기 질환으로 인한 사망 위험이 각각 24퍼센트와 31퍼센트 낮은 것과 관련이 있는 것으로 분석되었다.

이렇듯 건강을 생각한다면 커피와 차를 경쟁 관계로 보는 시각을 바꾸는 것이 유익할 것으로 보인다. 미국 『워싱턴포스트』가 2022년 10월 「커피와 차의 대결Coffee vs. Tea Smackdown」이라는 제목으로 다룬 특집기사는 가히 '고전적 관점의 절정'이었다.

그렇다면 커피와 차 중에서 어느 것이 건강에 더 유익할까? 식이섬유 함량과 장내 유익한 미생물 조성과 제2형 당뇨병 예방에는 커피가 좋은 반면, 정신 집중력 향상과 스트레스 완화에는 차가 좋았다. 그리고 심장질환 위험성 감소, 발암 위험성 감소, 장수 등은 커피와 차가 비슷했다.

이는 커피와 차 중 어느 쪽을 마시는 것이 몸에 더 이로운지를 각종 연구 결과들을 토대로 판단한 것이다. 8개 부문으로 나누어, 가령 '정신 집중력'에서는 카페인이 도움이 되지만 커피에 들어 있는 과다한 양은 초조함을 유발하기 쉬우므로 수면을 방해하지 않을 정도의 적정량이 들어 있는 차가 더 유익하다는 식으로 승패를 결정했다. 하지만 이제는 건강을 위해서라도 포용이 필요한 시기다. 커피와 차는 어느 한쪽의 음용을 강요받는 반목과 반전의 시기를 넘어 정반합의 새로운 지평을 열고 있다.

커피 한 잔의 용량은 얼마일까?

'커피 한 잔'이라고 하면, 용량이 얼마나 되는 것일까? 달걀만 한 에스프레소 잔에서부터 생맥주 잔보다 큰 950밀리리터짜리 대용량 테이크아웃용 컵에 이르기까지 천차만별이다. 가장 작은 커피잔과 가장 큰 커피잔의 용량 차이가 900밀리리터 이상 벌어진다. 이쯤 되면 커피 한 잔의 용량은 표준 또는 기준이 없다고 보아도 좋겠다.

소비자들로서는 '커피 한 잔'이라는 용어가 쓰이는 상황에 따라 그 양을 추정해야 한다. 커피 한 잔의 용량이 어느 정도인지는 건강과 직결되는 문제가 된다. 하루에 섭취할 수 있는 카페인의 양이 제한되어 있기 때문이다. 건강을 위해서라도 커피 한 잔의 용량에 대한 개념을 갖고 있는 것이 유익하다. 그 시작은 커피 한 방울의 양에서 시작된다.

1790년 무렵 프랑스의 제안을 토대로 만들어져 국제적으로 통용되고 있는 미터법은 우리나라에도 1960년대부터 채택되었다. 현재 거의 모든 나라가 사용하고 있다. 미터법에 따라 살펴보면, '한 방울'의 양은 0.05밀리리터다. 100방울이 모여 5밀리리터가 되면,

이는 찻숟가락 1개의 용량에 해당된다. 이보다 큰 단위인 큰숟가락의 양은 찻숟가락으로 3개의 분량인 15밀리리터다. 큰숟가락 13개 정도에 담기는 분량을 '한 컵'으로 정했다. 이때 이 컵은 일반적으로 '계량컵measuring cup'이라고 부르고 '1C'라고 표기한다.

하지만 커피 문화에서는 '한 잔' 또는 '한 컵'의 분량이 무슨 커피냐에 따라 서로 다르게 굳어졌다. 먼 옛날 에티오피아 커피 세리머니Coffee Ceremony에서 사용된 손잡이가 없는 시니Cini에는 30밀리리터가량의 커피가 담겼다. 12~13세기부터 관습이 이어지고 있어 유네스코 무형문화유산에 등재된 아랍 커피에도 30밀리리터 정도를 담는 핀잔Finjan이 지금까지 사용되고 있다. 시간이 흘러 16세기 오스만튀르크가 즐긴 제즈베 커피도 비슷한 크기의 작은 잔에 따라 마셨다. 농도가 진해 많은 양을 한번에 마시기가 힘들었기 때문에 적은 양을 담는 잔이 유행했던 것으로 보인다.

이런 전통은 20세기 들어 탄생한 강한 맛의 에스프레소에도 이어져 30밀리리터가량을 담아내는 '데미타스Demitasse' 잔을 등장하게 했다. 프랑스어로 '데미'는 '절반'을, '타스'는 '한 잔'을 뜻한다. 데미타스에는 에스프레소를 잔의 절반쯤인 30밀리리터만 담지만, 잔의 총용량은 60밀리리터인 것으로 통용된다. 이 잔에 '반 잔'이란 이름이 붙여진 것은 프랑스와 영국이 전통적으로 한 잔의 용량을 120밀리리터 정도로 보았기 때문이다. 커피보다 앞서 문화를 형성한 차는 한 잔에 120밀리리터 정도를 따라 손님에게 낸다. 데미타스를 '샷 글라스shot glass'라고도 부르는데, 에스프레소 1샷이 30밀

커피 한 잔은 달걀만 한 에스프레소 잔부터 대용량 테이크아웃용 컵까지 천차만별이다. 이쯤 되면 커피 한 잔의 용량은 기준이 없다고 보아도 좋겠다. 아랍의 핀잔.

리리터를 의미하게 된 것도 여기서 비롯되었다.

두 차례의 세계대전을 거치면서 미국이 커피 문화를 이끌게 되자, 커피 한 잔의 용량을 따지는 데 '온스'를 주로 사용하게 되었다. 에스프레소에 물을 섞어 차처럼 연한 아메리카노를 제조할 때, 마시는 사람의 취향에 맞춰 농도를 조절하는 데 '온스'는 요긴하게 사용할 수 있는 단위였다. 예를 들어, 에스프레소 한 잔의 용량이 1온스(약 30밀리리터)이므로 이를 기본 단위로 해서 물을 섞는 비율을 4배로 하는 식이었다. 이 경우에 1온스 에스프레소에 물 4온스를 부어 5온스(약 150밀리리터) 용량의 아메리카노 한 잔이 만들어진 것이다.

1960년대 미국의 전후 복구 산업의 붐과 함께 노동 현장을 중심으로 커피가 빠르게 확산되면서 커피 타임은 특히 젊은 직장인들의 일상이 되었다. 1970년대에 들어서 스타벅스의 출현과 함께 미국에서는 일회용 컵에 커피를 담아 마시는 테이크아웃 문화가 급속하게 퍼졌다. 카페에 앉아 커피를 마실 때에는 커피 전문점에 따라 잔의 모양과 용량이 다양했다. 하지만 일회용 컵이 사용되면서 테이크아웃 커피 한 잔의 용량은 표준화되기 시작했다. 이는 미국의 일회용 컵 역사와 관련이 있다.

일회용 컵의 역사는 사실 매우 뿌리가 깊다. 기원전 1500년 무렵 유럽 최초로 문명을 일군 것으로 평가받는 그리스 크레타섬의 미노스Minos 사람들이 처음 일회용 컵을 사용한 것으로 전해진다. 손잡이가 없는 원뿔 모양의 토기 컵 수천 개가 발견되었는데 대형 파티나 향연·축제에서 와인을 마시기 위해 사용된 것으로 추정된다. 영국 대영박물관이 보관하고 있는 이들 토기 컵은 4온스가량을 편하게 담을 수 있는 크기다.

미국에서 일회용 컵은 금주운동이 본격화되자 부활했다. 금주운동가들이 마차에 물을 싣고 도시 전역의 술집을 돌아다니면서 맥주나 위스키 대신 몸에 좋은 물을 마시라는 운동을 펼쳤다. 이때 대중이 물을 담아 마시도록 공용 컵을 사용했는데, 점차 눈에 보이지 않는 미생물이 전염병의 원인이라는 인식이 확산되면서 공용 컵 사용에 대한 거부감이 심해졌다.

이에 따라 보스턴의 변호사이자 발명가였던 로런스 루엘린

Lawrence Luellen이 1907년 한 번 사용하고 버리는 작은 봉투 형태의 종이컵을 발명하기에 이르렀다. 공중보건에 대한 인식이 퍼지자 1페니에 5온스의 물을 컵에 따라 판매하는 사람들이 나타나는 등 미국에서 일회용 컵 문화가 서서히 형성되기 시작했다. 여기에 가속도를 붙게 한 것이 1918년 스페인 독감의 대유행이었다. 당시 미국인 3명 중 1명이 독감에 걸렸고, 50만 명이 사망했다는 소문이 퍼지면서 일회용 컵은 대중의 필수품으로 자리를 잡았다.

1950년대 커피의 유행과 함께 뜨거운 커피가 밖으로 넘치지 않도록 종이컵에 사용하는 뚜껑이 등장했고, 1960년대를 거치면서 손에 쥘 때 뜨거움이 덜할 수 있도록 스티로폼 재질의 일회용 컵이 개발되어 20여 년간 인기를 누렸다. 사실 미국에서 처음으로 테이크아웃 커피를 판매한 곳은 1964년 뉴욕 롱아일랜드의 편의점 체인인 세븐일레븐이었다. 1971년 이후 스타벅스가 커피 문화를 선도하면서 카푸치노, 카페라테 등 다양한 형태의 음료를 제공할 때 거품도 담을 수 있도록 뚜껑이 반구 형태로 볼록하게 나온 일회용 컵도 등장했다.

1980년대에 들어서 환경보호에 대한 인식이 높아지자 스티로폼 재질의 컵은 다시 종이로 바뀌기 시작했다. 스타벅스가 1987년 일회용 종이컵을 다시 채택하면서 표준으로 내세운 용량이 12온스(약 360밀리리터)였다. 이 여파로 국내에 진출한 많은 커피 전문점 브랜드가 아메리카노 한 잔의 기준을 12온스로 삼았는데, 당시 차나 커피 한 잔을 4온스 정도로 즐기던 한국인으로서는 혼자 마시기에 과다한 느낌을 주었다. 이에 따라 국내에서는 8온스 용량의 테이크아웃 컵을 표준으로 받아들이는 경향이 한동안 뚜렷했다.

하지만 커피를 마시는 사람들이 급증하고 업체 간 경쟁이 치열해지면서 커피 한 잔의 용량도 빠르게 늘어났다. 미국이 커피 문화를 주도하는 바람에 용량은 온스를 단위로 해서 증가했다. 1980년대 중반 커피 전문점들 간 경쟁은 한 잔에 16온스인 대용량 테이크아웃 컵의 등장을 부추겼다. 1990년대에 들어서면서 벤티Venti가 나타났다. 이는 '20'을 뜻하는 이탈리아어로 커피 한 잔의 용량이 20온스에 달하는 것을 의미한다.

2023년 아시아에서는 처음으로 한국에서 트렌타Trenta 사이즈가 시판되었다. 트렌타는 '30'을 의미하므로, 커피 한 잔에 30온스인 특대용량의 시대가 열린 것이다. 커피 용량 경생은 국내 주요 커피 프랜차이즈 매장에서 공통적으로 나타나는 현상, 즉 '하나의 시대 흐름'이 되었다. 이런 분위기 속에서 소비자들은 커피 한 잔의 품질을 따지는 데 더

1980년대 중반에는 테이크아웃 컵의 용량이 16온스, 1990년대에는 20온스에 달했다. 2023년에는 아시아에서 처음으로 한국에서 '트렌타의 시대'가 열렸다.

신경을 써야 한다. 양이 늘어난 만큼 카페인 섭취가 과다해지는 것은 아닌지, 양만 늘리느라고 품질은 소홀히 한 것은 아닌지, 또 양을 채우기 위해 커피를 더 진하게 볶아 건강에 해로운 물질을 더 많이 생기도록 한 것은 아닌지 등을 꼼꼼하게 살펴야 한다. 소비자들로서는 커피를 즐기는 데 이래저래 신경 쓸 것이 더 많아지고 있다.

커피는 몇 잔까지 마셔도 될까?

커피가 몸에 좋다는 연구 결과가 거의 매일 쏟아지고 있지만, 커피를 약이나 건강식품처럼 대할 일은 아니다. 커피가 당뇨병, 암, 고혈압 등 특정 질병의 발병률을 낮춘다는 식의 발표들이 대부분 코호트cohort 조사와 같은 관찰 연구에 그치고 있다. 이 같은 방식은 집단의 행동과 결과를 통계적으로 분석하는 것이어서, 그 결과를 임상실험처럼 커피가 특정 질병에 명확한 약효를 발휘하는 것으로 해석하는 것은 경계해야 한다. 실제 충분한 실험군을 대상으로 동일한 조건에서 추적한 임상실험 결과가 아니기 때문에 커피 이외의 다른 변수들의 영향을 완전히 배제할 수 없는 까닭이다.

건강을 염려해 커피를 마신다면, 현재의 상태를 유지하는 가운데 서서히 변화를 도모하는 보수적인 태도가 필요하다. "커피를 자주 마시면 고지질혈증이 사라지고 비만도 해결될 것이고 심장 건강도 좋아질 것이다"는 단정적인 기대를 해서는 안 된다. 이런 기대 아래 커피를 과다하게 섭취하면 되레 건강을 잃을 수 있다. 커피를 어떻게 마시면 건강에 해가 없는지를 따지는 자세가 바람직하다.

커피에 들어 있는 카페인이 인지 능력과 운동 수행 능력을 높여 주지만 '하루 섭취량'을 반드시 지켜야 한다. 그 양이 성별, 나이, 건강 상태에 따라 다르기 때문에 더욱 조심해야 한다. 커피에 들어 있는 카페인은 대부분 신장에서 재흡수되므로 커피를 마신 뒤 2~5시간 동안 카페인의 효과가 유지된다.

미국식품의약국FDA은 건강한 성인을 기준으로 할 때 카페인 하루 섭취량을 400밀리그램으로 제한하라고 권고한다. 아메리카노 3~4잔 분량이다. 임신부라면 200밀리그램 이하로 더 줄여야 한다. 임신부에게는 카페인이 태아에게 전달될 뿐 아니라 반감기도 다르고, 간에서 이루어지는 해독 작용의 양상도 달라지기 때문이다. 어린이와 청소년은 체중 1킬로그램당 2.5밀리그램 이하로 섭취해야 한다. 체중이 40킬로그램이라면 섭취량은 100밀리그램을 넘지 말아야 한다. 아메리카노 한 잔에는 적어도 100~120밀리그램의 카페인이 들어 있다.

네덜란드 바헤닝언대학의 연구 결과에서도 커피를 매일 1~4잔을 마실 때 신장 기능 손상을 줄일 수 있지만, 5잔째부터는 효과가 없는 것으로 드러났다. 여러 연구에서도 건강한 사람은 커피를 하루 3~5잔을 마시면 신장결석 예방에 좋은 것으로 나타났지만, 커피의 양이 이 범위를 벗어나면 예방 효과가 사라졌다. 카페인 섭취가 과하면 나타나는 대표적 현상으로 불면증, 빠른 심장박동, 소화 불량, 근육 떨림, 잦은 배뇨, 짜증, 긴장 등 7가지가 꼽힌다. 이 중 하나라도 증상이 반복해서 나타나면 커피 음용을 중단해야 한다.

카페인 섭취가 과하면 불면증, 빠른 심장박동, 소화 불량, 근육 떨림, 잦은 배뇨, 짜증, 긴장 등의 현상이 나타난다.

커피에 들어 있는 1,000여 가지의 화합물 가운데 가장 걱정스러운 물질이 '카페스톨cafestol'이다. 뜨거운 커피를 마실 때 커피 위에 떠다니는 미세한 기름띠를 볼 수 있다. 커피 생두를 섭씨 200도를 전후해 볶을 때 나오는 오일이다. 이를 미국의 화학자 오스카 번하이머Oscar Bernheimer가 처음으로 '커피에서 짜낸 기름Coffee Essence'이라는 의미에서 카페올caffeol이라고 불렀다. 카페올은 에스프레소 향미를 좌우하는 크레마의 핵심 성분이다.

커피를 추출할 때 압력을 가하기 때문에 에스프레소에는 커피 기름이 잔뜩 추출된다. 캡슐 커피는 추출 압력이 에스프레소 머신보다 더 강하기 때문에 더 많은 기름이 잔에 담긴다. '커피 오일'이 걱정된다면 캡슐 커피를 멀리해야 한다. 카페올은 크게 카페스톨과 카와웰kahweol로 나뉘는데, 그 자체는 디페르펜계 화합물로 쓴맛을 유발한다.

카페스톨이 몸에 좋은 작용을 하기도 한다. 한국식품연구원이 "카페스톨이 당뇨망막증, 암, 류머티즘 관절염, 자궁내막증 등으로 발생하는 비정상적인 신생혈관 형성을 억제한다"고 발표했다. 그러나 카페스톨은 혈중 콜레스테롤과 간 효소 수치를 높이는 단점이 있다. 네덜란드 보건과학연구소가 성인 남녀에게 4주간 하루 커피 5잔을 마시게 한 임상실험에서는 남자 8퍼센트, 여자 10퍼센트의 콜레스테롤 수치가 증가한 것으로 나타났다. 통상 커피 한 잔에는 카페스톨이 4밀리그램가량이 들어 있으며, 이는 콜레스테롤 수치를 약 1퍼센트 높일 수 있는 것으로 알려졌다. 따라서 콜레스테롤 수치가 높거나 심혈관 질환이 걱정된다면 진하게 볶은 커피를 피하고, 에스프레소나 프렌치 프레스French Press처럼 종이 필터로 걸러내지 않은 커피를 자제해야 한다.

이탈리아 나폴리의과대학의 루이지 바레아Luigi Barrea 교수는 『식품영양학비평Critical Reviews in Food Science and Nutrition』 2021년 8월호에 게재한 논문에서 "커피가 건강에 미치는 영향은 완전히 이해되지 않고 있다"며 주의를 당부했다. 커피가 비만, 대사증후군, 제2형 당뇨병과 같은 병증과 산화성 스트레스 관련 질병의 예방에 기여한다는 내용의 논문이 많은 것은 반길 일이다. 특히 커피 섭취가 여러 종류의 암 발생률을 낮추는 것으로 보인다는 소식은 많은 환자

커피를 적당히 마시는 것은 질병 예방에 효과적이지
만, 너무 많이 마시면 오히려 해로울 수 있다.

와 가족에게 희망을 주고 있다. 하지만 대부분의 데이터가 커피 섭취와 건강 결과의 연관성을 강조하는 단면적 연구나 관찰 연구에 기반을 두었기 때문에 인과 관계를 식별하기 위해서는 임상적 연구가 더 필요하다.

여러 연구에서 커피는 인지 기능, 항산화 효과, 사망률 감소, 심혈관 질환, 당뇨병, 간질환, 일부 암에 긍정적인 효과를 보이면서도 후두암, 유산, 의존 증상, 금단 증상 등 부정적인 결과도 초래한다. 아울러 커피와 질병의 상관관계에서 U자 곡선을 그리기 때문에 커피를 섭취할수록 좋다는 생각도 피해야 한다. 'U자 모양의 결과치'는 커피 섭취량이 증가함에 따라 질병 위험이 감소하다가도 일정 수준 이상에서 다시 증가하는 것을 의미한다. 커피를 적당히 마시는 것이 질병 예방에 효과적이지만, 너무 많이 마시면 오히려 해로울 수 있음을 시사하는 것이다.

커피와 건강에 관한 몇 가지 속설은 논란의 대상이 되기도 한다. 첫째, 커피가 숙취 해소에 도움이 된다는 것이다. 커피에 들어 있는 카페인이 이뇨 작용을 통해 아세트알데하이드를 비롯한 알코올 대사 물질을 체외로 배출하는 데 기여한다. 문제는 탈수 현상이다. 이는 알코올 자체가 몸에서 물을 빼내는 작용을 하기 때문이다. 그리고 콩팥에서 분비되는 항이뇨 호르몬의 작용을 방해한다. 이렇게 되면 인체에는 수분 부족 현상이 발생한다.

둘째, 커피를 마시면 뼈가 약해진다는 것이다. 카페인이 소장에서 칼슘 흡수를 방해하고, 신장의 이뇨 작용을 촉진해 소변으로 칼슘을 배출하는 것을 돕는 역할을 한다. 통상 아메리카노 한 잔당 칼슘 6밀리그램이 손실되는 것으로 보고되었다. 하지만 커피로 인한 이 정도의 손실은 우유 세 스푼으로 보충할 수 있다. 골다공증 환자로 판정이 되었다면 카페인과 탄산음료를 자제해 체내 칼슘 배출량을 줄이는 노력을 기울이는 것이 바람직하다.

셋째, 커피가 치아 변색을 촉진한다는 것이다. 치아 변색의 주원인은 유전적 요인과 노화, 흡연, 유색소 음식 섭취 등이다. 치아의 바깥쪽은 단단한 법랑질, 그 안쪽은 상아질, 다시 그 안에는 치수齒髓 조직이 있다. 치아의 색상은 반투명한 법랑질을 통해 비치는 상아질이 좌우한다. 커피와 녹차, 와인 등에 들어 있는 타닌이 치아 변색의 원인 물질로 지목되는데, 커피 한 잔에 그 정도 양의 타닌이 존재한다는 견해에는 부정적이다.

세상에서 가장 큰 커피숍은 어디에 있을까?

지구촌의 커피 애호가들은 10월 1일이면 커피를 기념한다. 2014년 국제커피기구가 이날을 '세계 커피의 날International Coffee Day'로 정했기 때문이다. 그런데 '세계 커피의 날'에는 사연이 있다. 커피 생산량의 절반 이상을 차지하는 남아메리카와 아프리카 농장들은 9월이면 수확을 마무리하고 10월부터 새로운 커피를 준비한다. 커피 수확 시기는 세계적으로 산지마다 차이가 있으나, "10월 1일에 커피의 새해가 시작된다"는 의미가 담겨 기념일로 결정되었다. 이 때문에 국제커피기구가 회기 기준으로 삼는 '커피 연도coffee year'가 매년 10월 1일 시작해 이듬해 9월 30일 종료된다.

커피가 세계인의 음료로 사랑받으면서 생산, 소비, 건강, 과학, 문화 등 커피와 관련한 다양한 지표가 집계되고 있다. '기네스 세계기록Guinness World Records'에 오르는 커피 사례도 늘고 있다. 기네스 세계기록에는 2022년 기준, 5만 3,000개 이상의 기록이 축적되어 있다. 매일매일 새로운 기록이 작성되고 있는 것이다.

1999년 조사에서 국민 1인당 커피 소비량이 가장 많은 나라는 스웨덴으로 커피를 연간 6.3킬로그램이나 소비하는 것으로 나타났다. 이로 인해 스웨덴 국민이 커피를 가장 사랑한다는 말이 지금까지 회자되지만, 2016년 핀란드가 12킬로그램으로 국민 1인당 커피 소비량을 경신했다. 이 소비량은 이탈리아 정통 에스프레소 한 잔에 원두 7그램, 아메리카노 한 잔에 원두 14그램을 사용한다고 할 때 각각 1,714잔과 857잔을 만들 수 있는 분량이다. 우리나라는 국민 1인당 355잔을 마신다는 조사가 있다. 그러나 20세 이상 성인만 따지면 한국의 커피 소비량은 세계 3위에 오른다. 2020년에는 국민 1인당 커피 소비량이 367잔으로 프랑스에 이어 세계 2위였다. 최근 글로벌 시장조사기관 '유로모니터'에 따르면, 2023년 한국의 국민 1인당 커피 소비량은 405잔에 달하는 것으로 나타났다. 이는 전 세계 평균인 105잔보다 3배 가까이 많은 것이다.

카푸치노를 가장 빨리 만든 바리스타가 있다. 많은 커피 전문점이 일반적으로 사용하는 2그룹 에스프레소 머신 1대를 사용해 1시간 동안 카푸치노 420잔을 만든 기록이 있는데, 1분당 7잔을 만드는 속도다. 호주 퀸즐랜드Queensland에서 활동하는 리자 토머스Lisa Thomas라는 바리스타가 2019년 4월에 세운 기록으로 아직도 깨지지 않고 있다. 카푸치노는 통상 25초 동안 에스프레소를 추출하고, 12~16초 동안 스팀으로 우유를 거품 낸 뒤 에스프레소와 섞어서 만든다. 이를 단순 계산하면 420잔을 만드는 데 1만 6,380초가 걸리는데, 3,600초(1시간)에 두 작업을 함께 해내는 그의 실력은 놀라운 경지라고 전문가들은 평가한다.

2022년 12월 기네스가 공인한 '세계 최대 커피잔'의 타이틀은 멕

시코 과나후아토주 레온Leon시가 가져 갔다. 멕시코 생활 용품 제조사인 토닉 월드센터 에스아 데 세베Tonic World Center S.A. de C.V.가 만든 것 으로 용량이 2만 6,939리터에 달한 다. 기존의 기록은 콜롬비아 칼다스주 친치나Chinchina시 광장에 설치된 2만

2014년 7월 카페베네가 외경 2.6미터, 내경 2.5미터, 높이 3미터짜리 머그컵을 만들었다. 이 머그컵은 1만 4,000리터의 커피를 담을 수 있다고 한다.

2,739리터짜리 커피잔이었다. 레온시의 커피잔의 지름은 3.5미터, 높이는 3.05미터인데, 이 커피잔을 채우기 위해 커피 원두 300킬로그램을 사용했다고 한다.

가장 큰 머그컵은 한국이 가지고 있다. 2014년 7월 카페베네가 경기도 양주에 있는 로스팅 공장 앞에 외경 2.6미터, 내경 2.5미터, 높이 3미터짜리 머그컵을 만들었다. 약 1만 4,000리터의 커피(약 7만 명이 동시에 즐길 수 있는 양의 커피)를 담을 수 있는 크기로 아직도 기록이 깨지지 않고 있다.

제일 큰 커피 그림은 사우디아라비아 제다Jedda에서 오후드 압

둘라 알말키Ohud Abdullah Almalki가 커피를 물감으로 삼아 그린 그림으로 2020년 1월 기네스 세계기록에 올랐다. 220제곱미터(약 67평) 크기로 사우디아라비아의 건국자인 압둘아지즈 빈 압둘라흐만 이븐 사우드Abdul-Aziz bin Abdulrahman Ibn Saud 국왕과 아랍에미리트의 건국자인 셰이크 자이드 빈 술탄 알 나하얀Sheikh Zayed bin Sultan Al Nahyan을 나란히 그린 것이다.

2013년 2월 영국의 기술자이자 환경보호 활동가인 마틴 베이컨Martin Bacon이 포드 픽업트럭을 개조해 일명 '커피콩 머신Bean Machine'을 만들었다. 그는 이 차를 타고 평균 시속 105킬로미터로 운전해 '가장 빠른 커피 연료 자동차'라는 기네스 세계기록을 얻었다. 이 자동차는 커피를 추출하고 남은 찌꺼기로 만든 커피 펠릿coffee pellet을 연소시켜 발생하는 가스로 엔진을 움직인다. 그는 '가장 멀리 달린 커피 연료 자동차' 기네스 세계기록도 보유하고 있다. 2010년 3월 1988년형 폭스바겐 시로코를 개조한 커피 연료 자동차로 런던에서 맨체스터까지 337킬로미터를 주파한 바 있다. 이 자동차는 커피 과립coffee granule을 숯불 위에서 가열해 나오는 수소 가스를 이용해 엔진을 가동시켰다. '카-푸치노Car-puccino'라고 불린 그의 차는 시속 약 96킬로미터까지 속도를 올렸는데, 연비는 에스프레소 35잔당 1킬로미터였다.

젓가락으로 커피콩을 가장 빨리 옮기는 남자도 있다. 젓가락은 동양에서 주로 사용하는데, 커피 원두를 나무젓가락으로 가장 빨리 옮기는 기록은 이탈리아 밀라노에 사는 실비오 사바Silvio Sabba가

오후드 압둘라 알말키의 세상에서 가장 큰 커피 그림(왼쪽)은 2020년 1월 기네스 세계기록에 올랐고, 헤샴 엘사덱은 60제곱미터 면적의 판 위에 커피컵 7,260개로 투탕카멘의 가면을 모자이크(오른쪽)로 만들었다.

가지고 있었다. 2016년 9월 등재된 이 기록은 30초 만에 24개를 옮긴 것이다. 그러나 2023년 3월 일본의 나오키 미즈노直樹水野가 기록을 경신했다. 그는 1초에 1개씩, 즉 커피콩 30개를 옮기는 데 성공했다. 그래도 실비오 사바는 커피콩 10개를 젓가락으로 가장 빠르게 옮기는 기네스 세계기록을 보유하고 있는데, 기록은 9.75초로 2020년 3월에 세운 것이다.

세계에서 가장 큰 커피컵 모자이크도 관심을 끈다. 2019년 12월 이집트 카이로에서 헤샴 엘사덱Hesham Elsadeck이 7,260개 커피컵을 모자이크해서 투탕카멘의 가면을 만들었다. 60제곱미터(약 18평) 면적의 판 위에 커피컵을 얹은 것인데, 커피컵에 담긴 우유와 커피의 양을 달리해 음영을 표현했다. 나중에 이 커피컵들은 자선

단체 등에 기부되었다. 기존의 기록은 'DFS 갤러리아_{DFS Galleria}'가 하와이 호놀룰루에 있는 자사의 와이키키 몰에 설치한 작품인데, 2012년 5,642개의 커피컵을 사용해 엘비스 프레슬리_{Elvis Presley}의 얼굴을 묘사했다.

세상에서 가장 큰 커피숍도 있다. 사우디아라비아의 수도 리야드_{Riyadh}에 있는 '알 마사 카페_{Al Masaa Cafe}'가 1,050석을 갖춰 2014년 8월에 기네스 세계기록에 올랐다. 그러나 2023년 4월 1일, 경기도 김포에 있는 포지티브 스페이스 566_{POSITIVE SPACE 566}이 '알 마사 카페'의 기록을 경신했다. 좌석은 2,190석으로, 연면적 1만 1,900제곱미터(약 3,600평) 규모다. 역시 카페 강국다운 면모다.

커피 연대기

A Chronicle of Coffee History Since 1900

1900년
케냐에서 상업적인
커피 재배가
시작되다.

1901년
- 이탈리아의 루이지 베제라가
  안젤로 모리온도Angelo Moriondo의
  에스프레소 머신을 개선하다.
- 미국 뉴욕주 버펄로에서 열린
  전미박람회에서 가토 사토리Kato
  Satori가 발명한 인스턴트커피가
  첫선을 보이다.
- 영국에서 탈부착하는 샘플러가
  장착된 가스 커피 로스터가
  특허를 취득하다.

1924년
일본의 고노 아키河野彬가
'사이펀'을 양산하다.

1922년
윌리엄 우커스William H.
Ukers가 커피 교양서인
『올 어바웃 커피All About
Coffee』를 출간하다.

1919년
- 이탈리아에서
  페트론치니Petroncini
  커피 로스터가
  출시되다.
- 미국의 플로이드
  로빈슨Floyd Robinson이
  미생물을 이용한 생두
  숙성 특허 기술로
  '숙성 커피'를 출시하다.

1925년
일본의 고노 아키가
자신의 이름을 딴
'고노 드리퍼'를
출시하다.

1933년
이탈리아의 루이지
데 폰티Luigi De
Ponti가 모카포트를
발명해 회사(알폰소
비알레티) 명의로
특허를 내고 '모카
익스프레스'라고
명명하다.

1937년
일본의
후지로얄Fujiroyal이
커피 로스터를
생산하다.

1903년
- 브라질 커피의 과잉 생산으로 미국 뉴욕거래소의 커피값이 폭락하다.
- 미국의 존 아버클Jon Arbuckle이 드럼 내부로 뜨거운 연소 바람을 불어넣는 선풍기를 부착한 로스터를 개발해 특허를 취득하다.

1905년
독일 브레멘에서 카페인 제거 공정이 특허에 등록되다.

1906년
벨기에 태생의 미국인 화학자 조지 콘스탄트 워싱턴George Constant Washington이 인스턴트커피를 양산하다.

1907년
이탈리아 밀라노의 데지데리오 파보니Desiderio Pavoni가 루이지 베제라의 에스프레소 머신을 개선해 특허를 취득하다.

1918년
- 미국이 해외에 주둔하는 군인들에게 인스턴트커피를 공급하다.
- 브라질 상파울루에 사상 초유의 서리가 내려 커피 생산에 큰 타격을 입다.

1916년
미국 뉴욕커피거래소가 설탕도 거래하면서 뉴욕커피설탕거래소로 변경되다.

1908년
- 존 프레드릭 메이어John Fredrik Mayer와 루트비히 로셀리우스Ludwig Roselius, 카를 하인리히 윕머Karl Heinrich wibmer가 카페인 제거 공정에 대해 미국 특허를 취득하다.
- 종이 필터로 성분을 거르는 '여과법'이 독일의 멜리타 벤츠에 의해 시작되고 멜리타 드리퍼가 발명되다.

1941년
독일의 화학자인 피터 슐룸봄Peter Schlumbohm이 케멕스Chemex를 발명하다.

1950년
일본에서 '멜리타를 흉내낸'이라는 의미를 지닌 '가라 멜리타 드리퍼'가 출시되다.

1954년
튀르키예의 하스 가란티Has Garanti가 커피 로스터를 출시하다.

1958년
영국의 '하우스홀드
아티클스Household
Articles'사와
덴마크의
'보덤Bodum'사가
프렌치프레스를
대량 출시하다.

1959년
콜롬비아커피생산자협회와
뉴욕의 광고업체인 DBB
월드와이드가 후안 발데즈와
당나귀를 내세워 '100퍼센트
콜롬비아 커피 마케팅'을 펼쳐
세계적으로 시선을 끌다.

1961년
화이마FAEMA가
세계 최초로 펌프를
이용해 가압加壓하는
에스프레소 머신을
개발하다.

1986년
네슬레의
네스프레소Nespresso가
출시되다.

1982년
미국 스페셜티커피협회가
설립되다.

1981년
미국에서 디드릭
커피 로스터Diedrich
IR-12 Coffee Roaster가
생산되다.

1988년
네덜란드에서 '막스
하벨라르'라는 이름으로
공정무역 인증을 시작하다.

1989년
국제커피협정 체제가
붕괴하고 커피값이
폭락하다.

1995년
• '카운터 컬처 커피Counter
Culture Coffee'가 미국
노스캐롤라이나주의
더럼에서 문을 열다.
• '인텔리젠시아 커피 &
티Intelligentsia Coffee &
Tea'가 미국 일리노이주의
시카고에서 문을 열다.

1962년
- 국제커피회의에서 커피 공급 조절을 위한 전 세계적 카르텔인 '국제커피협정'이 체결되다.
- 미국의 토드 심슨Todd Simpson이 '토디 콜드브루Toddy Cold Brew'를 개발하다.

1971년
스타벅스가 시애틀에서 로스터로서 커피 사업을 시작하다.

1974년
에르나 크누첸이 『Tea & Coffee Trade Journal』에서 스페셜티 커피의 개념을 처음 언급하다. "가장 좋은 향미를 지닌 커피 생두는 특별한 미세기후를 갖춘 곳에서 나온다."

1980년
- 스위스 업체인 코펙스 에스에이Coffex S.A.사가 뜨거운 물을 사용해 카페인을 제거하는 '스위스 워터 프로세스'를 개발하다.
- 마이클 시베츠Michael Sivetz가 강력한 열풍으로 생두를 볶는 유동층fluid bed 로스터를 만들다.

1979년
일본 교토를 거점으로 한 커피 체인점 '홀리스 카페Holly's Cafe'가 찬물을 방울방울 떨어뜨려 성분을 추출하는 더치 커피를 선보이다.

1975년
브라질이 극심한 서리로 인해 커피 생산량이 떨어져 커피값이 폭등하다.

1997년
- 미국의 온라인 매체인 '커피리뷰닷컴'이 커피 향미를 평가하는 100점제 평가 방식을 도입하다.
- 1988년 삼림 보호를 위해 설립한 레인포레스트 얼라이언스Rainforest Alliance가 커피 농장에 첫 인증을 발행하다(2020년 우츠 서티피케이션UTZ Certification을 합병해 새 인증 프로그램을 운영하다).

1998년
- 유럽 스페셜티커피협회가 영국 런던에서 발족하다.
- 미국 스페셜티커피협회의 테드 링글Ted Lingle이 '커피 테이스터들의 플레이버 휠'을 제작하다.

1999년
- '컵오브엑셀런스'가 처음으로 브라질에서 열리다. 미국에 본부를 둔 비영리조직 커피 엑셀런스 연합Alliance for Coffee Excellence이 주관하며, 특정 연도에 생산된 최고의 커피 원두에 부여되는 명칭이다.
- '스텀프타운 커피 로스터스Stumptown Coffee Roasters'가 미국 오리건주의 포틀랜드에서 문을 열다.
- 한국산 태환Taehwan 커피 로스터가 출시되다.

2000년
- 세계바리스타챔피언십이 처음으로 모나코의 몬테카를로에서 열리다.
- 한국에서 할로겐 히터를 적용한 아이맥스IMAX 커피 로스터가 출시되다.

2011년
한국에서 커피 전문가들의 국제적 네트워크인 '커피비평가협회Coffee Critic Association, CCA'가 설립되다.

2010년
- 한국의 스트롱홀드테크놀로지사가 세계 최초로 스마트 커피 로스터인 '스트롱홀드Stronghold'를 출시하다.
- 타이완에서 '클레버Clever 드리퍼'가 출시되다.

2007년
네덜란드의 기센Giesen이 자사 브랜드로 커피 로스터를 출시하다.

2014년
커피나무의 '표준 게놈(유전자) 염기서열Standard genome sequence'이 밝혀지다.

2016년
한국에서 추출의 일관성을 높인 '더가비The Gabi 드리퍼'가 출시되다.

2017년
미국 스페셜티커피협회와 유럽 스페셜티커피협회가 스페셜티커피협회Specialty Coffee Association로 통합되다.

2002년
미국 스페셜티커피협회의 멤버인 트리시 로스갭Trish Rothgeb이 '제3의 물결Third wave'을 처음 언급하다. "커피 제3의 물결은 자동화와 맛의 균질화를 바라는 사람들에 대한 반작용이다."

2003년
- 미국에서 연기를 획기적으로 줄인 로링Loring 커피 로스터가 출시되다.
- 미국 보스턴에서 열린 제3회 세계바리스타챔피언십에서 호주의 폴 바셋Paul Bassett이 25세의 나이로 우승하다.

2005년
미국 에어로비Aerobie사의 대표이자 발명가인 앨런 아들러Alan Adler가 에어로프레스를 발명하다.

2004년
- '베스트 오브 파나마Best of Panama' 생두 대회에서 파나마 에스메랄다 농장의 게이샤 품종이 우승하면서 '게이샤의 시대'를 열다.
- 미국 스페셜티커피협회의 산하 단체인 커피품질연구소Coffee Quality Institute가 커피 감별사인 '큐 그레이더Q-grader' 교육 과정을 개설하다.
- 일본의 유리 제조사인 하리오Hario가 원추 모양의 'V60 하리오 드리퍼'를 생산하다.

2020년
커피 생산지에서 '무산소 발효 가공법'이 유행하다.

2024년
세계적으로 아이스커피가 유행하면서 2030년에는 아이스커피가 음료 시장의 대부분을 차지할 것이라는 전망이 나오다.

커피 품종 연대기

A Chronology of Coffee Variety

약 61만 년 전
카네포라Canephora와
유게니오이데스Eugenioides
사이에서 '배수화Polyploidization에
의한 종種 분화'로 생겨난
아라비카종이 에티오피아
고원지대에서 집단 서식지를
이루다.

575년
에티오피아의
아라비카종이
서남아시아의
예멘으로 전해지다.

1915~1918년
브라질 미나스제라이스주의 농장에서
버번의 돌연변이인 카투라Caturra가
발견되다. 나무가 작고 마디 사이가 짧아
생산성이 높다. 커피잎녹병에 강해 품종
개량에 중요한 품종이다.

1911년
인도에서 커피 농장주인
로버트 켄트Robert
Kent가 커피잎녹병에
저항력이 강한 종(티피카
돌연변이)을 발견하고
'켄트Kent'라고 명명하다.

1920년
네덜란드가
인도네시아 자바에서
콩고 계열의
로부스타를 개량해
BP와 SA를 개발하다.

1927년
동티모르섬에서 티피카 계열과 로부스타
에렉타Erecta 계열의 자연 교배로 하이브리드
티모르Hibrido de Timor가 탄생하다. 티모르 교배종은
이후 커피잎녹병에 저항력이 있는 유전자 공급원
역할을 한다.

1696년
예멘의
아라비카종(티피카)이
인도네시아 자바로
전해지다.

1715~1718년
예멘의
아라비카종(버번)이
인도양
레위니옹Reunion섬으로
전해지다.

1727년
프랑스령 기아나Guiana에서
브라질 북부로 이식된
커피나무를 내셔널National종으로
명명하다. 브라질로 이식된
최초의 커피 품종이다. 브라질
재래종으로서 '보통'을 의미하는
'코뭄Comum'종이라고도 불린다.

1893년
프랑스 선교사들이
케냐에 선교지를
설립하고
레위니옹섬에서
유래한 버번 품종의
씨앗을 옮겨 심다.
이것이 소위 '프렌치
미션 커피French
Mission coffee'의
기원이다.

1870년
브라질
마라고지페Maragogipe
지방에서 티피카의
돌연변이인 마라고지페
품종이 발견되다.
생두가 커서
'엘리펀트 빈Elephant
Bean'이라고도 불린다.

1869년
커피잎녹병Coffee
Leaf Rust이 실론(현재
스리랑카)에서 처음
창궐하다. 로부스타종
등 병충해에 강한
품종 개발의 동력으로
작용하다.

1935년
케냐의 스콧농업연구소가
탄자니아에서 들여온
버번 계열의 커피나무에서
커피잎녹병과 거피베리병Coffee
Berry Disease에 저항력이 강한
SL28과 SL34(티피카 유전자 그룹)
품종을 개발하다.

1936년
• 에티오피아 게샤Gesha 숲에서 채집된 커피나무가
  '아비시니안Abyssinian'이라는 이름으로 탄자니아의
  리아뭉구Lyamungu 연구소로 보내지다. 1953년
  코스타리카의 중남미열대농업연구교육센터에
  전해져 'T2722'로 기록되다.
• 케냐가 켄트에서 'K7' 품종을 개발하다. 나뭇가지가
  많고 줄기가 굉장히 길다. 마디 간격이 길고
  병충해에 약하며 수확량이 적다.

1943년
브라질 상파울루에서 버번과 티피카(수마트라)의 교배종인 '문도 노보Mundo Novo'가 발견되다. 카투라, 카투아이Catuai와 함께 브라질의 주요 재배 품종이다.

1946년
S288(아라비카와 리베리카의 교배종)과 켄트를 교배해 S795가 탄생하다. S288과 S795는 세계에서 생산되는 아라비카의 30퍼센트를 차지할 정도로 유행하다.

1967년
포르투갈커피연구소가 하이브리드 티모르와 비야 사르치를 교배해 사치모르Sarchimor를 개발하다.

1980년
브라질에서 개량된 이카투와 카투아이의 교배로 카투카이Catucai 품종이 탄생하다.

1981년
콜롬비아가 카투라와 하이브리드 티모르를 교배한 뒤 개량 작업을 거쳐 '콜롬비아Colombia'라고 명명하다.

1983년
케냐에서 카티모르와 SL28의 교배로 '루이루 일레븐Ruiru 11' 품종이 탄생하다. 커피잎녹병과 커피베리병에 대한 저항력이 강하다. 나무가 작아 같은 면적에 버번보다 2배가량 많이 재배할 수 있다.

 350 커피 품종 연대기

1949년
엘살바도르에서
버번의 돌연변이인
'파카스Pacas'가
발견되다. 나무
크기가 작아 밀식
재배가 가능하고
뿌리가 깊어
바람과 가뭄에
강하다.

1950년
브라질에서 버번과
로부스타의 교배로
이카투Icatu 품종이
탄생하다.

1958년
엘살바도르가 파카스와
마라고지페를 교배해
파카마라Pacamara 품종을
개발하다.

1960년대
코스타리카에서 버번의
돌연변이 품종인 비야
사르치Villa Sarchi가
발견되다.

1959년
포르투갈커피연구소가 카투라와
하이브리드 티모르를 교배해
카티모르Catimor를 만들다. 저지대 생산이
가능하고 성장이 빠르며 수확량이 많다.
품종 개량의 핵심 품종으로 코스타리카
95Costa Rica 95, 아즈텍 골드Aztex Gold
등이 같은 계열이다.

1984년
콜롬비아가 카티모르와 카투라를
교배·개량해 '베리에나드
콜롬비아Variedad Colombia' 품종을
만들다. 병충해에 대한 저항력이 좋고
직사광선에 강하다. 상대적으로 짧은
기간에 다수확이 가능하다.

2012년
중남미에 커피잎녹병이 대규모로
퍼져 커피나무의 절반을 감염시키는
가운데 비영리 연구개발기구로서
세계커피리서치World Coffee Research가
발족하다. 세계커피리서치는 커피 유전학과
농경학 연구를 통해 기후변화와 병충해를
극복하는 동시에 품질이 우수한 품종을
만들어 커피 재배자를 지원하는 활동을
한다.

참고문헌

국내 논문

강성지, 「스트레스 인지율과 커피 섭취량의 관련성」, 서울대학교 석사학위논문, 2014년.

강윤희, 「"커피 배우기": 언어, 향미, 그리고 감식안의 습득 과정」, 『비교문화연구』 제21집 2호(2015), 서울대학교 비교문화연구소.

강준수, 「음식사: 커피」, 『식품문화 한맛한얼』 제5권 2호(2012), 한국식품연구원.

김동명, 「음다飮茶의 문화 접변: 커피에서 녹차로(1970~1990년대)」, 『차문화산업학』 제49권(2020), 한국국제차문화학회.

김병덕, 「현대소설에 나타난 다방의 심리지리」, 『비평문학』 34호(2009), 한국비평문학회.

_____, 「스페셜티 커피 아로마·플레이버를 위한 센서리 렉시콘 체계화 연구」, 『한국웰니스학회지』 15권 3호(2020), 한국웰니스학회.

김성헌, 「커피 클로로겐산·카페인이 건강에 미치는 긍정적 영향과 효율적인 섭취 방안 고찰」, 『한국웰니스학회지』 16권 1호(2021), 한국웰니스학회.

김영선·이상혁, 「커피 추출 온도, 추출 시간, 음용 온도에 따른 맛의 차이 및 선호도 연구」, 『디지털정책연구』 11권 10호(2013), 한국디지털정책학회.

김은희·이동현·오혜승, 「자가 미백 처치 기간 중 커피 종류별 적용이 치아 착색에 미치는 영향」, 『한국치위생학회지』 10권 6호(2010), 한국치위생과학회.

김정오, 「단 하나 남은 역사 속의 다방」, 『문예운동』(2010), 문예운동사.

김준범·강헌·박기학, 「국내 산업들의 물 발자국 산정에 관한 연구」, 『대한환경공학회지』 제35권 제6호(2013), 대한환경공학회.

김춘동, 「음식의 이미지와 권력: 커피를 중심으로」, 『비교문화연구』 제18집 1호(2012), 서울대학교 비교문화연구소.

노근숙, 「커피 문화와 일본 차(茶) 문화의 공통 요소에 관한 연구」, 『차문화산업학』 제 32권(2016), 한국국제차문화학회.

문상윤·김미리, 「Gas Chromatograph-Ion Mobility Spectrometer 전자코를 이용한 워시드 가공 커피와 내추럴 가공 커피의 향기 특성에 대한 연구」, 『한국식품영양 과학회지』 49권 8호(2020), 한국식품영양과학회.

문상윤·백승연·김미리, 「한국 고흥산 커피의 gas chromatograph-ion mobility spectrometer에 의한 향기 특성 분석」, 『한국식품저장유통학회지』 26권 5호 (2019), 한국식품저장유통학회.

박진주·홍기배·박성수, 「커피 원두 가공에 기반한 커피 품질 특성에 대한 연구 동 향」, 『한국식품영양과학회지』 53권 2호(2024), 한국식품영양과학회.

소은정·이진욱·윤혜현, 「디카페인 공정과 로스팅 정도에 따른 콜롬비아 커피의 정량 적 묘사 분석」, 『한국식품조리과학회지』 37권 3호(2021), 한국식품조리과학회.

안정화·마핫비밋·이병요·박우규·권광일, 「HPLC를 이용한 차와 커피에 함유된 카페 인의 함량 조사와 카페인이 흰 쥐의 행동에 미치는 영향 연구」, 『한국임상약학회 지』 22권 2호(2012), 한국임상약학회.

이루리·고유선, 「여대생의 건강 체력과 비만에 대한 물과 커피 섭취량과의 관계」, 『한국응용과학기술학회지』 37권 4호(2020), 한국응용과학기술학회.

이미림, 「이효석 문학의 커피 향기와 카페 공간 고찰」, 『현대소설연구』 제70호 (2018), 한국현대소설학회.

이웅규, 「한국 대중가요 속에 나타난 커피의 속성 연구」, 『한국커피문화연구』 8권 2호(2022), 한국커피협회.

이진영·김영수, 「디카페인 커피 원두의 향기 성분 변화」, 『한국식품저장유통학회지』 30권 3호(2023), 한국식품저장유통학회.

임홍빈·장금일·김동호, 「커피 원두의 분쇄 입도에 따른 커피 추출물의 이화학적 품 질 특성 및 휘발성 향기 성분 분석」, 『한국식품영양과학회지』 46권 6호(2017), 한국식품영양과학회.

정선미, 「한국 소비자의 공정무역 커피 가격 프리미엄 지불 의사에 대한 연구」, 『사회 적기업연구』 12권 2호(2019), 사회적기업연구원.

정충실, 「해방 전 남촌의 조선인, 해방 후 명동의 한국인: 소비·유흥 공간에서의 상황 을 중심으로」, 『로컬리티 인문학』 20권 20호(2018), 부산대학교 한국민족문화연 구소.

주준형·남경수·안병일, 「커피 생두의 계절별 수요 분석」, 『농촌경제』 제43권 제3호

(2020), 한국농촌경제연구원.

최배영, 「중년기 가족 일상의 차와 커피 음용이 주말 가족활동과 가족 건강성 간에 미치는 매개 효과」, 『한국차학회지』 25권 3호(2019), 한국차학회.

최은주, 「커피 섭취와 건강 관련 삶의 질」, 서울대학교 석사학위논문, 2015년.

국내 신문·잡지 기사

「모란농장에 하와이서 선물」, 『동아일보』, 1962년 2월 9일.

「끽다점 연애 풍경: 뻐-니스 매담 복혜숙 씨, 낙랑 매담 김연실 씨, 모나리자 매담 강석연 씨」, 『삼천리』(제8권 제12호), 1936년 12월 1일.

「색연필: 언제부터 그렇게 된 것인지는 모르나…」, 『조선일보』, 1952년 6월 20일.

「연금軟禁의 동물원, 일주일 후면 개방!」, 『조선일보』, 1938년 3월 1일.

「영하 속 푸른 성장成長, 열대의 포근한 미소」, 『경향신문』, 1963년 1월 9일.

「제주에 바나나」, 『동아일보』, 1962년 7월 15일.

김유헌, 「겨울을 모르는 꽃의 지대」, 『조선일보』, 1964년 12월 13일.

박영순, 「야생에 대한 그리움, 루왁 커피」, 『샘터』, 2016년 8월, 샘터사.

백선엽, 「적유령 산맥의 중공군 ⑭: 전시 사단장의 하루」, 『중앙일보』, 2010년 1월 19일.

윤극영, 「다방과 커피와 나」, 『기독교사상』, 1971년 3월(통권 제154호), 대한기독교서회.

이문열, 「스물다섯 그리이」, 『샘터』, 1988년 4월, 샘터사

국내 도서

가와키타 미노루, 장미화 옮김, 『설탕의 세계사』, 좋은책만들기, 2003년.

강준만, 『고종 스타벅스에 가다』, 인물과사상사, 2009년.

권영민, 『커피 한잔』, 앤드, 2022년.

김시현·윤여태, 『개화기 한국 커피 역사 이야기』, 피아리스, 2021년.

김후영, 『유네스코 세계문화유산』, 상상출판, 2023년.

루키아노스, 강대진 옮김, 『루키아노스의 진실한 이야기』, 아모르문디, 2013년.

마귈론 투생-사마, 이덕환 옮김, 『먹거리의 역사: 상』, 까치, 2002년.

마크 펜더그라스트, 정미나 옮김, 『매혹과 잔혹의 커피사』, 을유문화사, 2021년.

매트 로빈슨, 박영순 외 옮김, 『Coffee Lover's Handbook』, 커피비평가협회, 2015년.

머리 카펜터, 김정은 옮김,『카페인 권하는 사회』, 중앙북스, 2015년.

물타툴리, 양승윤·배동선 옮김,『막스 하벨라르』, 시와진실, 2019년.

박영순,『커피인문학』, 인물과사상사, 2017년.

박영순 외,『이유 있는 바리스타』, 커피비평가협회, 2019년.

박종만,『닥터만의 커피로드』, 문학동네, 2011년.

박창선,『커피플렉스』, 백산출판사, 2021년.

박태원,『구보씨와 더불어 경성을 가다』, 바람구두, 2005년.

베쉬르 아이바조올루, 조주섭 옮김,『튀르키예 커피 문화』, 제임스컨설팅, 2023년.

시메옹 프랑수아 베르뇌 주교,『베르뇌 주교 서한집: 상·하』, 한국교회사연구소,
    2018년.

신혜경·이정기,『실전 커피 로스팅』, 부크크, 2022년.

안광중,『커피캐스팅』, 버리커뮤니케이션, 2022년.

어니스트 섀클턴, 최종옥 옮김,『어니스트 섀클턴 자서전』, 뜨인돌, 2004년.

우스이 류이치로, 김수경 옮김,『세계사를 바꾼 커피 이야기』, 사람과나무사이,
    2022년.

윌리엄 C. 버거, 채수문 옮김,『꽃은 어떻게 세상을 바꾸었을까?』, 바이북스, 2022년.

윌리엄 H. 우커스, 박보경 옮김,『올 어바웃 커피』, 세상의아침, 2012년.

윤오순,『커피와 인류의 요람, 에티오피아의 초대』, 눌민, 2016년.

이길상,『커피 세계사+한국 가배사』, 푸른역사, 2021년.

_____,『커피가 묻고 역사가 답하다』, 역사비평사, 2023년

이완범 외,『한국의 커피 수용과 변천』, 한국학중앙연구원출판부, 2022년.

이윤섭,『커피, 설탕, 차의 세계사』, 필맥, 2013년.

이종훈,『커피 품종 Coffee Variety』, 연필과머그, 2021년.

장수한,『커피의 시대』, 제르미날, 2024년.

장유정,『다방과 카페, 모던 보이의 아지트』, 살림출판사, 2008년.

제임스 호프먼, 공민희 옮김,『커피 아틀라스』, 디자인이음, 2022년.

존 밀턴, 이창배 옮김,『실낙원』, 동서문화사, 2016년.

찰스 B. 헤이저, 장동현 옮김,『문명의 씨앗, 음식의 역사』, 가람기획, 2000년.

최낙언,『최낙언의 커피 공부』, 예문당, 2024년.

최정의팔 외,『커피 트립티 Tripti 공정무역』, 동연출판사, 2021년.

케네스 데이비즈, 최익창 옮김,『21세기 커피』, 커피리브레, 2023년.

크리스토프 르페뷔르, 강주헌 옮김,『카페를 사랑한 그들』, 효형출판, 2008년.

탄베 유키히로, 윤선해 옮김, 『커피과학』, 황소자리, 2024년.

톰 행크스, 부희령 옮김, 『타자기가 들려주는 이야기』, 책세상, 2018년.

페테 레파넨·라리 살로마, 정보람 옮김, 『커피가 세상에서 사라지기 전에』, 열린세상, 2021년.

펠레·로버트 L. 피시, 유혜경 옮김, 『펠레』, 미다스북스, 2001년.

하인리히 에두아르트 야콥, 남덕현 옮김, 『커피의 역사』, 자연과생태, 2013년.

해외 논문

Aditi Rambani, Zhe Yu, Susan Strickler, et al., 「The genome and population genomics of allopolyploid Coffea arabica reveal the diversification history of modern coffee cultivars」, 『Nature Genetics Nature index』, vol.56, no.4, 2024.

Adriana Madzharov, Ning Ye, Maureen Morrin & Lauren Block, 「The impact of coffee-like scent on expectations and performance」, 『Journal of Environmental Psychology』, vol.57, 2018.

Ali Rashidinejad, O. Tarhan, Atefe Rezaei, Esra Capanoglu, Sareh Boostani, S. Khoshnoudi-Nia, Katarzyna Samborska, Farhad Garavand, Rezvan Shaddel, S. Akbari-Alavijeh & Seid Mahdi Jafari, 「Addition of milk to coffee beverages: the effect on functional, nutritional, and sensorial properties」, 『Critical Reviews in Food Science and Nutrition』, vol.62, no.22, 2022.

Ana Paula Pereira Bressani, Silvia Juliana Martinez, Nádia Nara Batista, João Batista Pavesi Simão & Rosane Freitas Schwan, 「Into the minds of coffee consumers: perception, preference, and impact of information in the sensory analysis of specialty coffee」, 『Food Science and Technology』, vol.41, 2021.

Andrew R Cotter, Mackenzie E. Batali, William D. Ristenpart & Jean-Xavier Guinard, 「Consumer preferences for black coffee are spread over a wide range of brew strengths and extraction yields」, 『Journal of Food Science』, vol.86, no.1, 2021.

Anurak Muangsanguan, Pichchapa Linsaenkart, Tanakarn Chaitep, Jiraporn Sangta, Sarana Rose Sommano, Korawan Sringarm, Chaiwat Arjin, Pornchai Rachtanapun & Kittisak Jantanasakulwong, 「Hair Growth Promotion and Anti-Hair Loss Effects of By-Products Arabica Coffee Pulp Extracts Using Supercritical Fluid Extraction」, 『Foods』, vol.12, no.22, 2023.

Ashika Raveendran & Pushpa S. Murthy, 「New trends in specialty coffees-"the digested coffees"」, 『Critical Reviews in Food Science and Nutrition』, vol.62, no.17, 2022.

Assefa Ayele, Mohammed Worku & Yadeta Bekele, 「Trend, instability and decomposition analysis of coffee production in Ethiopia (1993–2019)」, 『Heliyon』, vol.7, no.9, 2021.

Astrid Nehlig, 「Interindividual differences in caffeine metabolism and factors driving caffeine consumption」, 『Pharmacological reviews』, vol.70, no.2, 2018.

Birsen Y ı lmaz, Nilüfer Acar-Tek & Saniye Sözlü, 「Turkish cultural heritage: a cup of coffee」, 『Journal of Ethnic Foods』, vol.4, no.4, 2017.

Charles Spence & Fabiana M. Carvalho, 「The coffee drinking experience: Product extrinsic (atmospheric) influences on taste and choice」, 『Food Quality and Preference』, vol.80, 2020.

Christoph Barmeyer, Ulrike Mayrhofer & Konstantin Würfl, 「Informal information flows in organizations: The role of the Italian coffee break」, 『International Business Review』, vol.28, no.4, 2019.

Crystal F. Haskell-Ramsay, Philippa A. Jackson, Joanne S. Forster, Fiona L. Dodd, Samantha L. Bowerbank & David O. Kennedy, 「The acute effects of caffeinated black coffee on cognition and mood in healthy young and older adults」, 『Nutrients』, vol.10, no.10, 2018.

Deiziane Gomes Dos Santos, Caroline Corrêa de Souza Coelho, Anna Beatriz Robottom Ferreira & Otniel Freitas-Silva, 「Brazilian coffee production and the future microbiome and mycotoxin profile considering the climate change scenario」, 『Microorganisms』, vol.9, no.4, 2021.

Denis Richard Seninde & Edgar Chambers IV, 「Coffee flavor: A review」, 『Beverages』, vol.6, no.3, 2020.

E. Y. Chan & S. J. Maglio, 「Coffee cues elevate arousal and reduce level of construal」, 『Consciousness and cognition』, vol.70, 2019.

Farah Qureshi, Meir Stampfer, Laura D. Kubzansky, Claudia Trudel-Fitzgerald & Masaki Mogi, 「Prospective associations between coffee consumption and psychological well-being」, 『PLOS ONE』, vol.17, no.6, 2022.

Francisco Eron, Muhammad Noman, Raphael Ricon de Oliveira & Antonio Chalfun-Junior, 「Computer vision-aided intelligent monitoring of coffee: Towards sustainable coffee production」, 『Scientia Horticulturae』, vol.327, 2024.

Giovana B. Celli & Adriano Costa de Camargo, 「What is in a "Cup of Joe"? From green beans to spent grounds: A mini-review on coffee composition and health benefits」, 『Journal of Food Bioactives』, vol.6, 2019.

Harris R. Lieberman, Trisha Stavinoha, Susan McGraw, Alan White, Louise Hadden, & Bernadette P. Marriott, 「Caffeine use among active duty US Army soldiers」, 『Journal of the Academy of Nutrition and Dietetics』, vol.112, no.6, 2012.

Hirofumi Fujimoto, Yusaku Narita, Kazuya Iwai, Taku Hanzawa, Tsukasa Kobayashi, Misako Kakiuchi, Shingo Ariki, Xiao Wu, Kazunari Miyake, Yusuke Tahara, Hidekazu Ikezaki, Taiji Fukunaga & Kiyoshi Toko, 「Bitterness compounds in coffee brew measured by analytical instruments and taste sensing system」, 『Food Chemistry』, vol.342, 2021.

Hosam Elhalis, Julian Cox, Damian Frank & Jian Zhao, 「The role of wet fermentation in enhancing coffee flavor, aroma and sensory quality」, 『European Food Research and Technology』, vol.247, no.2, 2021.

Ira Mae Gallo Caray, King Paulo Ramos Ditchon & Edwin Remeroso Arboleda, 「Smart coffee aromas: A literature review on electronic nose technologies for quality assessment」, 『World Journal of Advanced Research and Reviews』, vol.21, no.2, 2023.

János Pancsira, 「International Coffee Trade: a literature review」, 『Journal of Agricultural informatics』, vol.13, no.1, 2022.

Laís Maria Rodrigues Silva, Marcelo de Freitas Ribeiro, Williams Pinto Marques Ferreira, Paulo Roberto da Rocha Junior & Raphael Bragança Alves Fernandes, 「Water footprint of Arabica coffee from "Matas de Minas" under shade management」, 『Revista Ceres』, vol.69, 2022.

Lee Chung-Hong & Babam Rianto, 「An AI-powered e-nose system using a density-based clustering method for identifying adulteration in specialty coffees」, 『Microchemical Journal』, vol.197, 2024.

Lee Moon Jo, Kim Sang Eun, Kim Jong Hwan, Lee Sang Won & Yeum Dong Min, 「A study of coffee bean characteristics and coffee flavors in relation to roasting」, 『Journal of the Korean Society of Food Science and Nutrition』, vol.42, no.2, 2013.

Liwei Hsu & Yen-Jung Chen, 「Does coffee taste better with latte art? A neuroscientific perspective」, 『British Food Journal』, vol.123, no.5, 2021.

Luigi Barrea, Gabriella Pugliese, Evelyn Frias-Toral, Marwan El Ghoch, Bianca

Castellucci, Sebastián Pablo Chapela, María de Los Angeles Carignano, Daniela Laudisio, Silvia Savastano, Annamaria Colao & Giovanna Muscogiuri, 「Coffee consumption, health benefits and side effects: a narrative review and update for dietitians and nutritionists」, 『Critical reviews in food science and nutrition』, vol.63, no.9, 2023.

Luyao Tang, Jiasheng Shao, Bernardo Miller Naranjo, Yanna Zhu, Oliver Lieleg & Jian Song, 「Sugar or milk: Tribological study on the sensation of coffee beverages」, 『Journal of Food Engineering』, vol.367, 2024.

M. V. Galmarini, R. J. Silva Paz, D. Enciso Choquehuanca, M. C. Zamora & B. Mesz, 「Impact of music on the dynamic perception of coffee and evoked emotions evaluated by temporal dominance of sensations (TDS) and emotions (TDE)」, 『Food Research International』, vol.150, 2021.

Magdalena Nowaczewska, Michał Wiciński & Wojciech Kaźmierczak, 「The ambiguous role of caffeine in migraine headache: from trigger to treatment」, 『Nutrients』, vol.12, no.8, 2020.

Maria H Madeira, Raquel Boia, António F. Ambrósio & Ana R. Santiago, 「Having a coffee break: the impact of caffeine consumption on microglia-mediated inflammation in neurodegenerative diseases」, 『Mediators of Inflammation』, 2017.

Masayuki Akiyama, Ryosuke Watanabe, Miyako Ohata, Masanobu Onishi, Yasumichi Mizota, Teiichiro Okawa & Hisakatsu Iwabuchi, 「Effect of milk components on release of retronasal-aroma compounds from coffee with milk」, 『Food Science and Technology Research』, vol.22, no.4, 2016.

Matteo Cibelli, Alessio Cimini, Gabriella Cerchiara & Mauro Moresi, 「Carbon footprint of different methods of coffee preparation」, 『Sustainable Production and Consumption』, vol.27, 2021.

Mina Fukuda, 「Habitual coffee drinkers may present conditioned responses from coffee-cue」, 『Current psychology』, vol.40, no.12, 2021.

Mohamed Romdhani, Nizar Souissi, Ismael Dergaa, Imen Moussa-Chamari, Olfa Abene, Hamdi Chtourou, Zouheir Sahnoun, Tarak Driss, Karim Chamari & Omar Hammouda, 「The effect of experimental recuperative and appetitive post-lunch nap opportunities, with or without caffeine, on mood and reaction time in highly trained athletes」, 『Frontiers in psychology』, vol.12, 2021.

Morten Münchow, Jesper Alstrup, Ida Steen & Davide Giacalone, 「Roasting conditions and coffee flavor: A multi-study empirical investigation』, 『Beverages』, vol.6, no.2, 2020.

Muluken Bolka & Shimelis Emire, 「Effects of coffee roasting technologies on cup quality and bioactive compounds of specialty coffee beans」, 『Food science & nutrition』, vol.8, no.11, 2020.

Nisakorn Saewan, 「Effect of coffee berry extract on anti-aging for skin and hair- In vitro approach」, 『Cosmetics』, vol.9, no.3, 2022.

Noor Ariefandie Febrianto & Fan Zhu, 「Coffee bean processing: Emerging methods and their effects on chemical, biological and sensory properties」, 『Food Chemistry』, vol.412, 2023.

Ori Grossman & Matti Rachamim, 「Does classical versus pop music influence coffee purchase likelihood?」, 『Psychology of Music』, vol.51, no.6, 2023.

Patrick De Pelsmacker, Liesbeth Driesen & Glenn Rayp, 「Do consumers care about ethics? Willingness to pay for fairtrade coffee」, 『Journal of consumer affairs』, vol.39, no.2, 2005.

Paul Hindsley, David M. McEvoy & O. Ashton Morgan, 「Consumer demand for ethical products and the role of cultural worldviews: The case of direct-trade coffee」, 『Ecological Economics』, vol.177, 2020.

Raffaella Colombo & Adele Papetti, 「Decaffeinated coffee and its benefits on health: focus on systemic disorders」, 『Critical Reviews in Food Science and Nutrition』, vol.61, no.15, 2021.

Raquel Abalo, 「Coffee and caffeine consumption for human health」, 『Nutrients』, vol.13, no.9, 2021.

Renata Zawirska-Wojtasiak, Paulina Piechowska, Elżbieta Wojtowicz, Krzysztof Przygoński & Sylwia Mildner-Szkudlarz, 「Bioactivity of selected materials for coffee substitute」, 『PLOS ONE』, vol.13, no.11, 2018.

Reza Tabrizi, Parvane Saneei, Kamran B. Lankarani, Maryam Akbari, Fariba Kolahdooz, Ahmad Esmaillzadeh, Somayyeh Nadi-Ravandi, Majid Mazoochi & Zatollah Asemi, 「The effects of caffeine intake on weight loss: a systematic review and dos-response meta-analysis of randomized controlled trials」, 『Critical reviews in food science and nutrition』, vol.59, no.16, 2019.

Richard B. Lipton, Hans-Christoph Diener, Matthew S. Robbins, Sandy Yacoub Garas & Ketu Patel, 「Caffeine in the management of patients with headache」, 『The journal of headache and pain』, vol.18, no.1, 2017.

Rinda Ayu Andieni & Tiurma M. Pitta Allagan, 「Perlindungan Indikasi Geografis Produk Biji Kopi Luwak Arabika Indonesia Dari Jawa, Sumatera Dan Sulawesi Di Amerika Serikat」, 『Bina Hukum Lingkungan』, vol.8, no.2, 2024.

Robert D. Hall, Fabio Trevisan & Ric C. H. de Vos, 「Coffee berry and green bean chemistry–Opportunities for improving cup quality and crop circularity」, 『Food Research International』, vol.151, 2022.

Robin Poole, Oliver J Kennedy, Paul Roderick, Jonathan A Fallowfield, Peter C Hayes & Julie Parkes, 「Coffee consumption and health: umbrella review of meta-analyses of multiple health outcomes」, 『bmj』, vol.359, 2017.

Roseane Santos, Roberto Darcy & Andrade Lima, 「Coffee effects on human health」, 『MOJ Bioequivalence & Bioavailability』, vol.1, no.2, 2015.

Saeedeh Nouri-Majd, Asma Salari-Moghaddam, Ammar Hassanzadeh Keshteli, Hamid Afshar, Ahmad Esmaillzadeh & Peyman Adibi, 「Coffee and caffeine intake in relation to symptoms of psychological disorders among adults」, 『Public Health Nutrition』, vol.25, no.12, 2022.

Steven Topik, 「Coffee as a social drug」, 『Cultural Critique』, vol.71, 2009.

Tom Stafford, 「Psychology in the coffee shop」, 『The Psychologist』, vol.16, no.7, 2003.

Wendy C. Willis & Matthew D. Johnson, 「Political Ecology of Shade Coffee: Perspectives from Jamaican Blue Mountain Farmers」, 『Conservation and Society』, vol.18, no.3, 2020.

William D. Ristenpart, Andrew R. Cotter & Jean-Xavier Guinard, 「Impact of beverage temperature on consumer preferences for black coffee」, 『Scientific Reports』, vol.12, no.1, 2022.

해외 신문 기사

「6 Reasons Why Coffee Is the Lifeblood of the Military」, 『Military.com』, February 9, 2018.

「Coffee so cold it's hot: South Korea's love of iced Americano」, 『AFP』, October 2, 2023.

「Howard Schultz vows Starbucks rebound after coffee chain 'lost its way'」, 『Financial Times』, September 13, 2022.

Anahad O'Connor, Aaron Steckelberg and Garland Potts, 「Coffee vs. tea smackdown」, 『WashingtonPost』, October 4, 2022.

Gina Cherelus, 「Does Anyone Drink Hot Coffee Anymore?」, 『The New York Times』, September 8, 2022.

Jennifer L. Rich, 「Brazil's Internationally Ambitious Oil Company Hires Pele」, 『The New York Times』, September 6, 2000.

Jon Grinspan, 「How Coffee Fueled the Civil War」, 『The New York Times』, July 9, 2014.

Marissa Payne, 「Pele: greatest soccer player, lessgreat businessman」, 『The Washington Post』, May 7, 2014.

Nafiz Tahmid, 「Top 10 Most Expensive Coffees in the World」, 『United News of Bangladesh』, January 18, 2023.

Natalie Tso, 「Some Salt with Your Coffee? Taiwan's Hot Drink」, 『Time』, January 15, 2009.

해외 도서

Andrea Illy, 『Espresso coffee: The science of quality』, Academic Press, 1995.

Angelika Ilies, 『Little coffee book』, Silverback Books, 2006.

Britta Folmer (EDT), 『The craft and science of coffee』, Academic Press, 2016.

Daniel Jaffee, 『Brewing justice: Fair trade coffee, sustainability, and survival』, University of California Press, 2014.

Gérard Debry, 『Coffee and Health』, John Libbey Eurotext, 1994.

Herbert Lederer, 「The Vienna Coffee House: History and Cultural Significance」, 『The Thinking Space』, Routledge, 2016.

Ivon Flament, 『Coffee flavor chemistry』, John Wiley & Sons, 2001.

James A. Delle, 『An archaeology of social space: analyzing coffee plantations in Jamaica's Blue Mountains』, Springer Science & Business Media, 1998.

Jean Nicolas Wintgens, 『Coffee: Growing, Processing, Sustainable Production: A Guidebook for Growers, Processors, Traders and Researchers』, Wiley-Vch, 2012.

Jonathan Morris, 『Coffee: A global history』, Reaktion Books, 2018.

Kevin Sinnott, 『The art and craft of coffee: an enthusiast's guide to selecting, roasting, and brewing exquisite coffee』, Quarto Publishing Group USA, 2011.

Louise Burke, Ben Desbrow, Lawrence Spriet, 『Caffeine for Sports Performance』, Human Kinetics Publishers, 2013.

Reginald F. Smith, 「A history of coffee」, 『Coffee: botany, biochemistry and production of beans and beverage』, Springer US, 1985.

Shawn Steiman, 『The Little Coffee Know-It-All: A Miscellany for Growing, Roasting, and Brewing, Uncompromising and Unapologetic』, Quarry Books, 2015.

Stewart Lee Allen, 『The Devil's Cup: A History of the World According to Coffee』, Soho Press, 2018.

William Roseberry, Mario S. Kutschbach & Mario Samper Kutschbach, 『Coffee, society, and power in Latin America』, Johns Hopkins University Press, 1995.

파란만장한 커피사

ⓒ 박영순 · 유사랑, 2024

초판 1쇄	2024년 10월 21일 찍음
초판 1쇄	2024년 10월 30일 펴냄

지은이	박영순
그림	유사랑
편집	박상문
본문 디자인	이용석
표지 디자인	이창욱
독자 모니터링	박우주

인쇄	삼신문화
제본	신우제책사
종이	올댓페이퍼
물류	해피데이

펴낸곳	이글루
출판등록	제2024-000100호 (2024년 5월 16일)
이메일	igloobooks@naver.com

ISBN	979-11-987884-2-9 03300